新时代衢州基层治理改革创新
理论与实践

浙 江 省 公 共 政 策 研 究 院
浙 江 大 学 公 共 政 策 研 究 院 编著
中共衢州市委全面深化改革委员会办公室

ZHEJIANG UNIVERSITY PRESS
浙江大学出版社
·杭州·

图书在版编目(CIP)数据

新时代衢州基层治理改革创新理论与实践 / 浙江省
公共政策研究院，浙江大学公共政策研究院，中共衢州市
委全面深化改革委员会办公室编著. —杭州：浙江大学
出版社，2022.11
　　ISBN 978-7-308-23087-2

Ⅰ.①新… Ⅱ.①浙… ②浙… ③中… Ⅲ.①城市—
社区管理—服务模式—研究—衢州 Ⅳ.①D669.3

中国版本图书馆 CIP 数据核字(2022)第 176265 号

新时代衢州基层治理改革创新理论与实践

浙江省公共政策研究院
浙江大学公共政策研究院　　　　　　　编著
中共衢州市全面深化改革委员会办公室

责任编辑	杨　茜	
责任校对	曲　静	
封面设计	周　灵	
出版发行	浙江大学出版社	
	（杭州市天目山路 148 号　邮政编码 310007）	
	（网址：http://www.zjupress.com）	
排　　版	浙江时代出版服务有限公司	
印　　刷	杭州钱江彩色印务有限公司	
开　　本	710mm×1000mm　1/16	
印　　张	21	
字　　数	271 千	
版 印 次	2022 年 11 月第 1 版　2022 年 11 月第 1 次印刷	
书　　号	ISBN 978-7-308-23087-2	
定　　价	68.00 元	

序

　　随着经济社会的快速发展,政府、社会和群众需求日益多元化,传统以行政体系为主要力量的治理体系难以承担基层社会治理的重任,对基层治理创新提出了新的挑战。面对社会治理的新需求,2012 年,党的十八大首次提出要"加强和创新社会管理"。2013 年,党的十八届三中全会在《中共中央关于全面深化改革若干重大问题的决定》中明确提出"推进国家治理体系及治理能力现代化"的总体改革目标和"创新社会治理体制"的具体改革要求。2017 年,党的十九大报告指出要加强和创新社会治理。2019 年,党的十九届四中全会提出构建基层社会治理新格局。2021 年,中共中央和国务院发布《关于加强基层治理体系和治理能力现代化建设的意见》,进一步强调要"推进基层治理创新"。在加强和创新基层治理道路上,浙江衢州以数字化改革为牵引,以"县乡一体、条抓块统"和"基层智治系统建设"两大省级试点为抓手,不断推动基层治理改革与创新,构建了以整体智治为目标的基层治理体系,实现了行政型治理向服务型治理的转变,取得丰富的改革理论与实践成果。

　　本书全面系统地从改革创新的背景与意义、创新理论基础与理论成果、创新源泉、创新谋划、创新内容、创新保障、创新传播、创新绩效、创新方向与建议九个方面,对衢州市基层治理改革创新进行研究与论述。研究表明,衢州市基层治理创新主要体现在:第一,以治理理论和整体性治理为理论基础,构建改革创新的理论体系,并根据治理需求的内在驱动及外在改革趋势,对衢州市基层治理改革创新进行了整体谋划。第二,坚持党对基层治理的全面领导,积极推动系统贯通与基层智治大脑建设,以大综合一体化改革为契机,推动执法力量和权限下沉,构建"一件事"改革,达到治理主体之间的协同,进而形成市县乡村网格上下贯通、整体联动、整体智治的高效协同治理格局。第三,衢州市积极推动自身经验及创新成果的传播,为浙江乃至全国基层治理提供了可复制、可推广的范本,降低了其他地区创新的成本与创新风险。其中,基层治理创新的绩效评估,为优化迭代基层治理改革和推动改革的深入开展提供了有效的工具。

本书由浙江大学公共政策研究院、浙江省公共政策研究蔡宁教授团队和中共衢州市委全面深化改革委员会办公室共同编著。蔡宁和姜志华主要负责全书整体策划和框架设计、章节核心观点提炼、编写协调和推进等工作,各章具体撰写分工如下:

第一章、第二章、第三章由叶李、叶逸昱编写,第四章、第五章、第六章由贺锦江、孙怀媛编写,第七章、第八章、第九章由王笑言、陈艳编写,第十章、第十一章、第十二章由李勇、孙欢编写。全书由叶李负责统稿,李勇负责校对。

在本书的撰写过程中,衢州市的相关部门和各县(市、区)给予积极配合和大力支持,在此表示衷心感谢。由于时间仓促,加之囿于编写组成员的学识和水平,本书难免有不足和疏漏,敬请学界同仁和实际工作部门的领导批评指正!

目　录

案例目录

第一章　衢州基层治理改革创新背景与意义

　　党的十八届三中全会在《中共中央关于全面深化改革若干重大问题的决定》中明确提出"推进国家治理体系及治理能力现代化"的总体改革目标和"创新社会治理体制"的具体改革要求,创新中国基层社会治理方式正是基于这一目标和要求而做出的实践方案设计。从表面上看,正是在国家治理这一宏观政策背景的推动下,中国基层社会治理创新和实践得以开展,在政策运行路径上反映为自上而下的推动;但从实质上分析,中国基层社会治理创新与国家治理之间存在着清晰的逻辑关联,它是基层社会治理问题进入政策议程,最终成为政策方案并指导实践的现实反映,或者说中国基层社会治理创新是政府为突破现实管理难题而依据环境做出的根本性变革,国家治理据此而产生并以此为实现条件,在政策运行路径上反映为上下互动作用的结果。中国基层社会治理创新有着深刻的历史背景及意义。

第一节　改革创新背景

　　中国基层治理在不同历史时期有着不同的关注焦点,与之相适应有不同的创新模式存在。浙江省在改革开放 40 多年的治理实践中涌现出了不同的治理主题及治理方式。衢州市作为全国首批市域社会治理现代化试点,积极激发社会治理新活力,全力打造基层治理创新的衢州样板。

一、中国基层治理发展的历程

在不同的历史阶段中国的基层治理都发生了一系列体制机制创新,先后经历了统治型、管控型和党政主导型模式的创新探索(刘佳,2015)。

(一)1949 年以前中国社会管理模式——"统治型"社会管理及其特点

中国现行的社会管理模式经过了长时间的积累,发展历程久远。先秦时期,社会管理方式的主要划分依据是血缘关系,根据区域的不同进行划分,不同的地区设定专门人员进行强制性管理,主要以皇权为中心,实行分封制,社会管理格局呈现"天子立国,诸侯建家,卿置侧室"(《尚书·伊训》)的局面。从秦朝到清朝是中国封建统治时期,其间虽然经历了很多的王朝更换,但始终没有突破传统的封建统治观念,"普天之下,莫非王土;率土之滨,莫非王臣"的统治思想深入人心,社会管理主要以"统治"为重心,社会管理制度日趋完善。

一方面,皇权始终处于统治地位,将一切国家权力集中,形成了从中央到地方的权力集中的管理方式和自上而下的等级制度。但是国家和社会的治理单纯依靠皇帝一人是不现实的,因此,必须对皇帝的集权进行划分,按照"事在四方,要在中央"的基本原则,建立不同的行政管理部门,实现从郡到县的管理;同时加强基层监管,如汉代的"乡亭里"制度,北魏的"三长制",隋唐时期的"乡里村"制度,宋代的都保制度,元代的村社、里甲制度,清代的保甲制度等,实现了对社会的整体监管。对于县乡等基层社会,同时需要宗法制度进行约束。中国自古以来就是农业大国,农业生产始终占据重要地位,社会生产方式固定,社会结构稳定且不开放,人们之间主要依靠血缘关系和地缘关系相互联系到一起,因此乡绅和长老尤其重要,对调和基层矛盾、维护社会秩序的正常运转发挥着不可替代的作用。

另一方面,统治阶级非常重视对劳动者的思想统治,通过思想教化实现社会管理的有序开展。在封建社会,统治阶级始终将儒家思想作为正统思想,给不同的社会成员建立不同的规范体系,以"礼"实现对社会成员的监管,以血缘关系为基础的宗法制度,利用"三纲五常"实现对家庭伦理的有效管理。在官学方面,将儒家文化中的"四书五经"作为科举制度的考试内容,推崇"君权神授",增强皇权威严,从而实现对整个社会思想的有效控制。

在君主集权统治时期,多种类型的民间结社形式不断兴起,在社会管理当中发挥着重要的作用。在春秋时期,"社"主要是一种祭祀组织,供人们进行祭拜,因此,在当时有"会党""社会"的说法。春秋时期以来,结社活动逐渐自由化,不单纯依赖血缘关系、家庭关系和氏族关系而存在,例如东汉时期的"朋党",魏晋时期的"竹林七贤",隋唐时期的合会,唐宋时期的行会,宋代的养济院、安济坊、四大书院,明代的"同善会"、讲学会,清末的商会、"强学会"等政治经济文化学术性结社。

在君主集权统治时期,较为开明的统治者为实现统治的稳固久安,提出了以德以礼治国的思想,强调人本思想,通过善待百姓、休养生息等方式实现基层治安管理,放宽对民间结社的限制,但始终不能脱离传统社会的管理方式。因此,虽然经过几千年的发展,朝代更替不断,但社会始终动荡不安,不能安定。

清朝灭亡以后,不同军阀之间相互混战,原有的国家社会管理制度遭受严重冲击,社会秩序主要依靠基层来进行维持。民国时期,社会管理方式发生很大转变,社会进一步安定,人口、治安、教育、社会保障都得到了有效管理,实现了社会管理体系的改善,但是当时的中央政权与地方军阀混战的情况并存,社会管理制度还不完善,社会处处充斥着社会危机。

(二)1949 年至改革开放之前中国社会管理模式——"管控型"社会管理及其主要特征

1949 年新中国成立后,中国实行了众多有力举措,快速清理各类丑陋的社会现象,大力扫除社会顽疾,利用抑制物品价格、开展充分就业、保证基础性物品的提供、强化社会安全治理等方式,实现社会管理的有序进行,建设完善的社会生活管理秩序,同时以计划经济体制为手段,实现社会人员的统一划分,打造出一个集中程度高、行政部门负责一切事务的社会管理体系。一部分专家学者为其冠以"管理控制型"社会管理的称呼。该类型的社会管理主要呈现出以下特点:

第一,施行政府全权负责的社会管理。政府要进行统一规划、统一购买销售,实现收支的高度统一,实现高度集中的计划经济管理体系;实行以党和政府为中心、社会依附的全面性管理体制,对干部统一调配、人员统一安置、社会事务统一部署、职业身份统一确定、一切社会活动统一组织等,社会始终处于党和政府的监管之下,相对而言,并没有独立的发展空间。

第二,施行以"单位"为基础的从业人员管理。"单位"作为基层工作组织,是实现社会事务划分和社会监控的基层单位,是社会管理的基础,构成了中国社会管理组织模式。以此种管理模式为基础,国家机关、企事业单位、人民公社都是"大而全"或"小而全"的单位组织,社会成员的结婚、生子、疾病、丧葬、治安等管理都是以单位为基础实现的,社会福利也由单位统一发放,即所谓的"企业办社会""单位办社会"。

第三,施行以"街居"为基础的城市社会人员管理。政府通过街道管理委员会实现对基层社会人员、社会无业、闲散人员的监督,实现民政救济、照顾社会贫困优抚对象。对于单位体制来说,街道居委会体制在社会监管过程中起到了重要的辅助作用。

第四,施行以单位制度、户籍制度、职业身份制度和档案制度为基础的社会流动管理。在计划经济体制之下,进一步实现社会人员工作和居住环境的稳定,有利于实现社会管理体制的高度组织化和有效监管。充分利用单位制度、户籍制度、职业身份制度和档案制度,实现对城乡之间、不同单位之间和不同身份成员的严格限制。因国家建设所需要的人口迁移和人员流动需按照国家统一标准进行。例如,单位出差办事或者是需要住店时需要单位开具介绍信,否则无法顺利进行。

计划经济体制的建立,实现了对传统社会松散管理方式的集中。管控型的管理模式促进了社会秩序的进一步统一,增强了国家对社会成员的组织与监控。同时,计划经济体制也存在不可避免的缺陷,如政府直接干预经济和社会,全面包办一切社会事务,严重阻碍了社会的自我组织管理机制。之前统治型社会管理建立了一个政治权力高度集中化、城市社会高度一体化的社会,实现了"秩序管控"的基层治理目标。中国传统社会形成了以礼治为核心的"差序格局",基层社会总体处于"自组织""无组织"状态,顶端权威与基层缺乏制度性的联系,存在管理的真空地带。而管控时期通过建立具有综合性功能的基层群众组织,将无组织的民众纳入组织框架里,并对这些基层组织进行全面统一领导;废除保甲制度,建立街道居委会制度,重建工、农、妇、青等职业团体,服务于国家意志;单位制度与身份制度的实践运行,使基层高度组织化。新中国成立初期,国内外形势复杂严峻,高度集中和统一的领导体制有利于推动组织化建构,是实现国家工业化和现代化的最佳选择。但人民公社的弊端也逐渐显现出来,在政社合一的情况下,人民公社的政治职能被经济职能掩盖,造成基层政权运行和监督功能的缺失。国家控制了农村的一切资源,农民对国家产生了严重依赖。中央号召干部参加劳动、群众参与管理,希望弱化身份的固定化和体制化,但由于没有从基层政权体制机制建设入手,仅仅靠抓干部队伍建设,并不能改变这个固有模式的弊端。

(三)改革开放以来的中国社会管理模式——"党政主导型"社会管理实践

在实行改革开放制度初期,中国社会仍然坚持计划经济体制和管控型体制相结合,国家政府以经济建设为中心,特别是在 1992 年党的十四大召开以后,社会主义市场经济发展体制目标进一步确定,促进了社会管理模式的转变。

在 20 世纪刚刚开始改革开放时,计划经济体制及管控型的管理体制仍然是中国政府的主导管理体制,但是当中国政府的工作重心向经济的方向位移时,特别是 1992 年党的十四大正式将社会主义市场经济体制确立为改革目标之后,中国的社会转型开始向经济转轨。然后中国的社会就开始经历一次宏大的变迁,同时互联网在中国的迅速普及,给中国的社会管理带来了巨大的挑战,政府和人民都迫切希望进行社会管理模式的创新,构建一个与社会主义市场经济相匹配的社会管理体系。

当政府经过了长时间的探索和实践之后,构建起了一个社会管理工作组织和领导体系,同时,还制定了与之配套的法律法规,现如今形成了一个比较完善的社会管理格局。对于这个时期的社会管理,通常称为党政主导型的社会管理。它的特点有:

第一,将社会和谐作为一切工作的出发点。只有实现了社会和谐,国家富强和民族振兴的实现,才能有所保障。在 2004 年的党的十六届四中全会中首次提出了要不断提高构建社会主义和谐社会能力的要求;在 2006 年的党的十六届六中全会中,《中共中央关于构建社会主义和谐社会若干重大问题的决定》全面阐述了构建社会主义和谐社会的目标、原则、计划等。在随后召开的党的十七大、十八大等全国重大会议中,不断提出构建社会主义和谐社会的要求。

第二,其目标为构建现代社会管理体制。党的十六届四中全会首次提出了"建立并健全党委领导、政府负责、社会协同、公众参与的社会管理格局。党的十八大又提出了"要围绕构建中国特色社会主义社会管理体系,加快形成党委领导、政府负责、社会协同、公众参与、法治保障的社会管理体制"。从这两个会议所提出的内容来看,在 10 年不间断的社会管理体系探索中,社会管理格局慢慢地转变为社会管理体制。

第三,将保障和改善民生视为党政主导型的社会管理模式的重点。党的十七大提出要"更加注重社会建设,着力保障和改善民生,推进社会体制改革,扩大公共服务,完善社会管理,促进社会公平正义,努力使全体人民学有所教、劳有所得、病有所医、老有所养、住有所居,推动建设和谐社会"。随后召开的党的十八大针对民生提出了"加强社会建设,必须以保障和改善民生为重点"的论点。

第四,将强化社会服务作为前进的凭依。在强化社会服务职能的同时,让社会服务和管理能够有效地结合在一起,这一目标就是这个时期的工作重点。党的十六届四中全会不断强调必须更新管理理念,创新管理方式,拓宽服务领域,形成社会管理和社会服务的合力;随后召开的六中全会又一次强调了其重要性,同时还在构建基层服务和管理网络体系的工作上做出了部署。2011年,《关于加强和创新社会管理的意见》出台,该意见要求将以人为本落实到每一个工作中,强调服务为先的工作理念,重视群众最关心及关系到群众切身利益的问题。

在改革开放的这个时期内,社会管理的理论和实践都获得了深度发展,呈现出"党委领导、公众和社会组织参与、政府负责"的管理格局。虽然当时的社会管理将解决影响社会和谐问题作为了切入点,但是多元管理的影子非常明显,为后来实现社会治理做出了很大的贡献。

1."四位一体"的社会管理模式

(1)"四位一体"模式的内容。一是党委领导。必须认识到党委的绝对领导作用,在社会管理和协调中,党委的主要作用就是总揽大局,具体来说就是组织和动员广大基层党政人员投身服务群众的工作中来。二是由各级政府负责,将政府视为社会管理实施的最直接的机构。因此,政府应该提升在社会公共服务方面的关注度,并进一步深化其他职能部门的协调配合力度,保证社会管理和公共服务达到预期的目标,同时保证以下工作的实现:①政府部门的岗位职责;②相关法律法规不断地补充和完善;③培育并提升社会组织;④扩展公民参与社会管理的渠道及方式。三是发挥社会协同的作用。在社会中构建一个囊括党委、政府、社会三方力量的管理体系，并借助三支力量的作用建立一个完善的社会管理与公共服务网络，最终能够将各自的力量充分地调动起来。四是发挥公众参与的力量。人民群众是一股不可忽视的力量，当人民群众能够自觉地遵纪守法时，就可以依靠这种约束力来达到社会自我管理的目标。

（2）产生的历史背景。实行改革开放后，中国的社会建设取得了巨大的进步，国家的综合实力和人民生活水平都有了跨跃式的发展，充分奠定了进行社会管理改革的扎实基础。在改革开放初期，社会管理体制改革的主要针对对象是经济管理和行政管理。到20世纪末，社会管理的改革已到了紧要关头，必须及时进行变革。进入21世纪后，社会管理成为各级党和政府的工作重心，在不断的变革过程中能够产生创新性的管理举措。虽然当前中国的社会管理体制和当前的国情基本匹配，相比其他领域的改革，社会管理体制改革比较完善，但仍然存在很大的不足，阻碍了社会的发展。当前中国社会的转型是有史以来最艰巨、最深刻的。从改革开放开始至今，时时刻刻都在进行着各个领域的改革，特别是社会形态的改变，由农业社会转入工业社会。当然也包括经济领域的重大改革。当前中国的经济模式是开放型的，早就摆脱掉了以往封闭的经济环境。社会领域的不断改革变化迫切需要社会管理及时更新、完善和提升。随着近年来中国信息化、工业化、市场化、城镇化及国际化的高速发展，迫切要求社会管理加速改革。到2010年底时，中国一跃成了世界第二大经济体。但是，在经济不断刷新高度的同时，一大批问题随之出现。污染、就业、PM 2.5及突发的安全事故给人民群众的正常生活带来了负面影响。随着全球化进程的加速发展，外来资本和外来人口逐渐增多，思想交流、文化融合等无时无刻不在进行碰撞。随着文化交流的不断加深，人们的思想不再因循守旧，民主意识、参政意识、法治意识、维权意识得到了极大提升。如此巨大的改变，要求社会管理必须进一步深度完善，同时保证改革和创新的完成度能够同社会的发展状态相适应。根据社会发展的历史经验,随着经济的快速发展、社会的快速转型,会产生更为复杂的社会问题和社会矛盾,而且这些问题和矛盾已不再是以前的简单问题,它们彼此交织在一起并迅速发展蔓延。这极大地考验着中国的社会管理体制,验证着当前中国政府的社会管理能力和水平。为此,政府必须加大力度来完善社会治理体制,以适应新的社会发展需求。

2.“五位一体”的社会管理模式

在党的十八大上,胡锦涛同志在报告中指出:“要围绕构建中国特色社会主义社会管理体系,加快形成党委领导、政府负责、社会协同、公众参与、法治保障的社会管理体制,加快形成政府主导、覆盖城乡、可持续的基本公共服务体系,加快形成政社分开、权责明确、依法自治的现代社会组织体制,加快形成源头治理、动态管理、应急处置相结合的社会管理机制。”①也正是在这次大会中,首次将“五位一体”的社会管理体制提上了社会管理变革的日程,这也是对中国社会管理的一个新要求。

(1)首次提出“五位一体”理念。当“五位一体”首次被提出之后,以前所推行的“四位一体”模式就获得了完善和改进。和之前的模式相比,主要是增加了一项内容,即法治保障。之所以增加这一项内容,主要是响应依法治国的号召,主动适应时代发展要求,将中国建设成为一个法治国家。党的十八大报告明确提出了必须“从各层次各领域扩大公民有序政治参与,实现国家各项工作法治化”。社会管理工作强调法治化的目的既是为了响应依法治国的目标,也是中国政府提升管理科学性的本质要求。从各地的社会管理实践可以发现,地方政府有很大的制定地方规制的能力,而这种能力又不被法律约束,以至于各地为了增加收入,增加了很多当地的审批项目和收费项目。这种制度的出台使很多成本都被迫增加,降低了社

---

① 胡锦涛:《在中国共产党第十八次全国代表大会上的报告》,http://www.beijingreview.com.cn/18da/txt/2012-11/19/content_502297.htm。

会管理的效率,也造成了腐败乱象,社会上出现了有钱就能搞定事情的坏现象、坏风气。也正是因为缺乏法治思维及习惯,滋生了社会管理的不良现象,大部分地方政府在处理事情时也依靠这种方式,造成了不良的社会影响,大量社会矛盾被激发,群体性上访事件时常发生。这种不良现象带来了很多不和谐因素,给社会稳定带来了巨大威胁,深深地影响了政府与群众间的亲民关系。国家层面已经意识到这种现象及其对社会和谐稳定的破坏,所以及时提出了"五位一体"的管理体制,进一步强调了法治在社会管理中的重要性。只有对症下药,才能根除症结。中央提出"五位一体"的管理体制,强调法治的重要性,对提高社会管理的科学化水平意义重大,是真正实现社会公平与公正的强力保障措施。

（2）"法治保障"的意义及原则。同"四位一体"的社会管理模式相比,"五位一体"多出的"法治保障"这一项非常重要。一是实行"法治保障"的目标要求,它的原则要求是按照宪法和相关法律的规定来对社会的各项事务进行管理,同时还要保证社会事务能够依法发展,营造一个制度化和规范化的社会形态。实行"法治保障"的目标就是树立社会主义法治理念,培养依靠法治思维处理问题的能力,树立法律的威信。二是在管理具体社会事务上,要采用法治的方式处理社会矛盾和社会问题,发挥法治公正、可靠、高效的优越性,不断营造集法治意识、法治机制、法治氛围于一体的新的社会状态。为了达到这种状态,还需要不断完善与之对应的法律法规体系,探索创新性的法律实施途径,并在此过程中逐步提升政府部门的办事效力。同时还要求政府积极转变立法、执法和司法三项工作的办事作风,在提升法治工作意识中提升管理社会的效率,将法治在解决社会事务和问题上的作用充分调动起来。这种法治社会的创建需要把公开透明摆在第一位,逐步完善相应的法律监督机制,创建法治社会的新气象,为维护社会稳定发展提供坚实的后盾,积极创建和谐稳定的社会新秩序。

3.社会治理理念的提出

社会治理理念的提出最早要追溯到党的十八届三中全会。在习近平同志的领导下,党同政府一道来探索有益于社会管理的新模式,在不断探索中加深对社会管理任务的认识和把握。党的十八届三中全会明确提出了要"创新社会治理体制、提高社会治理水平",这样的要求也体现出了中国共产党治国理念的先进性。

从中国基层管理体制的变革历程来看,中国共产党在不同的时期不断进行创新性的体制变革。总的来说,管理体制的变革有着非常深厚的历史渊源及实践基础。从时间上来看,早在古代中国就有"治理"的理念。比如《荀子·君道》中提出:"明分职,序事业,材技官能,莫不治理。"《孔子家语·贤君》也提出:"吾欲使官府治理,为之奈何?"从这些古代著作中可以看到,治理在古代同样受到了很大的重视。从新中国成立后的社会治理实践来看,单一主体的管控型社会管理在中国存在了很长时间,而它有一个优点,那就是中国共产党一直在寻求群众的支持,并且能够深入群众、发动群众来进行全社会管理。在改革开放之后,一些创新性的社会管理理念逐渐进入人们的思想,比如社会协同理念、公众参与理念。中国共产党在近些年中先后提出了"社会治安综合治理""社会管理综合治理"这两个社会管理理念。2006年中央一号文件针对农村管理提出了构建一种适应农村的"乡村治理新机制"。2011年出台的《关于加强和创新社会管理的意见》明确指出,要合理引导社会各界力量来投身社会管理和服务中来,即要求必须构建一支多样化的社会管理主体队伍。从国际的实践来看,从20世纪70年代开始,部分发达国家就开始进行深入的政府改革,这时,新公共管理理论不断涌现并被应用到实践中去。新公共管理理论强调以客户为导向,所追求的是顾客至上,它最大的不同就是改变了以往政府同公众之间的关系,这时政府不再是一个发号施令的掌权者,它更多的是一个公共服务的提供者。到了20世纪末,联合国全球治理委员会对"治理"的理念进行了认真细致的界定:治理代表的是各种公共或私人机构处理它们共同事务的方法总和;它还是一个调动社会各方利益、协调社会各方力量以及缓和或化解社会矛盾的长期过程。它所坚持的是"三共",即共治、共识及共享,强调的是多元主体共同治理,能够将政府同社会之间的关系理清,能够促进政府同各个主体之间的协商合作。

从上面所阐述的内容来看,现阶段所提倡的"基层治理"就是在党和政府的领导下,协同政府、社会组织、个人等各个主体,在遵循社会发展规律的前提下,在"以人为本"理念的指导下,来完成公共利益以及社会和谐的目标,同时也代表了一种对社会系统、社会生活及社会发展进行监督、管理和服务的过程。单从治理主体的角度来考量,基层治理就可以视为一个多元治理的过程,这里的多元主体主要指的是政党、政府、个人及社会组织。单从治理对象的角度来讲,基层同政治、经济和文化是同一个层次的概念;从治理过程的角度来分析,基层治理的前提就是对基层进行认识,为了能够完成基层群体的共同目标而对基层进行自觉的组织、规划、监督等工作;从治理目的的角度进行衡量,它的根本目的就是维护最广大人民群众的根本利益,同时能够提升基层社会的和谐氛围,保证基层社会安定有序;从治理方式的角度进行分析,要求必须系统治理,合理调节政府治理同社会及个人治理之间的关系。将依法治理视为一种自觉的治理习惯,提升依靠道德规范社会秩序和解决问题的能力。同时还要坚持源头治理,认真分析和把握人民群众的利益需求。从治理手段的角度来分析,要求综合运用心理疏导、舆论、经济杠杆等手段。

从以上的细致分析可以了解到,基层社会治理同基层社会管理之间有着明显的区别:一是基层社会治理强调的是多元主体共治。它所涉及的主体更为多元化,主要就是通过这些主体的协调配合来完成基层社会事务的管理,突出了基层社会自治的重要性。二是基层社会治理强调要关注社会成员所应有的社会权利,主张要激发社会成员的权能,从而让社会成员在社会治理过程中能够将自身所拥有的各项权利都发挥出来;同时,它还强调社区的自治功能,通过政府和社区两个集体的有效结合,发挥政府主导作用及社区的基层管理作用,共同打造一个全方位的公共服务体系。三是综合考虑多种管理手段的结合。既可以加强心理和思想引导,又可以利用情感激励,还可以利用必要的行政手段等。四是突出协商互动的作用。社会治理离不开各个主体之间的协商合作,从而提升对各种社会危机、市场风险的抵抗和应对能力。

从管理到治理的转变体现了中国共产党在基层社会管理方面认识和实践在不断升华,它的转变过程蕴含了深刻的时代价值。创新基层社会治理模式,有助于国家自身的治理能力的提升;有利于调动社会各界的活力,加快基层社会管理变革步伐;有助于加速政府职能转变,提升社会服务水平;有助于突出"以人为本"的改革理念,完善和谐社会建设。

实现创新基层社会治理体制的目标,核心在于将政府、市场及社会这三个主体之间的关系理清。在基层社会管理转变的今天,政府职能转变也在加速,例如大力提倡的简政放权。除了简政放权,还需进一步加强基层政权建设,《中共中央国务院关于加强基层治理体系和治理能力现代化建设的意见》明确提出要从增强乡镇(街道)基层政权能力方面着手来加强基层政权建设。通过增强乡镇(街道)行政执行能力、乡镇(街道)为民服务能力、乡镇(街道)议事协商能力、乡镇(街道)应急管理能力和乡镇(街道)平安建设能力五大能力,积极推进基层治理现代化建设,使基层政权坚强有力,五种能力相互贯通、相互支撑,使中国特色社会主义的制度优势充分转化为制度效能,助推新时代基层治理体系和治理能力现代化建设。

政府发挥宏观调控的作用,市场在资源配置中起决定性作用,社会力量同两者相比,虽然其影响较为薄弱,却有很多可挖掘的潜力。首先要调动社会组织的活力。要想进行基层社会治理,首先需要解决好社会组织的问题,尤其是在多元化管理体制中,它是政府和个人之外的最为重要的一股改革力量。对社会组织的登记制度进行改革,推动社会组织孵化工作的开展,鼓励社会组织的创新发展,同时加强对社会组织的监管。其次就是要调动社会的基层作用,可以说基层群众自治组织和社会组织这两者同群众的联系是最为密切的,它能够引导群众有序地参与到社会公共治理中来。习近平总书记曾指出:"社会治理的重心必须落到城乡社区,社区服务和管理能力强了,社会治理的基础就实了。"①从习近平总书记的话中能够感受到建设社区的重要性,要大力调动基层自治组织以及社区在密切联系群众中的先天优势,同时还要明确参与制度,鼓励各个主体投身社会公共治理中来。

二、浙江省基层治理发展历程

浙江作为中国沿海经济发达省份,改革开放以来,地方政府不断解放思想、实事求是、与时俱进,在经济发展和社会民主政治建设方面都取得了重大突破。不仅经济市场化程度较高,是全国民营经济最发达的地区,而且在基层治理建设等方面也进行了丰富而可贵的尝试。

(一)1978—1988 年:改革探索期,大力发展经济

1978 年,改革开放伊始,农村行政体制改革和家庭联产承包责任制的推行,调动了广大农民的生产积极性,农业生产得到恢复,温饱问题得到了解决,为非农产业和城市居民提供农产品的保障程度大大增强,经济发展在某种程度上化解了治理危机。一是通过经济生产引导劳动力转向。1979 年 1 月,浙江省农村开始实行"包产到组,联产计酬"的农业生产责任制。同年春,诸暨县(现诸暨市)三都区和嵊县(现嵊州市)崇仁区率先实行早稻联产到组责任制。同年秋冬,新昌儒岙地区部分生产队开始自发搞旱地包产到户。在此过程中,农民收入得到大幅度提高,缩小了城乡收入差

---

① 《习近平在参加上海代表团审议时强调 推进中国上海自由贸易试验区建设 加强和创新特大城市社会治理》,《人民日报》2014 年 3 月 6 日第 1 版。

距,农业剩余劳动力向更加广阔的生产领域甚至向城市转移。二是调整和处理各种新兴利益主体之间的矛盾。农民个体经营得到顺利发展,乡村社会呈现出利益多样化、利益关系复杂化和利益主体多元化的特点。乡村社会出现了职业分化、社会流动和社会分层等社会现象,这不可避免地引起了局部利益的矛盾和冲突。此时乡村治理工作主要集中于利益关系的协调与调整。三是重启"枫桥经验"①,应对治理危机。1983年,人民公社体制逐渐走下历史舞台,乡村社会出现了一定程度的治理危机,全国刑事案件频发并且有愈演愈烈之势。为切实改变这一面貌,"枫桥经验"在诸暨再次发挥作用,从1980年到1989年的10年中,诸暨出现了令人激动不已的变化:1986年刑事案件大幅下降,当时共计协调处理各类治安案件900起,派出所直接受理64起。由于综合治理把大量治安纠纷解决在基层,派出所的压力得到极大减轻。

(二)1989—2000年:改革助力期,推动社会关系协调

1992年,中国的改革开放进入助力发展的时期。此时,中国的经济增长速度全球瞩目,但农村改革依然滞后,基层治理出现新难题:一是城乡收入差距明显扩大;二是城乡之间公共服务不平等现象仍然存在;三是在第一次农村改革中城乡收入差距不断缩小的状况又有反弹。这主要是因为农业发展的资金流向扭曲,农业缺乏稳定的投入保障机制,农产品经济效益比较低。面对这些问题,基层治理的政策走向发生了微妙变化。一是基层治理逐渐向政府执政风气整顿转变,以改善干群关系。1991年,浙江平湖为改善党群、干群关系,开展治理乱收费、乱摊派、乱罚款等社会敏感问题的行动,取消了与群众利益密切相关且意见较大、反映强烈的不合理收费项目,收到了良好效果。二是政府主动退出一些领域,引进民间力量提供乡村公共服务,取得了一定的成效。随着市场经济体制改革的不断深

---

① "枫桥经验",是指20世纪60年代初,浙江省诸暨县(现诸暨市)枫桥镇干部群众所创造的"发动和依靠群众,坚持矛盾不上交,就地解决",实现"捕人少、治安好"的经验。

入,浙江各级政府越来越意识到公共产品建设领域资源优化配置的重要性。于是,政府主动地、有选择地退出一些领域,引导相关社会群体积极参与乡村社会公共设施建设,改变了以往此类公共服务由政府供给的一元模式,逐渐形成了以政府为主导、以社会为主体、以市场为平台的乡村公共产品建设格局。浙江乡村社会建设资金不足、发展动力不够的障碍逐渐被克服,"千万农民饮用水工程"、"千村示范、万村整治"工程、富民惠民社会建设项目得以顺利实施,村庄建设"散、小、乱"和环境建设"脏、乱、差"等现象得到很大程度的改观。三是建章立制,推进乡村自治。从 1990 年底开始,浙江逐步在各地开展村民自治示范活动,村民自治走上了规范化和制度化的轨道。受地方社会经济文化的影响,浙江不断从实践中摸索、积累经验,创造出了一系列乡村治理的新形式,台州的民主恳谈、武义的村务监督委员会制度、新昌的乡村典章、绍兴的农民工作指导制度等相继涌现,初步形成了以村庄治理为中心,由村级组织建设制度、村干部选举制度、村务公开制度、民主决策制度、民主管理制度、民主监督制度、村级经济事务自治制度以及村干部管理制度等组成的村庄治理制度体系。

(三)2001—2011 年:改革加速期,激活基层治理创新

进入 21 世纪,随着改革开放的深入和市场经济的发展,社会经济成分、利益关系、分配方式等日益多样化,基层治理矛盾呈现上升趋势。为切实解决基层治理中存在的问题,浙江率先发力,在治理创新方面开山铺路,为浙江经济发展提供了稳定有序的社会环境。一是创新实施社会治理创新,改善干群关系。创造性地推行农村指导员制度,分批下派机关干部到村担任农村工作指导员,具体了解农村存在的各种问题,有针对性地提出对策举措,改善党群干群关系。温岭泽国镇在全国第一次进行了民主恳谈会,即通过制度创新、理性设计"协商民主"程序,促成了农村治理体制(特别是乡镇体制)的根本性转变。恳谈会的民主取向促进了政府和群众双方的互动和体谅,不仅消除了人民群众对政府的疏离感和不信任感,而且减

小了政府公共决策的失误概率,政府在群众中的公信力不断提升。二是建立干部下访制度,了解群众需求,解决人民群众身边的问题。2003年,时任浙江省委书记习近平把社会矛盾最突出、上访问题最严重的浦江,当作他下访的第一站。领导干部下访的一系列制度就此建立,推动了全省形成重视信访工作、重视化解矛盾、重视社会和谐稳定的浓厚氛围,取得了推动经济又好又快发展和促进社会和谐稳定的双重效果。三是以党建为龙头,创新社会管理体制,推进民主自治。宁波北仑区通过大规模推进区域化党建,形成了以区域党组织为核心、以公共服务中心为依托、协商议事组织为基础的"三位一体"基层治理组织新体系,城乡统筹、优势互补的工作新格局逐渐形成。通过区域化党建,协商议事平台的作用得到发挥,各个社区矛盾纠纷发生率同比下降了34%,矛盾纠纷调解率达到98%,矛盾纠纷调解成功率达到95%,群体性事件发生率不断下降。四是"三治融合"化解基层矛盾,焕发基层治理活力。浙江桐乡全面推进"德治、法治、自治"融合发展,以德治教育公民向善,以法治维护群众合法权益,以自治引导公众参与,形成了多元共治化解基层矛盾的新机制。以德育人,借以"正民心、塑民风";以法明人,借以"解民忧、惠民生";以名服人,借以"聚民力、用民智"。这些推进基层社会治理的体制机制,成为基层有效治理的重要保障。在此期间,整体性政策设计、干部联系群众制度的创新和不断完善、民主协商公民参与的制度性规范,政府公信力不断提高、群众主人翁责任感得到激发,再加上治理手段的多种融合,不仅融入了浙江人的智慧,更使治理充满人情味;不仅将法治挺在前面,而且使百姓的道德品质得到提升,可谓一举多得。

(四)2012年起:改革成熟期,迈向全方位善治

改革开放进入成熟期,基层治理所面临的问题主要是:一是基层治理中能否选好用好乡村振兴带头人的问题。二是搞好城乡协调发展,充分发挥乡村与城市发展的优势,体现各自特色,实现城乡相对均衡发展的问题。

三是抓好城乡环境整治,尽力改善人居环境,实现人与自然、人与人关系和谐的问题。四是提高广大城乡居民的基本道德素质,提高社会主义精神文明在城乡社会建设中核心地位的问题。在此期间,浙江基层治理主要是针对问题精准施策。一是以降低信访数量作为基层治理的主要衡量指标。各级政府都把信访案件的多少及上访到浙江省、到北京的量作为考核指标。例如,浙江省信访局就采取"一票否决"制度。2016 年,《浙江省信访条例》修订,建立了重大信访事项向县委常委会报告制度,对因失职渎职、推诿扯皮、工作不负责造成严重影响和不良后果的事权单位,严肃追究责任,在县委常委会上做出检讨,并落实限期调处的整改措施,视情实行"一票否决",按当年度信访工作目标管理考核办法追究责任。不仅如此,全国各地在基层信访治理中也采取了类似的考量办法。二是以拆迁速度和治理目标实现的效率为考核标准。2017 年 12 月,乐清市委、市政府发出通知,要求对全县各乡镇 2017 年度"三改一拆"进展情况进行考核。考核内容主要涉及"三改一拆"工作完成情况,"无违建"创建工作完成情况,新增违法建筑管控及长效管理机制落实情况,各级交办件、信访件及媒体曝光件、省督查组反馈问题整改落实情况,"大拆大整"专项行动工作完成情况等。工作期间的情况通报是以各项拆迁工作的进度为考核标准。例如,乐清市《关于全市 1—6 月份"三改一拆"工作完成情况的通报》就显示了2017 年上半年相关工作进展情况。借情况通报,督促有关部门加快工作进度,以求各项政策执行工作扎实有效。三是以乡村振兴和减贫脱贫为衡量标准。党的十九大和 2018 年中央一号文件全面部署实施乡村振兴战略以来,浙江各区县关于乡村振兴的标准和减贫指标相继出台。例如,省级层面提出以有效治理为保障,在创新发展"枫桥经验""后陈经验",深化基层治理"四平台"建设的基础上,让群众更广泛、更有效、更深入地参与基层治理,加快构建自治、法治、德治相结合的乡村治理体系。浙江省把建成实施乡村振兴战略的试验区和示范省作为奋斗目标,率先提出一整套总体实施方案和政策措施、工作部署,探索以农业龙头企业、专业合作社、家庭农场等新型经营主体为引领的新型农业现代化道路,推进农业一、二、三产业融合发展的探索,深化城乡配套综合改革。浙江省长兴县政府把脱贫攻坚作为主要工作,引导帮助组成专业合作社,采取"合作社+基地+农户""村集体经济+合作社+农户"等运行模式,挖掘特色产业,推动低收入农户创业、就业,推动农户增收(王景玉,2018)。

三、衢州改革创新的情况

衢州市基层治理承受着工业化、城市化、市场化、信息化、全球化等多重压力的冲击与挑战,需要对新形势做出回应,衢州市在基层治理方面探索出了宝贵经验。同时,西方治理理论在多元协同、伙伴合作、社区协商、议题设置等方面为衢州市基层治理提供了诸多启示,衢州市基层治理进入了治理现代化的新阶段。此阶段基层治理的主要思想可以概括为:以治理现代化理念为引导,以强化党建引领与构建多元主体的方式,推动基层治理的创新进路,构建一个多元主体合作的基层治理体制,进而实现"美好生活"的基层治理目标。

衢州市的基层治理改革主要经历了三个阶段:第一阶段是探索阶段。自2016年12月以来,衢州市落实"基层治理四平台"建设、构建"一中心四平台一网格"体系和"党建统领+基层治理""三王主"架构,推行乡镇(街道)"模块化"改革。

第二阶段是提级阶段,从2020年10月开始,衢州市"县乡一体、条抓块统"改革上升为"十四五"期间全面深化改革的一项全局性、标志性工作和争创社会主义现代化先行省的十三项战略抓手之一,构建形成明晰化县乡权责、模块化镇街职能、精细化组团服务、集成化联动指挥、数字化平台支撑、制度化管理考评"六大体系",推动基层治理改革丰富完善、迭代升级。

第三阶段是深化阶段。一方面,自 2021 年 2 月开始,衢州市主动融入数字化改革大局和共同富裕示范区建设,立足基层治理"六大能力"建设,更加着眼整体智治,更加注重数字赋能,加大系统集成的力度,迭代升级"4＋N"平台模块,基层治理"一件事"上线运行,"一支队伍管执法"全市域覆盖,"四维考评"数字化迭代,推进县、乡村工作平台三级界面建设,为"162"和"141"贯通奠定体制机制基础。另一方面,2022 年初,衢州市以数字化改革为引领,推动重大应用在基层集成落地,推动了党建统领整体智治、数字政府、数字经济、数字社会、数字文化、数字法治 6 大系统在基层综合集成、协同赋能,实现基层治理质量变革、效率变革、动力变革。

衢州市基层治理改革是以党建为统领,以事项为切入,以基层治理现代化为目标,以赋权乡镇(街道)、提升乡镇(街道)统筹能力为核心,以数字化改革为引领,通过变革型组织建设,重塑条块关系,发挥部门专业治理优势和乡镇综合治理优势,实现县域整体智治的改革。2021 年 10 月,浙江省委书记袁家军在全省数字化改革推进会上指出,"衢州市敢啃硬骨头、敢于创新,通过'县乡一体、条抓块统'改革先行先试,形成了具有普遍意义的集成创新成果和制度重塑,为下一步全省推动数字化改革全覆盖提供了非常宝贵的经验"。

第二节　改革创新意义

基层社会治理是社会稳定的关键,是中国特色社会主义和谐社会建设的必然要求。在社会发展的过程中,基层社会治理工作重心发生了转移。在理论和实践的指导下,基层治理创新将全面展开,其理论意义与实践意义主要体现在以下几个方面。

一、衢州市基层治理创新的理论意义

党的十八届三中全会将"完善和发展中国特色社会主义制度,推进国家治理体系和治理能力现代化"作为全面深化改革的总目标,这意味着党的执政理念由政府自上而下的"管理"转变为政府自上而下与社会自下而上相结合的"治理",这显然是中国特色社会主义的重大理论创新,"治理"成为新时期深化改革的执政理念和治国方略。"社会治理创新"作为官方表述首次出现在中央文件,代表了学术界的理论共识上升到了治国理政的基本方略。此举标志着中央执政思路的转换与改革理论的升华,也标志着社会治理进入了摸着石头过河与顶层设计相结合的新阶段。

(一)加速了管理向治理的转变

衢州市基层治理改革创新实现了由管理向治理的转变。社会管理是国家权力为达到预期结果而有计划地实施控制的行为,是以政府为中心的权力主体自上而下的单向行动。治理是多元主体为应对公共问题、公共事务而相互合作的过程,是各种公共的或私人的机构和个人管理共同事务的诸多方式的总和,是使相互冲突的或不同的利益得以调和并且采取联合行动的持续过程。从两者解决问题的范围看,治理要宽泛得多。治理可以无限扩大解决办法的范围,也可以丰富政策选择这样一种艺术,同时它也是一种用尽可能多的手指去拿石头的方法。不仅如此,两者的区别还体现在主体、方式、取向、手段、基础等方面(见表 1.1)。

表 1.1　管理和治理比较

维度	管理	治理
主体	单一权力中心	多个权力中心
方式	等级控制	平等合作
取向	重结果	重过程
手段	单一解决方案	多种解决方案
基础	政令	契约

从管理和治理的差异出发,由管理走向治理,政府在治理体系创新上有三个着力点:一是引入多元治理主体,二是改革自身运行模式,三是建构

新关系规则。从国家与社会的关系看,中国地方治理既包含提高政府绩效的目标,又包含激发市场和社会活力的目标。在改革实践中,势必在组织、制度和资源上出现重大调整和变革。

20世纪80年代,美国学者詹姆·N.罗西瑙观察到,随着霸权主义的式微,全球秩序的远景目标已成为超越一切的课题,因而提出"全球治理"概念,主张多国、多主体参与解决全球性问题(罗西瑙,2001)。而在欧美国家的政治生活中,日益增加的不确定性和社会风险及财政压力,使福利国家陷入制度困境,政府已经无力单独应对一切问题,迫切需要中央与地方、政府与民间建立战略伙伴关系,共同解决难题,治理由此变成一个实践话题。20世纪90年代,我国学者俞可平等引进治理理论,提出调整中央与地方、政府与市场、政府与社会的关系,实现治理与善治。2004年6月,党的十六届四中全会提出了"社会管理体制创新"的概念,政府与社会关系调整的话题正式进入执政党的最高决策议题中。2013年11月,党的十八届三中全会决定把推进国家治理体系和治理能力现代化列入全面深化改革的总目标,并对政府与市场、社会关系的调整做出战略部署,提出了增强社会发展活力、提高社会治理水平的要求。

衢州市基层治理改革创新是对管理向治理转变做出的本土化耦合,建构了基层治理的衢州样本。管理的着力点是人治,治理的着力点是法治,法治是治理的基本方式。衢州市基层治理改革把对社会矛盾的预防化解纳入法治轨道,是实现社会安定有序、和谐活力的长效机制。在党的十七大以前,中国共产党的执政理念还停留在管理层面;从党的十八大开始由管理向治理迈进。党的十八届三中全会已明确将"完善和发展中国特色社会主义制度,推进国家治理体系和治理能力现代化"作为全面深化改革的总目标,实现了中国共产党执政理念的全新转变。衢州市在党的领导下,坚持中国特色的社会主义治理体系,将执政理念由单纯的政府自上而下的"管理",转变为政府自上而下与社会自下而上相结合的"治理"新举措。

(二)推动了数字治理理论的发展

考察现有衢州市基层治理创新实践,可以发现,衢州市基层治理改革创新离不开数字化技术。党的十九大指出,要转变政府职能,深化简政放权,善用互联网技术和信息化手段开展工作,建设人民满意的服务型政府。在信息化时代建设人民满意的服务型政府,归根结底是要运用数字治理理念,不断提升政务服务效能的数字化水平。当前,随着数字信息技术的普及与应用,衢州市各级地方政府积极探索借助数字信息技术提升政务服务效能,创新政务服务模式,"互联网+政务服务"的数字治理模式已初步形成并付诸实施,并取得显著成效,较好地解决了当前政务服务中"门难进、脸难看、话难听、事难办"的顽疾,切实增强了人民群众和企业的获得感。

目前,衢州市利用网络技术、卫星图像分析、3S技术、宽带卫星通信技术、工程测量技术、地理信息系统等数字技术搭建基层治理系统。这个系统包括城市的人员分布、房屋建筑、自然资源、经济实力等相关信息。通过对这些信息进行综合分析与利用,可详细掌握管理对象,合理划分管理空间,再造管理流程,为公众提供更广泛服务的同时,大大提高城市治理效率和水平,提升市民的获得感、幸福感、安全感,促进城市的可持续发展。衢州市基层智治大脑,以"四跑道"、共同富裕场景、基层治理指数、平战状态为核心要素,实现一屏观全城,更好地为衢州市管理工作赋能;覆盖了经济、政治、文化、社会、生态五大领域,设计了医疗、交通、警务、文旅等29个相关应用,打破了从市到区再到街镇三级相互之间的信息壁垒和层级壁垒,为衢州市的治理工作提供了强大的数据平台,使资源配置更高效,提升了城市治理的现代化水平。这些实践大大推动了数字治理理论与实践的发展,对中国数字治理的具有重要意义。

数字治理就是借助大数据、云计算等数字信息技术,政府、市民与企业等多元治理主体共同参与的一种新型治理模式。这种模式越来越多地应用于政府治理,目的是提高政府公共管理和公共服务水平。

第一，数字治理破解了基层治理难题。随着中国经济社会建设蓬勃发展，各类社会矛盾和管理难题也逐渐凸显出来，而社会难题的破解正是检验基层治理能力的重要指标。面对部门间、层级间协同难题，通过数字治理，可消除工作进度不协调、工作责任不清晰、工作结果无反馈的现象，依托可量化、可操作的数据指标助推政府建设。大数据、智能算法等新一代数字技术助力政府创新治理模式、治理手段、治理技术，实现复杂问题提前预判、多元协同、科学治理。当下，数字技术已经成为政府预防、追踪、解决社会难题的最好武器。通过运用数字管理技术构建一张系统的治理网络，在这张治理网络中，各类数据资源被整合在一起，形成跨部门、跨行业协同合作与治理平台，借助数字技术及时掌握社会动态，使政府在进行社会治理工作时更加具有主动性、科学性和精准性，可以快速破解政府治理工作中的难点与痛点。

突如其来的新冠肺炎疫情重大公共卫生事件，给基层治理工作带来了巨大的考验。习近平总书记做出重要指示，鼓励运用新一代信息技术支撑疫情防控工作。数字技术的应用在疫情防控的时效性与科学性上发挥了重要作用，效果显著。面对部分地方人流受抑、物流受阻、服务受挫等问题，衢州市迅速反应、有效应对，运用"健康码""行程码""疫情地图"等线上防控措施，稳步有序地推进疫情防控、监测分析及复工复产等工作，充分体现了数字治理破解社会难题的重要作用。

第二，数字治理提升了基层治理水平。基层社会治理是新时代建设数字中国的重大课题。当前基层社会治理主要分为传统型治理、精细化治理与数字化治理三种模式。随着基层治理系统发展日益复杂化，中国基层管理的方式也在不断变革。改革开放以来，伴随着城市化进程的不断加快和人口流动的不断增多，新的基层问题、社会矛盾也日渐突出，给基层治理工作带来了巨大压力，传统的管理理念和管理模式已难以满足新时代城市高速发展的需要，也难以满足当前人们对高质量城市生活环境的需要。因此,需要建立以数字技术为重要手段的基层治理模式来支撑基层的规划、建设、运营及应急管理,以有效应对城市化进程加快带来的住房、教育、就业、医疗、安全、生态环境等方面的挑战。

信息化正深刻影响着各国的社会经济发展。面对信息化带来的机遇,衢州市紧跟时代潮流,不断推进信息化建设。如今,衢州市治理数字化水平得到了很大的提升,基层治理逐渐向整体性、开放性、多元协同、智能化转变。在数字技术的支撑下,基层治理现代化已进入快速发展阶段。从数字技术的研发应用到数字产业的发展壮大,数字治理已经具备坚实的基础。数字治理对基层治理的影响越来越大,将数字治理贯穿到基层治理规划、建设、管理等全过程,是实现城市治理各环节信息化、数字化的关键路径,也是驱动基层治理创新的重要助力。

(三)促进了整体性政府的实现

"整体性政府"着眼于传统官僚制模式的弊病及新公共管理改革的负面效应,试图建立注重政府整体价值和绩效的文化和哲学;打破碎片化的政府功能分化、重塑政府结构;强调合作与协调的责任体系和激励机制,推动跨越组织界限的工作方式;最终的目的在于政府能力的提升、政府绩效的改进,从而满足社会公众的需求,更好地服务于经济和社会发展。可以从以下方面来理解衢州市基层治理创新的理论意义之一——实现整体性政府。

当前基层治理体系存在的问题有以下几个方面:首先,乡镇广泛地存在职能交叉的情况,镇级政府各条线上的工作经常是一起开展的,职能无法精细分工。而且上级政府有关部门设在镇级的"条条"机构较多,缺乏统一的机构来履行责任。其次,基层政府的机构设置往往简单复制上级政府的机构设置,缺乏符合自身发展的体制设计,从而加剧了科层制结构与功能之间的张力。此外,由于条块分割的问题,部分拥有执法权的机构是上级政府下派的,其人财物均归上级管辖。尽管近年来属地化管理步伐加快,这些"条条"机构开始逐步下放权力给基层政府,但仍存在权力下放不彻底的问题。最后,在乡镇政府的运行中,管理体制的规范性仍有待加强。一方面,基层执法体制存在权责脱节、多头执法、重复执法的问题,执法不规范、不严格、不透明、不文明等现象仍然存在。另一方面,运动式治理在基层政府行政运行中所占比例较大,虽然有利于应对国家治理过程中各项紧急、重大、临时性的任务,但作为一种普遍存在的非常态化模式,其局限与风险也需引起重视。

衢州市通过"县乡一体、条抓块统"改革实现了条块统筹,实现了整体性政府的理念。通过层级整合、功能整合实现了整体性政府的整合机制,并通过"四维考核""一件事"改革及"一支队伍管执法"等改革推动政府之间的合作与协调,通过"三联工程""周二无会日"等制度构建县、乡、村之间的信任。整体上来看,衢州市基层治理创新是构建整体性政府的有益探索,为全国县域整体智治提供了丰富实践经验,为推进基层治理体系和治理能力现代化提供了先行示范。

二、衢州市基层治理创新的现实意义

随着经济社会的快速发展,人们的生活水平显著提升,作为中国社会治理体系的重要组成部分,基层治理的工作重点也发生了转变。在此背景下,基层治理应结合社会发展的实际需要,围绕社会主义和谐社会建设的具体要求,创新基层治理理论,在实践中不断优化基层社会治理机制,构建更加和谐的基层社会关系。

同时伴随着以移动网络、人工智能为代表的社会科技的普惠性与基础性应用,社会力量多元化细分、社会个体原子化流动成为社会发展的必然趋势。随着社会需求多元化和社会参与扩大化,传统社会供给模式对于新兴社会需求的匹配能力日渐式微,这必然会给社会治理格局、基层治理样态带来全新挑战。在实践中,基层治理作为国家治理体系的微观基础,其创新所承载的具体功能必然与国家治理能力建设的目标设定相一致,与国家治理现代化的实践同行。同时,基层治理创新所具有的实验主义特征,使基层社会治理创新行为能够为中国的政治经济改革提供试点经验,为国家进一步深化改革提供有益参考。综上所述,历史经验与现代化建设需求表明,正确理解中国基层治理的改革创新过程,对于正确把握社会转型态势、不断创新社会治理方式和国家治理的现代化建构具有重要现实意义。

(一)基层治理创新有利于政府自身能力提升

1.有利于政府职能转变

改革开放以来,随着中国特色社会主义市场经济体制的建立与逐步完善,衢州市各种新兴社会力量特别是各种社会组织也逐步发展壮大起来。这些变化,一方面对全能政府的社会管理提出了挑战,另一方面也为政府简政放权、转变职能提供了日趋成熟的条件。政府职能转变的本质,就是政府将一部分管不了、管不好、不该管的经济社会事务还权于市场和社会。从社会管理的视角来看,就是要鼓励社会组织承担一部分从政府中转移出来的职能,鼓励民间力量参与社会建设。政府的某些事务性管理工作、适合由市场和社会提供的公共服务,可以以适当的方式交给社会组织、中介机构、社区等基层组织承担。这样,一方面可以降低政府直接提供服务的成本,另一方面可以提高服务的效率和质量,并为公众提供更多的选择,保障公众的自由选择权。政府职能的转变,意味着政府将逐步从许多经济和社会管理领域中退出,逐渐变全能政府为有限政府,变行政为服务,最终建成服务型政府。政府逐步从许多经济和社会管理领域中退出,将为社会组织等新兴社会力量的进一步发展释放广阔的空间。而社会治理的本质就是政府主动谋求与社会组织合作,共同解决社会问题,维护社会秩序,协同提供公共产品和社会服务,改善社会福祉。可以说,没有社会组织的参与,就没有社会治理。因此,政府职能的转变为社会组织发展释放的社会空间,使社会组织的发展成为可能,再经过制度的发展和跟进,可以使社会组织成为重要的治理主体,而社会治理的现代格局也将水到渠成。同时,随着行政型政府向服务型政府转变,政府的主要职能将集中在提供有效的公共管理和服务上,"生态平衡、社会公正、公共服务、社会和谐等议题逐渐成为中国治理改革的重点内容"。这些领域的改革仍然需要充分发挥政府的功能,但在政府职能转变和社会治理兴起的背景下,政府也必须主动谋求与社会组织的合作,提高社会治理的效能。这就意味着政府不再把公权力直接延伸到社会的一切领域,而要有所为、有所不为,将事务性社会管理和服务通过准市场化机制交由社会组织来承担,政府要做的主要是在宏观层面上制定相关法律法规、组织第三方机构对社会组织承担的社会事务进行事中、事后评估,以保证社会组织能够提供让公众满意的服务。唯有政府和社会组织各就其位、各得其所,政府职能转变才可能真正到位,社会组织才能健康发展,社会治理才能成为现实。事实上,在上述治理改革的领域中,社会组织在维护"生态平衡"、提供"公共服务"和促进"社会和谐"中均发挥着重要的作用。随着社会组织的发展与成熟,国家与社会合作共治的局面也将会逐步形成。

2.有利于基层政权治理能力建设

衢州市基层治理创新有利于加强基层政权治理能力建设。《中共中央国务院关于加强基层治理体系和治理能力现代化建设的意见》明确提出要增强乡镇(街道)行政执行能力、为民服务能力、议事协商能力、应急管理能力和平安建设能力。

衢州市通过"县乡一体,条抓块统"改革,让基层权责匹配,让基层干部的分量更重,让在基层、懂基层的干部发挥更大作用,在基层治理中有更强的参与权和建议权。一是通过"大综合一体化"改革,依法赋予乡镇(街道)行政执法权,整合现有执法力量和资源。并且上下互动,让行政权力事项放得下、接得住、能用好。二是衢州市围绕全面推进乡村振兴、巩固拓展脱贫攻坚成果等任务,市、县级政府规范了乡镇(街道)政务服务、公共服务、公共安全等事项,将直接面向群众、乡镇(街道)能够承接的服务事项依法下放,增强了乡镇(街道)为民服务能力。三是增强了乡镇(街道)议事协商能力。衢州市通过完善基层民主协商制度,县级党委和政府围绕涉及群众切身利益的事项确定乡镇(街道)协商重点,由乡镇(街道)党(工)委主导开展议事协商,完善座谈会、听证会等协商方式,注重发挥人大代表、政协委员作用。四是增强了乡镇(街道)应急管理能力。衢州市政府在强化乡镇(街道)属地责任和相应职权的同时,构建多方参与的社会动员响应体系。健全基层应急管理组织体系,细化乡镇(街道)应急预案,做好风险研判、预警、应对等工作。建立统一指挥的应急管理队伍,加强应急物资储备保障。每年组织开展综合应急演练。市、县级政府要指导乡镇(街道)做好应急准备工作,强化应急状态下对乡镇(街道)人、财、物的支持。五是增强了乡镇(街道)平安建设能力。衢州市坚持党建统领和数字赋能,形成"市域一体、高效协同"的大平安建设格局,通过加强乡镇(街道)综治中心规范化建设,发挥其整合社会治理资源、创新社会治理方式的平台作用。完善了基层社会治安防控体系,健全防范涉黑涉恶长效机制。健全了乡镇(街道)矛盾纠纷一站式、多元化解决机制和心理疏导服务机制。

(二)基层治理创新有利于协调社会关系

1.化解社会矛盾,维护社会秩序稳定

在网络化、信息化、城市化、全球化的影响下,从 20 世纪 90 年代起,社会发生了深刻的变革,与此同时,在社会治理方面,各国也面临着新的机遇和挑战。在 40 多年的改革开放过程中,中国经济社会等各方面都得到了极大的提升,同时也迎来了诸多新问题。

比如说社会治理的不确定性,因逐渐提高的人口流动性、社会开放性而加剧;传统管理观念因日新月异的网络信息技术而发生了动摇;人口结构因长期推行的计划生育而出现重大改变,特别是基本公共服务、城乡发展、区域等方面的差距明显;不断增强的公民意识、社会组织,以及不断调整的社会阶层结构,造成了利益分配格局的巨大变革;对于新时期社会治理工作而言,人们思想意识的多元化发展,以及社会人取代了之前的单位人,带来的很多新问题,都造成了改革难度的加大。

在中国社会公共领域,除了这一阶段性的特征,还存在因管理理念、机制和方式方法的不当而诱发社会矛盾和冲突的问题。这主要表现在两个方面:一是社会管理模式在一定程度上成为社会矛盾和冲突的重要诱发因素。社会管理模式由于一味强调社会的静态稳定,重视通过控制对社会进行管理,通过压服的方式争取社会的暂时有序。加上政府绩效考核制度中存在的"一票否决"机制,如在一些地方政府绩效考核中出现上访事件"一票否决",出现招商引资任务完成不了的"一票否决",等等。在这种情况下,一些地方政府在对社会进行管理的过程中,往往形成了掩盖矛盾、压制冲突的特别偏好,导致违法的、暴力的管理方式层出不穷,进而使社会矛盾和冲突不断累积。二是繁杂的社会公共事务与掌握着有限资源的政府之间的矛盾导致政府管理效率低。在社会管理模式中,政府几乎包揽了所有公共事务,政府用有限的理性和物质资源投入无限的社会公共事务管理中去,必然形成顾此失彼、厚此薄彼的问题,亦即"缺位""错位"和"越位"的问题,管理效率低下则不可避免。

正如托克维尔所看到的:"一个中央政府,不管它如何精明强干,也不能明察秋毫,不能依靠自己去了解一个大国生活的细节。它办不到这一点,因为这样的工作超过了人力之所及。当它要独力创造那么多发条并使它们发动的时候,其结果不是很不完美,就是徒劳无益地消耗自己的精力。"所以,现阶段巩固中国共产党执政地位、确保国家长治久安及人民安居乐业,亟待解决的问题之一,就是怎样对基层治理工作加以创新,这对于中国全面建设社会主义现代化国家,也具有重大的战略意义。

2.推动社会组织发展,实现社会多主体的治理

一些发达国家的经验表明,众多社会组织参与的治理,不仅成为解决

"市场失灵"与"政府失灵"问题的有效手段,更是革除各种政治、经济和社会弊端的基本途径。社会组织的发展壮大为构建良性的社会治理提供了可能性。首先,社会组织在社会领域的作用正在逐步彰显。在2008年奥运会期间和汶川大地震当中,社会组织及其志愿者在社会自我管理中提供了大量的社会服务和必要的援助,为奥运会的顺利开展和抗震救灾发挥了重要作用。全国政协社会和法制委员会副主任李学举带领的调研组通过调研指出,社会组织在社会生活中具有不可替代的地位和作用:"第一,社会组织尤其是行业协会,在规范市场秩序、开展行业自律、制定行业标准、调解贸易纠纷等方面,已经成为市场经济体系中不可或缺的力量。""第二,社会组织弥补了政府公共服务的不足。一些社区社会组织积极配合政府部门,协调劳动关系,参与社区共治,化解了大量社会矛盾。""第三,社会组织的发展缓解了就业压力。""第四,直接服务于民生领域的社会组织大量活跃在近年的抗灾救灾和重大活动中,成为推进公益事业、弘扬慈善精神的引领者。"①其次,社会组织的广泛参与优化了社会治理的结构。在一些重要的社会领域,甚至政府部门也视其为"不可低估,无可替代"的力量。王绍光总结了中国议程设置的六种基本模式,认为:"随着专家、传媒、利益相关群体和公众发挥的影响力与日俱增,'关门模式'和'动员模式'渐渐式微,'内参模式'成为常态,'上书模式'和'借力模式'时有所闻,'外压模式'频频出现。"后四种模式皆可视作新的社会力量参与对政府议程设置产生影响的体现。从政治权力的三个维度议程设置、政策制定、偏好塑造来看,从中均可发现新的社会力量的影响力正在增强。诸多案例还显示,它们的作用已经不止于设置政府议程,还可以修正政府的决策,并影响其价值偏好,甚至在地方立法、城乡规划等制度层面发挥作用。也就是说,社会组织正在改变和完善中国社会治理的结构,正在成为推动从社会管理到社会治理的重要力量。

---

① 凡之文:《怎样认识社会组织的作用》,《光明日报》2012年10月25日第16版。

3. 提升公民参与意识、完善公民表达渠道

社会治理归根结底就是要处理好国家与人民的关系。从社会管理到社会治理的转变，从某种意义上说，就是要解决人民真正当家做主的问题，充分发挥人民的主人翁作用，使之成为社会治理的关键主体。社会治理的根本目的是维护和保障最广大人民的权益，由人民所赋的治理权，要接受人民的监督，治理体系、治理效能的评价要由人民做出判断。这就意味着，社会治理的过程就是公众全程参与的过程，即议程的设置、决策的做出、执行和评估皆经由公众充分参与。这既是确保社会治理效能的要求，也是执政党坚持"群众路线"的题中应有之义。例如，衢州电视问政节目《请人民阅卷》成为解决问题的一种机制，打造了一个公众参与政务监督的互动平台。

以公民参与作为基层治理的基础，出发点就在于在基层治理过程中纳入民意。根本而言，就是充分了解民意、听取民意，在政策依据中纳入民意。在某种意义上，基层治理的相关政策和措施能否以民意为基础或者说汲取民意的程度如何，既是判断基层治理和服务质量的前提，也是判断一个社会民主化程度的重要标志。基层政府的首要职责，就在于从真正意义上了解民意，并基于此提出合理的社会问题解决方案。然而，基于当前国内基层治理的经验可知，以民意为基础的治理依旧停留在起步阶段，有多种因素导致了这种局面的出现，尤为重要的一个因素就是有效的公众参与途径的缺位。畅通民意诉求渠道，是创新社会治理的必要前提，只有这样，才能及时地掌握群众的意见和建议，更好地解决社会问题。从基层政府的角度出发，其一，应打造责任明确的综合管理机制；其二，对公众参与渠道加以优化。只有确保这两点，才能保证公众提出的社会治理与公共服务相关问题得以有效解决。实际上，民意的表达对于社会利益的平衡、群众合法权益的维护、社会矛盾的调和、社会关系的协调，都具有重要意义。政府社会治理目标的达成，也离不开新的民意表达渠道的疏通，这是创新社会治理手段的重要基础。

第二章　衢州基层治理改革创新理论基础与理论成果

衢州市基层治理改革创新过程中，与近年来广受关注的一些重要理论具有较高契合性，比如治理理论、整体性治理理论、创新过程理论等，这些理论在一定程度上揭示了衢州市基层治理的理论意蕴。1970 年库恩提出了"范式"这一概念，在一定程度上打破了传统意义上人们对于科学的认识，之前人们认为科学就是真理，是一成不变的。而"范式理论"提出科学需要不断革新（何家兴，2018）。本书在研究中不拘泥于既有的理论观点，而是在对衢州市案例分析的基础上，进一步对衢州市基层治理改革创新进行富有启示意义的理论归纳和总结。基层政府在选择行为方式的时候，更多是考虑到面临的实际问题，而不是就理论而规范行为。在具体实施过程中，基层政府会自觉运用宏观理论和主流理论，使其行动不仅有效，而且也具有合法性和公共性，从而获得上级政府和民众的认可。这些来自基层实践的洞见为我们从不同维度深入理解基层治理过程、基层行动者的选择提供了有益资源，同时也提出了加强中国基层治理理论特殊性研究的必要性和迫切性。

第一节　治理理论与基层治理

治理理论是影响当今世界各国治理变革的主流理论,主要观点为多中心、自下而上的参与、政府与社会组织的合作、顾客导向等。其对衢州市基层治理创新的启示是:以公民需求与解决问题为导向,构建有限政府与合作治理理念,以善治为改革创新目标等。

一、基层治理创新的导向:公民需求与问题解决

传统官僚制和新公共管理两种公共治理范式都以解决政府的问题为核心,而治理理论则是以解决公民的需求和问题为核心,追求公共利益的最大化,实现从政府本位到公民本位的理念转变。治理理论不仅以实现公共利益为出发点,为公众提供无缝隙的服务,确保满足公民的需求,而且特别强调满足公民需求的公平性。治理理论还主张政府运作的问题导向,即把"公共问题的解决"作为政府运作的逻辑起点,注重对问题的结果导向与预防导向。

(一)多元主体的参与是治理的基础

从理论上,治理实际上是国家权力向社会的回归,治理的过程就是一个还政于民的过程。当前以公民积极参与和公民自治能力为主导的治理模式越来越成为主流,冲击着国家与社会的关系。这使传统国家或政府组织的作用逐渐缩小,而社会力量正在不断增强,发挥着越来越大的作用。治理意味着国家与社会、政府与公民之间形成良好合作,从全社会的范围看,治理离不开政府,但更离不开公民。没有公民的积极参与和合作,至多只有善政,而不会有善治。所以,治理的基础与其说是在政府或国家,还不如说是在公民或社会。从这个意义上说,多元主体的参与是治理的基础,没有一个健全和发达的多元参与社会,就不可能有真正的治理。因此,调

整国家与社会的关系,建立一个繁荣、活跃的社会,是治理的本质要求。因而,在实践中,衢州市政府鼓励社会多元主体参与,向社会分权,赋权于社区和居民,鼓励公民积极参与地方和社区的公共事务,倡导培育和提升公民自主管理的能力。

(二)自下而上的公民参与

治理鼓励公民以个体或集体的形式广泛地参与公共行政,从而使公共行政更好地响应公众的需求和呼声。巴伯指出,政府的无能表现在三方面,即行政机构的瘫痪、公共事务的私有化及民众对政府的疏离和冷漠。如欲解决政府无能的危机,宜将"强民主"建立在公民参与和公民义务上,而不仅仅建立在个人良好品德和利他主义之上(Barber,2003)。公民与基层行政组织互动就是在公民自愿组织的原则下,通过公民的参与和监督,使公共行政的服务和效率达到最佳。汉(Ham)指出:"官员在面临行政资源有限的情况下,总是比较习惯采用'控制'手段来解决问题,而非坚持公共服务理念的落实,也很少采取鼓励公民参与的形式,长期看来,反而导致许多行政问题产生。因此,应当尽量加强公民个人与行政人员之间的直接接触和互动的机会,使基层行政人员了解公民的意愿倾向并引导和鼓励公民参与基层公共决策的制定和对决策执行的监督。"(Ham et al.,1988)在彼得斯提出的政府治理的四种模式中,参与式政府模式相比其他政府治理模式来说,更注意国家与社会间的关系,并且更重视广大公众参与决策的机会。参与式政府致力于寻求一个政治性更强、更民主、更集体性的机制来向政府传达信号。政府在制定政策时,必须从社会组织和公民那里寻求和接受意见,并在此基础上做出政策决定。政府要发展社会组织来解决当前社会的许多问题;同时,也要指导这些社会组织,使之符合公民的价值要求,并且有能力去解决社会问题。参与模式的出现强化了公民的作用,并试图以投票以外的方法来促进民主参与(彼得斯,2001)。

二、基层治理创新的理念：有限政府与合作治理

创新基层治理是应对复杂基层治理问题的必然选择。党的十八届三中全会以来，围绕社会治理体系创新，实践界和理论界进行了积极探索，涌现了一大批创新的实践案例和理论观点，推动了中国基层治理的转型。总体来看，国家对基层治理的总体思想是加强政社合作，实现治理主体由一元向多元转变与融合，分散治理风险，以应对日益复杂的社会治理问题。这种转变的潜在逻辑是，基层治理问题的复杂化使传统官僚体系的闭合管理体制难以为继，加之社会力量的发展壮大客观上要求国家—社会关系由分离走向合作，政府主导政社合作进行社会治理的理念开始被纳入国家的政策设计中。具体而言，中国基层治理创新的理念主要有两种：有限政府模式及合作性治理。

（一）有限政府模式

1. 全能政府向有限政府的转变

从政府对社会管理的演化历史来看，其权限与角色在不断地变化。最早的政府只是阶级统治的工具，政府在社会中仅仅扮演着一个"守夜人"的角色，仅对一些国民不能管也不愿意管的所谓纯粹的社会公共事务进行管理，管理规模、管理权力都是极其有限的。与此同时，阶级统治变得越来越隐蔽，而政府管理却越来越明显，以至于在人们的公共意识中，阶级统治似乎已被人们所忘却，人们处处可见的是政府对社会的公共管理。二战以后，世界各国政府的统治职能日趋弱化，而社会服务职能日益重要，行政权力出现扩大化的趋势。伴随着行政权力的不断扩大，政府管理的范围也日益拓宽。无论是在经济领域、政治领域、文化领域还是在其他社会生活领域，人们可以随处看到政府干预的身影，政府管理似乎无处不在。政府开始了"全能政府"的历程。新中国成立后，中国效仿了苏联的基层管理体制。这是一整套高度集权的政治经济管理体制，政府作为权力的唯一载

体,行使着所有管理职能,成为"全能政府"。

如果说全能政府在面对相对单一的社会事务时尚可以应付的话,那么,面对市场经济条件下纷繁复杂多样的社会事务,全能政府越来越显得"无能"与"失灵"。政府把本来不该管、管不好也管不了的大量事务都揽在了自己手里,导致政府"失能"现象随处可见。20 世纪 70 年代开始,西方国家政府失灵的现象大量出现,如公共物品供给的低效、官僚主义与权力寻租盛行等。面对日益严重的政府管理危机,90 年代,治理理论如一缕清风,吹散了政府管理中的浓浓浊气。治理理论强调了管理主体的多元性,治理理论是对"全能政府"的一种否定、对"有限政府"的一种呼唤。

2.基层治理创新中的有限政府

改革开放 40 多年,由于对财富和资源的占有程度和占有渠道的不同,中国社会已形成具有不同权利主张与利益诉求的阶层。同时,中国正经历着社会转型的关键时期,这必然牵涉社会的方方面面。英国社会学家安东尼·吉登斯提出,社会转型至少要考虑三大因素,即文化因素、经济因素、政治因素。社会转型必然是一个巨大的历史阵痛过程,会面临各种社会问题,如社会结构的转换、体制的转轨、利益的重新分配整合等。社会问题的多样性与复杂性,是政府介入社会管理事务的正当性理由,也是政府的职能,但也给政府扩张权力提供了契机,特别是地方政府权力扩张的冲动更大,"地方国家权力再度出发了,以更为强劲的态势,对刚刚从国家的直接控制解放出来的社会空间,施以规制性的和强迫性的管理"(Shue,1995)。实践中,地方政府常借口"基层社会管理的创新",通过规制性管理,侵占了许多本属于社会的权力,大大缩小了基层社会自治的空间(高,2013)。

若要将多元的利益诉求统一在理性和法治的秩序中,克服转型中的各种基层社会问题,这是"全能政府"无法应对的,也迫切要求政府进行观念、体制、机制和管理方式的创新,以新的治理模式适应时代和环境的变化,实现社会转型。多元治理理论认为,基层社会管理至少包括两个基本面向,即基层社会的自我组织和自我管理及基层政府对社会的管理。基层社会管理首先应该强调基层社会的自我组织和自我管理,因为从根本上说,起最广泛作用的、维持社会稳定和社会秩序的自动调节机制,必定是公民与社会组织的自我管理。在基层社会管理创新过程中,首先要克服一个认识上的误区,即将社会管理看成政府对社会的管理和控制,而基层社会管理创新,则被理解成政府管理和控制社会的内容、手段和方式等的创新,这是一种"社会控制论"观点。多元治理理论给我们的启示是,在基层社会管理创新过程中,政府应当放权给社会,形成政府与社会共同管理社会事务的"合作共治"的局面。在"合作共治"中,政府与社会组织的角色与功能应有不同,政府所管理的事务是那些社会无法承担和实现的事务,而基层能够管理和完成的事务,政府只负责调控、引导、服务。从此种意义上讲,基层社会管理创新就是要实现基层社会管理向基层社会治理的转变,实现政府对基层单向度的管控向政府与基层对公共事务管理的合作治理转变。因此,可以说,基层治理创新的实质就是一场政府改革,是让"全能政府"转变为"有限政府"。

(二)合作性治理

合作性治理是中国政府与多元主体合作的方向和突破口,即政府已经不是治理的唯一主体,治理主体呈现多元化趋势,政府与各种社会组织、企业及个人结成伙伴关系共同进行合作性治理。

1. 自组织网络的定义

"治理是政府与社会力量通过面对面合作方式组成的网状管理系统。"(Kettl,2011)由于政府失灵和社会的"不自主性"同时存在,一些社会、经济问题不能简单地借助自上而下的国家干预或凭借社会的自发调节方式得到解决,而国家与社会之间的合作却能够行之有效地解决问题。正如政治学家科曼所指出的:"许多集体的问题只通过个人行为无法解决,由遥远的国家调节或间接的政治民主程序也不容易解决。相反,社会的自我调

节,结合国家及其机构的权威,倒可以使问题得到解决。"(Maraffi et al.,
2008)

自组织治理网络是个人和机构、政府和私人治理其共同事务的诸多方
式的总和。首先就应当互动合作。在治理过程中,无论是哪个组织,都不
可能拥有知识和资源两个方面的充足能力来独自解决一切问题,它们必须
通过与其他组织交换知识和资源以达到目的。有的组织可能在某一特定
的交换过程中处于主导地位,但不宜轻易发号施令,因为任何组织都不会
一味地仰仗和屈从于他人,从而会用自己拥有知识和资源作为筹码加以博
弈。治理是一个互动的过程。库依曼指出:"不论是公共部门还是私人部
门,没有一个个体行动者能够拥有解决综合、动态、多样性问题所需要的全
部知识与信息,也没有一个个体行动者有足够的知识和能力去应用所有有
效的工具。"(Kooiman,2010)它们之间不存在简单的相互替代关系。在
这种情况下,政府组织、社会组织、社区组织等第三部门和私营机构将与政
府共同承担起管理公共事务、提供公共服务的责任,这些组织的权利也将
得到社会和公民的认可。这一变革的内在逻辑是,自组织参与多元共治将
成为一种发展趋势。公共行政参与者的多元化,多元化主体之间的权力依
赖和合作伙伴关系,最终必然形成一种社会自治的合作网络。

罗伯特·罗兹认为,治理就是自组织网络的合作,这种自组织网络就
是公共、私人和社会组织的复杂混合(Rhodes,1996)。由于统治向治理
的变化,以上三种组织之间的界限正在消失。出于对资源的需要,自组
织网络产生了资源的交换,也由于资源在网络中的交换,参与者能够实
现自己的目标,最大化自己的影响力,并且避免对其他主体的依赖。这
样它们也可以对国家有一定程度的自主权,这种网络是对市场和政府机
构的一种补充。

2.构建合作网络体系

既然政府不是治理依赖的唯一组织载体,那么,依靠谁来对日益复杂

的社会公共问题和公共事务进行治理,以及怎样依靠这些力量进行治理呢? 显而易见,治理依靠的应当是以问题和管理事务性质为导向而构建起来的多种形态的社会合作网络体系。面对国际、区域、国家、地方、社区等不同地域范围内的公共问题,国际组织、政府组织、市场组织、社会组织等治理主体围绕某些公共问题或公共事务,通过对话、协商、谈判、妥协等集体选择和集体行动,达成共同治理目标,并形成资源共享、彼此依赖、互惠和相互合作的机制和组织结构,建立共同解决公共问题的纵向、横向的或两者结合的社会合作网络。这种以问题解决为中心、高度弹性化合作网络的构建涉及多样化治理主体的参与,这一多层治理体系既包括各个层级政府和公共组织之间,以及跨国家区域性政府和公共组织之间形成的相对稳定的互惠、合作关系结构,也包含公共组织与私营企业组织、社会组织之间建立的交流、互惠、合作、共同处理公共问题的组织结构。治理运动的扩展表现为纵向、横向及纵横交错的、重叠的社会共同治理网络体系的不断发展。因此,治理的关键是包括政府在内的社会网络体系的构建、信任关系的形成与合作方式的建立。

三、基层治理创新的目标:善治

善治有多种定义,如联合国在 1997 年所做的《分权的治理:强化以人民为中心的发展能力》报告中概括了善治的五条原则:合法性、方向、能力、责任心、公正(孙柏瑛,2004)。不少学者认为善治的重要评价标准是参与、公开、透明、回应、公平、责任、合法性等重要原则。俞可平将善治的基本要素概括为合法性、透明性、责任性、法治、回应、有效和稳定。国际行动援助则认为善治的基本要素包括:法治、公信力、透明性、参与和民众制约,并且指出"透明性和公信力是政府必须接受的要求"而"最脆弱的群体在决策中占主导地位是参与的基石""参与是善治的基础"(国际行动援助中国办公室,2007)。

(一)善治与基层治理创新

治理的最高标准、理想状态是达到"善治",这是基层社会管理创新的价值要义。"善治就是使公共利益最大化的社会管理过程。"善治的本质特征就在于它是广大人民群众对社会生活的合作管理,是国家管理与社会协同的最佳状态。从善治的主要特征而言,其在主体上是"善者治理",在其中发挥主导作用的政府,更应是公开、公平、公正的治理者,实现社会公众福利最大化。善治在方式上是"善于治理",这不是建立在单方基础上的行政命令,而是强调建立在现代平等契约基础上的良性互动和合作善治。在结果上是"善态治理",即多元和谐的社会状态,社会中出现各种利益矛盾冲突能通过社会机制化解,达到"和而不同"的社会美好状态。

善治实际上是国家的权力向社会的回归,善治的过程就是一个还政于民的社会管理过程。在此过程中,公民广泛参与,政府与各类社会组织有效合作、良好互动,以实现社会公共利益最大化。善治需要政府与社会的良性互动,从全社会范围看,善治离不开政府,更离不开公民,只有形成一个健全和发达的社会,才有可能实现真正的善治。

走向善治有以下三个切入点:第一,厘清政府、市场、社会间的职责。改革开放多年来,中国社会正从总体性社会逐步向政府、市场和社会分离形成多元化社会格局转变。政府与社会、政府与群众、政府与市场的关系都已发生深刻的变化,传统意义上的政府行政行为已不能很好地适应建立完善社会主义市场经济体制和社会管理格局的要求。面对多元社会的需求,中国的行政体制也需逐步从行政全能型政府向政社分离,把政府行政职能与社会的自我管理职能分开,使社会能够自我组织、自我规范并不断产生社会运作的活力转变。

第二,完善参与机制。公民广泛参与公共治理,实现政府与公民积极有效的合作,这是当前推进善治的重要内容。这需要公民必须拥有足够的政治权利参与选举、决策、管理和监督,从而与政府共同形成公共权威,维护公共秩序,而民主政治就是保证公民享有充分自由和平等的政治权利的实现机制。没有民主,善治便不能存在。公民的知情权、选择权、参与权、监督权都需要通过民主方式来实现。

第三,有序培育发展社会组织。随着政府职能的转变,原来由政府包揽的经济、社会事务将部分交由社会组织承担,政府面临着对社会组织有序培育发展和依法监督管理两大任务。需要转变、规范和完善政府对社会组织的行政管理职能,从公益服务的唯一提供者转变为保障者,从直接拥有和管理转变为制定规划规则和监督评估。这既要大力培育服务类社会组织,引导其为社会提供更多服务,以满足人民日益增长的需求,也要加强对社会组织的监管,保证社会有序,保持社会稳定。

(二)善治的衡量标准

最早使用"善治"这一概念的是世界银行,善治是世界银行用以衡量受援助国家治理状态的标准,后来这一概念被广泛应用于社会经济领域和国际关系领域。善治的衡量标准包括了许多现代的元素,按照法国学者玛丽-克劳德·斯莫茨引述的一位法国银行家的理解,善治应该包括四个主要标准:一是公民安全得到保障,法律得到尊重,特别是这一切要通过法治来实现;二是公共机构正确地管理公共开支,亦即进行有效的行政管理;三是政治领导人及其行为向人民负责,亦即实行责任制;四是信息灵通,便于全体公民了解情况,亦即具有政治透明性。国内学者俞可平将善治概括为10个基本要素,即合法性、法治、透明性、责任性、回应、有效、参与、稳定、廉洁、公正。也有学者专门提出了基层善治的标准,比如欧树军提出基层恶治与善治的差别主要体现在三个方面:组织化程度、直接民主水平和劳动人民的主体地位。从以上学者对于善治判定标准的理解,可以看出基层善治应主要包含以下几个方面:一是要有安定有序的政治氛围,即无论是政策的执行、政治改革的推进、治理水平的提高还是民众政治参与度的提升,都要在安定有序的氛围下进行,混乱的政治氛围根本无法"治",更不用说善治了。二是要有完善的法治，要想真正实现基层善治，就要从根本上改变"人治"的政治思维，树立法治意识，将法律作为治理的主要凭据。三是要有较高的行政效率，这是针对治理的主体尤其是政府部门来说的，如果行政效率低下，将导致大量亟待解决的事情被积压下来，即使有好的政策也不能有效地贯彻执行，这样是无法实现善治的。四是要有较高的政治参与度，治理本身与统治和管理有着显著不同，前者更加强调治理主体的多元化，因此基层善治必须提高社会组织和民众对于公共活动的参与程度，尤其是事关民众切身利益的公共活动。

第二节　整体性治理理论与基层治理

基层治理的思路一直遵循条块分割的惯性。在条块分割的基层治理体系中，基层事务繁杂，基层规划、基层活动混乱，基层已然成为政府和社会的试验场，或是容纳了混合的基层意见或情绪的火药桶。基层的分裂或者割裂，行政化或者市场化的思路均无法有效解决这种困境，基层治理迫切需要一种新的整合协调技术。而整体性治理理论在应对分散性、分割性、过度分工等组织秩序问题上具有较大的潜能：一是整体性治理理论致力于政府组织体系整体运作的整合性与协调性，经过整合后各不同功能部门间具有共同的、明晰的总体政策目标，获得总体政策目标与各部门目标的最大效率（李褚，2015）。二是整体性治理理论力求整合分散的资源以提供整体性服务，形成集中、整合、整体的治理方式，并为公民提供无缝隙的整体性服务的政府治理模式（曾凡军，2010）。

随着信息技术的发展，中国基层治理发展进入网络化、信息化、数据化时代。这在一定程度上，已经远远超越了西方发达国家基层治理发展的速度，也远远超脱了传统基层治理理论的话语限定。中国基层治理结构逐渐由原来单一的行政层级末梢演化为复杂的网络化结构，这主要表现在：一是基层公共服务体制改革逐步推进，来自政府、市场和社会组织的力量开始进入基层，如近年来各地开展的政府购买服务、社区基金会、社区服务中心、家庭综合服务中心等，这些行动主体的利益诉求和行为策略各不相同，在基层这一较为完整的社会单元彼此互动，产生丰富的社会关系。二是基层权力关系不再由单一的行政权力主导，而是逐渐演化为融合行政权力、社群权利、居民自治权利等的调试性合作。基层治理的网络化结构及其背后权力关系的嬗变呼唤一种整体性的治理视野。相较于其他公共改革理论，整体性治理理论在应对网络化社会问题方面具有较强的理论融合和拓展能力。

活动、协调、整合是整体性治理的三个核心概念，其中，活动是指包括政策、管制、服务和监督四个层面在内的治理行为；协调是指确立合作和整体运作、合作的信息系统、结果之间的对话、计划过程及决策的想法；整合是指通过确立共同的组织结构和合并在一起的专业实践与干预以实现有效协调的过程（Rhodes，1996）。

一、强调合作性整合

希克斯（1997）指出，整合是整体性治理最核心的概念，整合程度与政府组织凝聚力的强度正相关。作为整体性政府最本质的内涵，整合的内容主要包括逆部门化和碎片化、大部门式治理、重新政府化、加强中央过程、压缩行政成本、重塑服务提供链、网络简化等（Dunleavy et al.，2006）。事实上，整合并不是整体性治理中特有的概念，传统官僚制和新公共管理也强调整合，但官僚制中的整合是以适应自上而下的层级体系为目标的权威性整合，而新公共管理中的整合是以提高公共部门效率为目标的竞争性整合。整体性治理中的整合则是合作性整合，它是针对传统官僚制和新公共管理过度强调专业主义、部门主义、竞争主义所导致的碎片化问题而提出来的，既包括行政系统内部上下层级间、职能部门间基于业务流程所形成的整合,也包括政府与私营企业、社会组织、社区、公民之间合作所形成的整合。

具体来讲,整体性治理理论强调的合作性整合主要表现为:一是三大治理面向的整合,即治理层级的整合、治理功能的整合和公私部门的整合(Leat et al.,2002)。图 2.1 是整体性治理整合的三个面向。二是四大治理行为的整合。整体性治理理论主张要达成三大治理面向的整合,需要实现政策、规章、服务和监督四个层面在内的治理行为的整合(费月,2010)。三是逆部门化和碎片化,实行大部门式治理。表 2.1 是科层制、大部制和整体性政府三种政府机构治理形态的比较(吴月,2014)。四是重新政府化,加强中央过程。整体性治理理论主张将新公共管理改革中部分委托或转让给市场和社会的权力和职能,重新收归公共部门掌握和行使,保障政府尤其是中央政府在公共事务管理中的主导作用,避免出现因过度分权和竞争导致的政府权力虚化现象。五是整合预算。整体性治理理论强调,从新公共管理时期到整体性治理时期,预算制度的最大变化就是建立了一种以问题为预算单位的共享性预算体系,以在较大程度上降低行政成本。

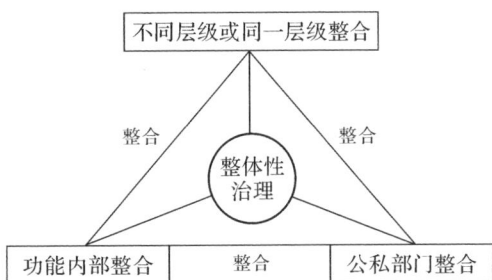

图 2.1 整体性治理整合的三个面向

资料来源:张玉磊.整体性治理理论概述:一种新的公共治理范式[J].中共杭州市委党校学报,2015(5):54—60.

表 2.1　三种政府机构治理形态的比较

比较项	科层制	大部制	整体性政府
持续时期	20 世纪 70 年代以前	1970—2000 年	2000 年以后
管理观念	公共部门管理	公共部门管理	公私伙伴关系/央地整合
运行机制	政府各机构功能性分工	政府功能的部分整合	政府机构的整体性运作
组织模式	层级分明、职责明确	专业化管理	网络式服务
核心目的	依法行政	严格绩效指标	整合与跨界合作
关注点	注重输入	产出控制	注重结果
对官员的规制	法律规范	法律与条约	公共伦理与价值
运作资源	人力资源	咨询科技资源	网络治理
政府服务项目	政府提供各种服务	强化中央政府的掌舵能力	政策整合

　　衢州市基层治理创新突出整体性治理理论的整合机制,主要涉及治理层级整合和治理功能整合。层级整合上,衢州打通县(部门)、乡镇(街道)、村社三级治理层级,将治理层级从以往相对分离的模式转向三级协同的新模式,突出县乡协同一体化。功能整合上,通过提高乡镇(街道)统筹协调能力以及执法事项下放,赋予乡镇(街道)更大的权力。通过基于权责对等和合理授权等原则对乡镇(街道)进行科学授权,在不增加成本和编制的情况下,基层治理问题在乡镇(街道)得到快速有效解决,突破了中国长期以县域为基层治理中心的传统行政管理体制。

二、注重协调目标与手段的关系

　　整体性治理理论特别注重治理目标与手段的协调。依据目标和手段的关系,整体性治理理论将政府形态归纳为五种模式:目标和手段相互冲突的贵族式政府;目标相互冲突而手段相互增强的渐进式政府;手段相互冲突而目标相互增强的碎片化政府;目标和手段既不相互冲突也不相互增强的协同型政府;目标和手段都相互增强的整体性政府。图 2.2 是根据目标和手段的关系划分的五种不同类型的政府模式(Leat et al.,2002)。整体性治理理论认为,贵族式政府、渐进式政府与碎片化政府都已经过时和失效,协同型政府虽然有所进步,但必须通过强力整合才可能实现向整体性政府的转变。整体性治理理论进一步指出,整体性政府作为当代政府治理的新形态,其与协同型政府的主要区别在于目标与手段的兼容程度。

图 2.2　五种不同类型的政府模式

资料来源:张玉磊.整体性治理理论概述:一种新的公共治理范式[J].中共杭州市委党校学报,2015(5):54—60.

衢州市基层治理创新体现整体性治理理论的合作协调机制,包括价值协同、利益动员和信息共享。在价值协同上,围绕基层社会治理的突出问题,指向提高群众和企业的满意度和获得感,使不同部门、部门与乡镇之间有了共同目标。在利益动员上,在考核过程中采用"四维考评",使工作人员的目标和改革的目标保持一致,实现对人员的内在驱动。这一考核方式,更加有效地化解了以往政府内部的"大锅饭"现象,从岗位赋分、模块评分、组团积分、分班计分等维度对乡镇干部实行差异化考评,并基于考评结果加大奖惩力度,创新了对政府工作人员的考核方式。在信息共享上,构建县、乡镇（街道）、村社联动指挥系统及"两难"三级钉钉群，建设基层治理一件事线上运行系统，确保信息共享和高效指挥。

三、重视信任、责任感与制度化

整体性治理旨在通过对碎片化的有效整合，建立跨部门或跨组织的网络关系，实现公共议题的合作治理。因此，整体性治理首先需要在治理主体间建立良好的信任和责任感，并建立制度化的保障。整体性治理理论认为，信任与责任感是整体性治理整合过程中最重要的功能性要素（其他功能性要素还包括信息系统、预算等），而建立组织之间的信任又是实现整体性治理的一种关键性整合。"在成员间形成相互合作和信任的，积极的组织间关系是重要的。"（Perri 6，1998）因此，整体性治理理论要求改变科层组织、私人组织、服务使用者和社会公众的文化，塑造相互信任的理念。同时，整体性治理理论认为，责任感是实现整体性治理最重要的功能性要素，它包括诚实、效率和有效性三个方面。其中，诚实主要是指公款使用必须遵守财政规章，不得损公肥私；效率是指公共服务提供过程中输入和输出之间的关系，强调以最小投入取得最大产出；有效性是指公务人员对行政行为是否实现公开执行标准或对结果承担责任。整体性治理理论进一步指出，在整体性治理责任感的三个方面中，有效性处于最高地位，诚实和效率必须服务于有效性，不能与有效性的目标相冲突。为确保整体性治理责任感的落实，需要从管理、宪法和法律三个层面加强制度建设：在管理层面，通过财务预算、收支控制、审计监督、绩效评估等确保责任感；在宪法层面，通过界定民选官员对立法机构的责任及非正式的宪法规范等确保责任感；在法律层面，通过司法审查、特别行政法庭、准司法管制等确保责任感（Leat et al.，2002）。

衢州市基层治理创新中积极强调整体性治理理论的信任机制建立，包括非正式制度和正式制度。非正式制度注重并加强部门、乡镇与村社之间的沟通与交流,进一步构建县、乡、村之间的信任。与此同时,着力把沟通交流的非正式制度转换为正式制度,以保证信任的可持续性、信息的及时性和处置的有效性。比如,衢州市建立"三联工程""周二无会日"等正式制度,全面及时把握基层动态,大大提升了基层治理的效能。再如,通过梳理属地管理清单,将原来部门与乡镇之间的模糊边界转变成清晰的权责清单,将县、乡之间存在的非正式制度关系上升为正式制度。

四、依赖信息技术的运用

整体性治理特别强调信息技术在当代公共行政变革中的重要作用,并特别指出整体、协同的决策方式及电子行政的广泛运作是数字时代治理的核心(Dunleavy et al.,2006)。希克斯(1997)也指出,政府应该充分运用信息技术手段进行政策协调,包括政策制定、政策执行、政策评估等。现代信息技术的快速发展有力地推动了政府的电子化改革及整体、协同的决策方式,打破了科层制下政府内部及政府与社会之间的藩篱,柔化了政府主体间和政府层级间的边界,简化了行政层级和业务流程,推动了政府组织结构由金字塔形向扁平化的转型,加强了治理主体间的协商和沟通,使治理环节更加紧密,治理流程更加通畅,在较大程度上解决了由传统官僚制和新公共管理改革导致的碎片化问题,推进了公共治理向透明化、整合化方向发展。因此,信息技术为整体性治理的实现提供了有力支撑,只有充分利用信息技术,整体性治理才能实现组织结构关系的整合及目标与手段的协调。实践中,整体性治理以信息技术为治理工具,在互动的信息提供与搜集基础上打造透明化、整合化的行政业务流程,实现信息的充分共享,使相关治理主体在应对复杂公共事务时能够具有战略视野并做出科学决策。

衢州市通过基层智治大脑的建设,使"县乡一体,条抓块统"这一重大集成改革得以在网上网下全面融通,初步形成上下贯通、县乡一体的县域整体智治格局。通过数字技术的运用为基层治理赋能提效提供全新的探索,推进基层治理整体迭代、整体提升。

第三节　衢州基层治理改革理论体系

随着衢州市基层治理改革创新实践不断深入、实践与学术的不断交流互动,衢州市基层治理改革创新理论架构逐渐清晰,形成了覆盖改革内涵、原则、方法、制度等关键要素的理论体系。

一、改革创新的内涵

整体智治是衢州市基层治理创新的改革内涵。衢州市基层治理改革创新是以党建为统领,以基层治理现代化为目标,重塑条块关系,以赋权乡镇街道,提升乡镇街道统筹能力为核心,以数字化为支撑,推进基层智治系统建设,实现整体智治的基层治理体系集成改革。

二、改革创新的原则

(一)坚持党建统领

坚持党的领导贯穿始终,突出基层党组织在基层治理的战斗堡垒作用,发挥各级党委总揽全局、协调各方作用,深化提升"主"字形体系架构、"王"字形运行机制,做优市县一体顶线,做强乡镇(街道)中线,做实村社网格底线,做畅联动指挥竖线,着力推动党的全面领导落实到现代化城乡治理的方方面面,形成全方位覆盖基层的工作网络,着力形成党建统领"四治融合"的现代基层治理共同体。

(二)坚持整体智治

把体制机制创新与"基层治理四平台"结合起来,以"整体"思维整合党政机关职能,以"智治"手段优化基层治理形态、完善基层治理模式,突出问题导向、目标导向、价值导向,综合运用数字化技术、数字化思维、数字化认知,充分调动社会各方面、各层级、各条块的主动性、创造性,标本兼治,建好线上网络、线下网格,制度与技术并重,对基层治理体制机制、组织架构、方式手段、流程工具进行全方位重塑,体系化推动基层治理科学精准、一体高效。

(三)坚持系统集成

注重顶层设计、迭代升级,借鉴集成省内外经验做法,把"三联工程""周二无会日"、全科网格、乡村振兴讲堂、乡镇模块化、县级矛调中心、三通一智(治)及"两难"三级钉钉群做深做实,强化改革的系统性、整体性、协同性,加强对各项改革任务的整体设计、综合集成,推动事项集成、举措集成、制度集成,强化组织体系、时空载体、技术支撑保障,从根本上破解基层治理碎片化、点状化、部门化等问题,确保试点工作攻坚突破、治理体系升级完善。

三、改革创新的方法

衢州市基层治理改革打破了以往县域治理结构中"皇权不下乡"的局面,实现了县域治理创新。首先,"县乡一体、条抓块统"改革以县域整体智治高效协同为目标,运用适当授权、模块大部制和矩阵虚拟组织等现代组织管理方式和数字赋能技术,开展对中国长期以来以县域为基层治理中心的行政管理体制的改革探索,改革通过一张清单明权责、授权将权责下放到乡镇,让乡镇作为基层治理主体,拥有相应的权力,实现了权责对等匹配,打破中国自古以来"皇权不下乡"的县域治理弊端。其次,通过"一件事"集成改革实现政府内部高效协同,解决了以往部门间协调难的问题。"一件事"改革聚焦于乡镇需多部门协同解决的"高频事项""难点事项",推进县乡协同,推动部门组团服务乡镇。"一件事"集成改革使跨部门、跨层级、跨领域的问题得到有效解决,突破以往部门之间难以协同的现实困境。最后,改革运用矩阵式考核方式,创新了干部考核方法,解决了部门和乡镇的考核问题。"县乡一体、条抓块统"改革的一套"县乡干部管理考评机制"。通过科学化考核方式,打破了以往"大锅饭"的形式,在差异化考评的基础上,创新了政府工作人员的考核方式,与科学管理原理和激励理论的"差别化管理"逻辑一致,提高了考核的激励性、科学性和客观性。

四、改革创新的制度

衢州市基层治理改革是对国家基层行政管理体制改革的创新探索,从基层治理能力现代化出发,以奋力打造基层治理"重要窗口"为使命,以县域整体智治高效协同为目标,基于衢州市经济社会发展阶段特点和基层治理实际情况,运用适当授权、模块大部制和矩阵虚拟组织等现代组织管理方式和数字赋能技术,对中国长期以来以县域为基层治理中心的行政管理体制开展改革探索,是浙江省当前数字化改革的重要组成部分,是县域治理现代化的重大集成创新。

在基层治理改革过程中,衢州形成了诸多相关的制度,为衢州改革提供了有力的制度保障,对这些制度进行系统梳理和总结,既能展示衢州基层治理改革的制度成果,为其他地市提供借鉴,又能推动衢州基层治理改革制度的进一步优化,为衢州基层治理改革走在全省前列提供坚实支撑。为此,对衢州基层治理改革创新的制度体系进行研究,具有非常重要的现实意义。

(一)初步形成一套覆盖市县两级的制度体系

衢州市基层治理改革创新注重制度建设。截至 2022 年 4 月,衢州市共出台了 26 项与改革直接相关的基本制度,其中涉及市级层面有 20 项、区县级层面有 6 项,具体见表 2.2。市级层面制度主要结合地市情况编制具体的实施方案,县级层面制度是对市级制度的进一步细化和深化。两级层面改革制度环环相扣、紧密相连,初步形成一套完整的制度体系,为改革提供制度支撑。

表 2.2　衢州市基层治理改革制度成果梳理

层级	制度名称	政策创新点
市级层面制度	关于印发《加快构建"县乡一体、条抓块统"高效协同治理格局试点实施方案(试行)》的通知	数字化改革,"一件事"集成改革,基层治理四平台,县域为整体治理单元,集成化、体系化、精准化
	关于印发《"县乡一体、条抓块统"改革评价体系方案》的通知	定性和定量,覆盖面广,大数据抓取、实地体验和问卷调查等方法,关注风险,分析合法性、合规性、合理性、可行性和可控性
	关于印发《衢州市基层治理"一件事"集成改革实施方案》等的通知	理顺县乡职责、整合资源力量、提高治理效能,治理侧和服务侧双向梳理,进行事项拆解和综合集成
	《衢州市"大综合一体化"行政执法改革实施方案》	构建"3+3"改革整体框架,推动建立行政执法体系,"大综合一体化"行政执法格局
	关于印发《衢州市乡镇(街道)"一支队伍管执法"改革指导意见》的通知	"一图四表八机制"和"四有六化"标准为指导,构建"1+X"执法模式,推进"一支队伍管执法"
	关于印发《关于推动"三联工程"迭代升级的若干意见》的通知	点兵点将,网格微事快办,做实联户服务,"周二无会日"
	关于全面开展"组团联村(社)"服务工作的通知	规范组团方式,明确服务内容
	关于实行"周二无会日"制度的通知	各级干部特别是组团联村(社)干部有更多时间和精力深入基层开展服务
	关于建立"至少办一件"机制深化"三联工程"的通知	"至少办一件",建立党员联户联系、服务群众工作闭环
	关于印发《衢州市进一步加强全科网格建设二十条举措》的通知	探索创新专属网格建设,实现网格化服务管理全覆盖,"报办分离"机制
	关于印发《衢州市乡镇(街道)综合信息指挥室工作规程》的通知	建强综合信息指挥室,推出综合信息指挥室与乡镇(街道)党建办合署办公,定人定岗定责
	关于进一步规范网格化服务管理工作的通知	全科网格"12分"制积分考核办法,制定"全科网格"活力指数共性评价指标

续表

层级	制度名称	政策创新点
市级层面制度	《衢州市加快构建"县乡一体、条抓块统"高效协同治理格局试点数字赋能实施方案》	县乡一体人事匹配库,基层治理四平台功能,三通场景化融合应用,整体智治态势一张图,全域多业务高效协同
	关于统筹县乡编制推进资源下沉的通知	盘活编制,资源下沉
	关于印发《关于进一步加强新时代乡镇(街道)干部管理考评的实施意见》的通知	数字化干部管理考评,深化干部"四维考评",严格落实派驻干部"四权管理"
	印发《关于加强部门派驻乡镇(街道)机构干部管理考核工作的意见(试行)》的通知	突出乡镇日常管理主责,明确乡镇(街道)提名推荐权,强化考核激励
	关于《巩固提升"县乡一体、条抓块统"改革扎实推进基层治理系统建设的实施意见》	构建高效协同、整体智治的基层治理体系
	《衢州市基层智治大脑建设方案》	市级统筹建设通用和核心能力,区县负责集成对接工作及场景应用落地运行,区县自建创新能力和场景,市级将符合共性需求的场景纳入全市推广
	关于《迭代升级"141"体系推进"162"贯通落地的实施意见》	完善"一中心四平台一网格"基层治理体系,打通县乡村一体枢纽节点,实现综合指挥横向联动、纵向贯通
	《数字化改革项目"一地创新、全省复用"实施方案》	强化项目统筹管理,激发主体创新活力,提升应用共享水平
区县层面制度	关于印发《衢江区规范乡镇(街道、办事处)"属地管理"实施意见》的通知	明晰事项名称、分类、牵头部门职责、乡镇职责等,"属地管理"事项准入机制,动态管理
	关于印发《龙游县落实乡镇(街道)"属地管理"事项责任清单监管问责办法(试行)》的通知	不依单履行"属地管理"事项责任清单规定的责任,进行问责,纪检监察机关和组织部门为实施主体,按规定进行问责
	江山市社会治理中心建设工作方案	资源力量"一体化"调配,信息系统"一平台"集成,社会风险"一站式"研判,事件处置"一中心"指挥,打造一支金牌调解团队

续表

层级	制度名称	政策创新点
区县层面制度	关于印发《柯城区基层干部四维考核评价实施办法》的通知	四个维度量化考评,实行一季一考,做到考评在平时开展、问题在平时解决、成效在平时体现
	关于印发《衢江区关于建立区乡双向考评机制的实施办法(试行)》的通知	持续为基层松绑减负,区乡挂联"一组团",区乡协同"一件事",区乡运行"一体化",加强组织实施。改进考核方式
	关于印发《江山市派驻人员属地化管理实施细则(试行)》的通知	双重管理、属地为主,建立派驻人员管理联席会议制度,采取"N+X"派驻模式,打通派驻人员在部门和乡镇(街道)"能上能下"渠道

以"大综合一体化"的改革制度为例。在市级层面,衢州市制定了《衢州市"大综合一体化"行政执法改革实施方案》,构建"3+3"改革整体框架,推动建立行政执法体系、"大综合一体化"行政执法格局;同时衢州市还出台了《衢州市乡镇(街道)"一支队伍管执法"改革指导意见》,对衢州推进乡镇(街道)"一支队伍管执法"改革做出具体规定。在区县层面,常山县印发了《关于构建乡镇(街道)"1+X"一支队伍管执法模式的原则意见》,对1+X的执法模式做了细化,衢江区出台了《"综合查一次"工作实施规定》,深化了"综合查一次"工作细则的内容。

(二)初步形成一套指向改革内容的制度体系

衢州市改革初步形成了指向总体综合、"五个一"改革体系、保障体系等改革内容的一套制度体系。其中,总体综合的制度有3项,"五个一"的"一张清单明权责"有3项制度,"一件事"集成改革有4项制度,"一支队伍管执法"有3项制度,"一网智治"有6项制度,"一套制度强队伍"有5项制度、保障制度有若干项。

总体综合制度主要聚焦于改革的整体布局和规划,如《中共浙江省委全面深化改革委员会关于衢州等地开展"县乡一体、条抓块统"县域整体智治改革试点的指导意见》，明确了试点区县改革的指导思想、基本原则、主要目标、"五个一"的改革任务、保障措施等。

"一张清单明权责"的制度主要围绕属地管理清单的梳理、清单动态调整及清单监管问责机制等做出安排。如《关于科学规范乡镇（街道）"属地管理"的意见》对建立乡镇（街道）"属地管理"事项责任清单和清单动态管理机制做了具体规定。

"一件事"集成改革制度主要对如何实施开展基层治理一件事集成改革做出规定，如《关于印发〈衢州市基层治理"一件事"集成改革实施方案〉等的通知》，理顺县乡职责、整合资源力量、提高治理效能，治理侧和服务侧双向梳理，进行事项拆解和综合集成。

"一支队伍管执法"制度主要覆盖大综合一体化、乡镇一支队伍管执法、乡镇（街道）行政执法目录等内容。其中《衢州市乡镇（街道）"一支队伍管执法"改革指导意见》以"一图四表八机制"和"四有六化"标准为指导，构建"1＋X"执法模式，推进"一支队伍管执法"。

"一网智治"制度主要对数字赋能、场景应用、社会治理中心、乡镇（街道）综合信息指挥室、网格管理、贯通"162"与"141"体系、建设基层智治大脑等方面的内容进行规范。如《关于印发〈衢州市乡镇（街道）综合信息指挥室工作规程〉的通知》，建强综合信息指挥室，推出综合信息指挥室与乡镇（街道）党建办合署办公，定人定岗定责。《衢州市基层智治大脑建设方案》，明确大脑功能定位，构建"一图三指数、三台四跑道"的基层治理系统建设的核心要素整体布局，并全量归集大脑数据。

"一套制度强队伍"制度主要覆盖资源下沉、四维考核、双向考评、属地管理等考核过程的关键内容。如《关于加强部门派驻乡镇（街道）机构干部管理考核工作的意见（试行）》，突出乡镇日常管理主责，明确乡镇（街道）提名推荐权，强化考核激励。

保障制度主要涉及成立改革领导小组和专班，进行会议制度、汇报制度、考评制度、PK 制度等改革运行机制的设计,保障改革的顺利进行。衢州市绝大部分试点区县都专门出台了一些保障制度文件。

第四节　衢州基层治理改革创新过程

与私营部门相比,政府部门实施创新更具挑战性。在传统行政模式中,少数领导者行使决策权,管理体系相对僵化,难以孕育出新的想法和理念。同时,新政策或新服务带来的影响、风险和不确定性难以估计,新公共服务或产品等一旦出现,相应的人力、物力、财力等也会发生改变,从而引发组织内部甚至其他部门的变革。尽管如此,公共管理领域的学者仍然提倡公共部门应该重视创新,引入多元主体应对公共危机和挑战。本书认为,基层治理创新是政府部门为解决复杂的基层问题,通过顶层设计阶段、创新内容制定阶段、地方复用阶段及评估与反馈阶段四个阶段对基层进行有效管理并创造性地提出新想法、新政策的活动过程。

一、基层治理创新过程

创新的理论观点首先是由美籍奥地利经济学家约瑟夫·阿罗斯·熊彼特 1912 年在其著作《经济发展理论》中提出的。由于创新的方式、创新的具体内容及对创新的价值判断不同,创新的定义也多种多样,组织研究者和创新研究者从不同角度对企业创新进行描述,形成了下述几种理念:(1)创新是将发明商品化的过程(Roberts,1988);(2)创新是组织变革的过程(Knight,1967);(3)创新是有目的地引入和应用新知识的过程,并使众人受益(West & Farr,1990);(4)创新是一个具有反复性、迭代性的复杂过程(OECD,1991);(5)创新是在隐性知识作用下,包含一定反复性的线性的过程(Dorothy & Sylvia,1998)。

通过对衢州市基层治理创新过程的观察,可将其描述为从最初的线性阶段上升到反复性阶段,从单一创新上升到一系列的基层治理模式的创新,并逐步发展到结合隐性知识开发和组织学习的反复创新。根据Wheeler(2002)提出的商业创新周期模型,可以将衢州市基层治理创新分为四个过程:顶层谋划过程、创新设计过程、创新传播过程及评估与反馈过程。

(一)顶层谋划过程

这个阶段不是一个孤立的阶段,而是与整个创新过程相关、伴随整个创新过程始终的阶段。这个阶段可以分为两部分来看。第一,在创新的初始阶段,政府需要广泛收集来自外部和内部的信息,对其进行加工处理,并结合知识共享和知识交流,使政府获得创新所需要的动力源泉。衢州市政府根据创新的动力源泉设计出基层治理创新的整体架构,包括基层治理创新的目标、任务、组织架构及所需要的保障机制。

第二,创新的各个阶段都伴随着顶层设计过程。由于创新是一个很复杂的过程,无论是在创新内容制定、复用还是在绩效评价阶段,都会遇到各种难以预料的困难,因此衢州市政府需要对各个阶段都进行认真评估,及时反馈和分析,并通过新一轮的顶层设计来解决难题,使创新能够顺利进行,也可能因此引发新的治理模式。在这个阶段要特别强调的是,顶层设计是需要从思想发散走到思维收敛,因为组织中不同的成员往往会对问题有不同的看法,通过交流和不同观点的摩擦,新思想将不断涌现,从而出现知识膨胀现象。但这种膨胀现象不是无止境的,因为政府在同一段时间,不能采用许多种创新,只能选择最适合基层治理改革的一种或几种。所以在发散思维之后需要有收敛的过程,来整合不同的思想观点和创新方案,这一般是由政府的决策层通过一定的决策方式,在多个创新方案中,选择最有效可行的。

(二)创新设计过程

创新设计过程是指政府制定创新内容,并进一步推动创新的过程。具体而言,它是对政府开发基层治理新体制或新机制所进行的构思创意,开发出新的治理模式,对新模式进行试点、评价及筛选等工作的总称。但是对于很多政府来说,创新内容的产生并不是基于自主开发,而是在其他区县地方已经构建出的新的治理模的基础上,地方政府结合自己的基层治理现状创造出的,因此创新内容制定阶段也可以简化为新模式与基层治理改革设计的结合。衢州市政府需要在众多的基层治理改革创新内容中,选择并采用最适合自身改革创新发展的内容,根据区县的共性问题,制定基层治理改革的具体任务内容,并鼓励其他区县按照因地制宜的原则制定个性化创新内容,从而推动各区县进行创新。

(三)创新传播过程

创新传播是指政府把新改革转变为基层所需要的新模式的过程,并逐步推动其他地区改革。实际上,从顶层设计开始,政府就得考虑基层地方创新传播问题,它应该包括政府从顶层设计到新模式正式投放基层之前所做的调查与研究、测试与评价、制定推广计划及最终的绩效评估等各项工作。《衢州市数字化改革项目"一地创新、全省复用"实施方案》是基层治理创新过程中将创新进行传播的制度保障。随着基层治理各主体间互动和彼此间的相互学习,衢州市基层治理改革的成果逐渐从组织内部流向组织外部,不仅减少了其他地区的创新成本和创新风险,还有利于衢州市基层治理创新的传播。

(四)评估与反馈过程

评估能够帮助政府更好地认识公众对自己提供的公共服务的认可程度及创新模式给公众带来的价值,从而帮助政府更好地做出预测和改进。由于创造公众价值的能力取决于政府的选择能力、执行能力及评估能力,而每一个阶段的能力又取决于前一个阶段的能力表现,因此,政府不仅需要在一个创新过程的末期通过公众进行反馈,还要在创新过程的每一个阶段进行反馈,必要时,可重新执行上一个阶段,确保每一个阶段的有效性。以上四个过程中,第一阶段体现了组织的选择能力;第二到第三阶段体现了组织的执行能力;第四阶段体现了组织的评估能力。在整个创新过程中,基层治理体制与机制创新和基层治理需求匹配是促发政府创新并实现成功创新的关键。

二、基层治理创新理论框架

本书尝试构建衢州市基层治理创新的理论框架(见图 2.3),从理论建构与衢州市实践相结合的维度进行系统的学理性解释。衢州市基层治理改革创新是一项涉及多主体、多环节、多目标的系统性变革,所以,不能简单地将改革视为解决基层问题的措施,而应当更加系统地考察基层治理过

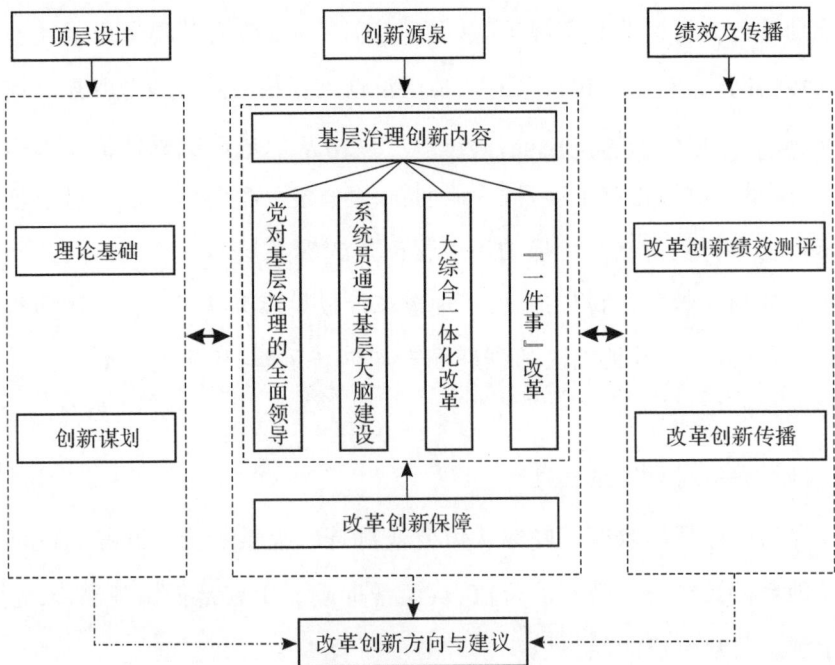

图 2.3 衢州市基层治理创新的理论框架

程的参与主体、政策工具、治理领域等基本要素及其相互关联。本书通过梳理衢州市实践中的"大综合一体"化改革、基层大脑建设和"一件事"改革等案例,展示了衢州市基层社会治理创新的新思路、新路径,并通过对改革成效的评估,提出未来基层治理创新改革的方向与建议。

第三章　衢州基层治理改革创新源泉

衢州市流动人口较多,社会发展不均衡、两极化态势明显,群体利益多元分化,群众权利意识普遍较强,基层社会治理难度较大。尤其是在衢州市城乡接合部地区,外来人口多、人员流动频繁、公共资源承载压力大,经济利益纠纷多发。新时代、新变革、新实践凸显出新问题、新矛盾,倒逼基层治理再改革、再探索。基层治理主体和结构的下沉,促使衢州市基层治理结构、方式方法、体制机制的变革和创新。由于衢州市各地区的生产力、经济社会发展水平差异较大,各区县基层治理创新做法和经验各异,形成了衢州市基层治理创新的多种创新源泉。

第一节　基层治理需求的内在驱动

衢州市基层治理改革创新作为一项持续性工程,受到多种内在因素的驱动,但总体上可以划分为政府自身需求、社会需求、群众需求和技术驱动四种内在驱动。四种驱动力相互促进,共同促进实现衢州市基层治理创新的目标,推进治理改革的有效开展。

一、政府自身需求

中国政治体制运行模式的研究一直在"集权主义""发展中国家""中国

模式"等话语中不断转换,政治体制改革的路向标也正处于现代化进程中"如箭在弦"的十字路口。从国家治理体系的治理进路来看,中国政治也由"动员政治"向"回应政治"转型(徐勇,2013)。正如斯塔林(Starling)所言,回应是政府与公众之间的双向互动过程(张国庆,1997)。回应型政府与传统公共行政(科层制度)和新公共管理(市场调控)皆不同,回应型政治强调对公民和社会的回应,注重公众参与和社区自治。

近代以来,基层政府治理主要承担着"整合"和"汲取"两项功能。由于中国基层社会的非均质性,底层民众与国家上层之间的"草根博弈"也是不规则的。"从上而下运行轨道的延伸是企图有利于政府的命令……当底部有一个僵局时,命令实际上得不到有效的执行。"(费孝通,2006)当"村民自治"的"游戏规则"输入中国这台未被"格式化"的电脑时,基层治理与服务并没有按照学界想象中的执行逻辑而按部就班地程序化运行。税费改革以后,政府"以农养政"和"以农养工"的资源汲取窘境基本得以阻隔。换言之,"治理"与"服务"逐渐替代"整合"与"汲取"而成为"乡政"的主要功能(徐勇,2009)。对于农民的行为逻辑而言,费孝通的"差序格局"代表着传统时期农民生产、生活与交往的叙事语境。农民的集体行动无疑是农户摆脱"碎片化"与"原子化",向"社会化小农"迈进的实然状态。因此,回应型政府与服务型政府所具备的政府透明度、平等和责任高度契合。对于农村公共服务的运行目标而言,就是为了回应公众需求。

特别是近年来,基层政府的职责职能和治理重心在不断调整,乡镇政府原有的履职方式逐渐与经济社会发展的要求不相适应,乡镇职能定位、机构设置、服务体系建设与新时代的要求不相适应,已经不能满足政府履职和基层治理能力的需要。比如,乡镇政府普遍设置了"三办四中心一所",但在目前形势下,乡镇的扶贫、环境治理、安全生产等任务繁重,却没有专门的机构负责,而计生职能已经大幅弱化,却仍设有机构,且核定有编制。县乡财政管理体制与公共服务的能力要求不相适应,需要随着不同时代的要求做出相应变革,赋予满足乡镇政府治理需求的相关经济社会管理权限。乡镇的统筹协调能力与承担的职责不相适应,县直部门派出机构的人员、财政、业务由业务主管部门管理,乡镇政府无权管理和调配。鉴于此,乡镇政府权责不对等问题比较突出,普遍存在责任大、权力小、功能弱等现象。尽管前期对乡镇赋权取得了一定的成效,但是,"推不动、力不足、权不够、接不稳"等问题还很突出,不能及时有效地为群众提供服务的状况未发生根本性改变。乡镇作为基层治理的主体,应按照职权法定、权责一致的原则进一步理顺县乡政府间职责关系,本着基层"实际需要,易于承接,便于操作"原则,将点多面广、基层管理迫切需要且能有效承接的审批服务执法等权限赋予乡镇,进一步向乡镇下放经济社会管理权限,明确乡镇承接主体的事项,做到权责对等,推动治理重心下移。

已有研究指出,通过组织手段提取资源并进行社会整合是一个国家现代化的关键。在政府维度上,"自上而下"的政策执行,将政府服务放置于公共服务的效用厘定,重点考察的是投入与产出的比值,考察公共服务项目的远景规划。在基层群众维度上,主要是将基层群众作为公共服务的"消费者",让群众及时回应公众的需求和公共服务的角色分配。因此,要不断创新基层治理机制,整合基层公共服务绩效的民本导向。

二、社会需求

改革开放以来,中国经济建设高速发展,但社会建设长期被忽视,社会发展严重滞后于经济发展。中国社会结构多元化,利益结构复杂化,社会分配不平衡导致贫富差距日趋拉大,社会矛盾逐渐激化,群体性事件频发。《中国法制发展报告》显示,2010 年至 2016 年期间是中国群体性事件的高发期,呈现逐年增长态势,以非正式性与即时性为主,其性质范围逐渐扩大化,涉及经济、文化、社会与生态等多个方面。社会问题频发,公众的不满情绪日益增加,使国家社会治理体系建设的艰巨性、复杂性前所未有地突出(颜克高、任彬彬，2018)。

在社会矛盾日益突出、公共服务需求日益增加的社会环境下，地方政府作为民众诉求的直接对象，开始审视不同类型的治理方式在社会治理过程中的作用。具有务实精神的地方政府为促进经济发展与公共服务水平提升，主动调整基层治理工具，通过创新行为，提高社会治理水平(颜克高、任彬彬，2018)。因此，社会需求成为推动基层治理创新的重要动力要素之一，而这种动力要素既来自公众主体意识觉醒后的主观诉求，又反映了经济社会发展的客观要求。

衢州市聚焦社会力量，精准对接社区需求，依托"邻礼通"基层治理平台，嵌入"五社联动"模块，覆盖全市100余个城市社区。截至2022年4月，已集聚社会组织435家、持证社工787名、志愿者1007名，发布社会慈善资源467条，累计投入资金600余万元，认领开展矛盾化解、为老服务、困难帮扶、儿童照护等各类社区服务活动346场次，受益居民2万余人次。例如：衢州市柯城区黄家乡陈家新村残疾人中心，一直存在如何保障残疾人安全的难题，现在通过衢州市的"五社联动"应用模块对接衢州市蓝天救援队的专业资源，开展安全教育活动，显著提高了残疾人和工作人员防范风险和自救能力。社区、社会组织、社会工作者、社区志愿者、社会慈善资源是相互独立的个体，如何整合资源、凝聚共识，用好社会力量，关键在于做好链接的文章。为破解社会力量在助力共同富裕过程中资源分散、信息不畅、路径单一等问题，衢州市民政局还打造了"五社助共富"数字化应用，进一步打通民政、人社、妇联、残联、农业农村、供销社等15个部门数据，联通社会资源和百姓共富需求。

三、群众需求

党的十八大报告强调，要坚持问政于民、问需于民、问计于民，从群众路线的伟大实践中汲取真知，加快完善城乡发展一体化体制机制，着力在公共服务等方面推进一体化,并在改善民生和创新管理中加强社会建设。

改革开放以后,社会化群体与传统群体的"静止"状态不同,社会化群体正在逐渐突破地域和领域的藩篱,其身上除了"最后一套枷锁"——户籍制度,已经成为在市场中自由流动的个体。因此,社会化群体需求的异质性与"高高在上"的行政供给形成"点"与"面"的供给悖论。从法理意义上看,中央政府采用"市管县"五级行政架构,府际关系的竞争依然存在,在"省管县"还处于试点改革阶段的基层公共服务,也在一定程度上造成公共服务治理层级的"碎片化"。基层公共服务"碎片化"供给窘境召唤着"无缝隙"范式的到来。"无缝隙政府"遵循的是新公共管理的价值逻辑,其追求的是整体性治理(拉塞尔,2002)。在"无缝隙"理念的指导下,政府运用信任、整合、协同三大制度,通过层级服务,为群众提供"非分离"的公共服务网络已成为提升群众满意度的重要举措。因此,要加强基层政府间横向和纵向的合作,使其从集权与分权的争执和职责同构框架中摆脱出来。"压力型体制"生动地描绘了行政命令在各种压力驱动下的政治动员(杨雪冬,2012)。在压力型体制下,中国必须建立强有力的资源汲取和社会动员能力来逐渐消除"村梗阻"和"过度自治"给基层政府治理带来的负面效应。因此,以民生为起点,也成为中央历届政府政治体制改革的突破口。对于基层群众而言,以群众需求为起点,充分挖掘实现基层社会管理与服务的政治智慧才是基层治理的归因所在。但是,目前政府公共服务供给的"碎片化"倾向也是目前村庄合作组织功能异化的隐喻表达,组织功能的碎片化也在惯性促使下朝着不规则和畸形化的方向发展。在基层公共治理的有效范式中,"碎片化"的基层公共服务模式是病态的,并长期潜伏于基层公共服务供给过程之中。毋庸置疑,碎片化的服务实践,已经成为新型城镇化建设的重要障碍。同时,群众话语权的弱势地位,在一定程度上造成"供给与需求"双重的缺位和错位,也导致农民与政府合作困境的"碎片化"表象。群众需求层次的差异化和多元性是形成农村公共服务多元共治的实践基础。

　　近年来,群众的生存状态逐渐得以改善,基层群众的需求在一定程度上得以满足。但是,群众的需求层次也更加多样化,民众对幸福生活的渴求,对社会公正和民主权利的关注都在民生改善中得以包容。乡镇作为国家最基层的政府,其空间结构一直处于变动之中,其规模迭代博弈主要源于财政压力及政府的推动。因此,基层治理的空间结构的转型在于实现满足基层群众公共需求与国家秩序供给的均衡。目前,基层社会更多渗入了市场的因子,与传统计划经济时代"大政府—小社会"模式不同,"小政府—大社会"社会模式才是城镇化布局下的变迁动力。但"小政府"并非"弱政府",必须以"强政府"为主导,形成"强政府—强社会"的良性互动关系(赵中建,1996)。因此,在"政府—社会"二元范式下,需要对民众的需求和反应作出反馈,以社会可行性和政治公正性为公共政策的输出路径,对公众需求加以引导并满足。这是因为,现代组织理论体系的核心即组织成员的使命等同于公众剖析自身的需求。所以,基层治理的目标与群众的满意度存在内在的契合。

　　衢州市"村情通"这项基层社会治理创新成果,便是在各种社会矛盾引发的基层社会治理压力下产生的。Berry 和 Berry 提出公共组织创新受到公共压力的影响,这个公共压力来源于公民和公共机构的服务对象,公职人员在公民或者媒体对公共问题的呼声中被要求尽快找到解决方案(Sabatier & Weible,2014)。"村情通"的诞生,源起于张王村的村务问题和干群矛盾积蓄已久,村民的频频上访和邻里争端丛生触发了解决这一问题的需要。而依托"村情通"平台,"三务公开"形式的创新和村级"民主协商"经验的探索,让群众对重要事项、热点问题有了知情权、表达权,有效解决了群众参与村务决策和监督难的问题,实现了矛盾不上交,纠纷就地化解。可以说,"村情通"的迭代创新,反映出基层社会治理创新是基层民众与基层社会治理主体之间的一种"诉求—回应"的互动对话。在当今中国压力型体制下,包括基层地方政府(乡镇街道)和基层群众性自治组织(村和社区)在内的基层社会治理主体迫切希望通过基层社会治理创新来回应民众诉求,化解基层社会矛盾,促进基层社会和谐稳定。由此,基层地方政府和基层群众性自治组织的利益与基层民众的诉求找到了共通区间,催生了"村情通"等基层社会治理创新成果。

四、技术驱动

当前,社会问题呈现复杂化与动态化发展趋势,多元社会治理主体之间的沟通交流显得尤为重要。然而,社会治理主体间信息交流屏障导致社会治理呈现碎片化的特征,治理效率低,治理效果与预期存在巨大差距。近年来,科技创新逐渐成为社会治理的重要技术支撑,互联网技术高速发展,大数据使社会信息更加公开透明,技术性治理逐渐成为政府开展社会治理的重要内容。多元社会治理主体以互联网为技术支撑,通过整合社会治理数据,既加强了多元治理主体间的信息沟通,逐步建立起治理主体间网络关系,又扩展了多元治理主体参与渠道,迫使政府开始回应社会需求,增加了政治透明度,打破了"城堡政治",创新了社会治理方式,推动社会治理高效运转。

首先,技术重塑了参与者的角色,改变了治理中的主体关系。实践中,以平台建设为抓手的综合治理便具有这样的特征,通过信息联通使部门中的孤岛信息得到共享,科层制的流程得到重塑(陈慧荣、张煜,2015)。在基层社会建设展开的同时,参与者开始在基层治理中寻找自身的角色,行动者不断强化自身与这套程序之间的共振。虽然技术革命与社会治理存在内容上的差异,但在绩效改进逻辑下共享着同样的传导机制。重新界定个体在建设中的身份,通过适应新的技术逻辑来改善自身处境,也就再造了新治理场域下参与者的角色。

其次,技术治理下新的治理机制开始嵌入原有结构,基层社会的治理结构、治理内容有了新变化。随着新项目、新任务和新目标进入基层社会，新的程序准则开始挑战传统的治理机制。基层社会的治理结构有了新的特征，数字悬浮于基层社会治理过程和村庄社会生活（王雨磊，2016），新技术开始应用于治理场域。与此同时，基层社会的治理内容也开始有了新转变，干部工作的主要任务也从汲取工作转变为服务工作。

科学技术作为第一生产力，在提高治理效率、改进治理方式、增强治理回应性等方面具有典型的"后发优势"，能够在短期内缩小基层政府之间社会治理能力的差距（胡宁生、戴祥玉，2016）。受此影响，以技术为驱动的基层治理创新越来越得到衢州市地方政府青睐，大量手机应用及数字平台出台，成为推动基层治理创新的常规性动力要素。当前，中国基层治理正经历从总体性治理向技术治理逻辑的转型过渡（渠敬东等，2009）。在技术治理逻辑支配下，基层政府愈发强调社会治理效率与技术工具选择，即治理的有效性与创新的技术性，促使基层政府将治理创新的大量精力置于治理工具的设计与构建上，从而形成了技术治理的自我强化机制。

第二节　基层治理改革创新的趋势

国家宏观政治制度反映了国家治理能力现代化建设总体战略，成为地方政府基层治理创新的合法性依据，推动了基层政府的增量式与渐进式治理创新。党的十八大以来，党和政府清醒意识到改革开放步入深水区，核心政治由"生产力政治"逐渐转变为"民生政治"（范逢春，2017），因此提出"创新社会治理体制"，构建"共建共治共享社会治理格局"的决议。国家宏观政治制度的适应性调整对地方政府的基层治理提出了更高的发展要求，推动基层政府不断进行自主创新，有效解决社会民生问题。

一、重心下移基层

党的十九大报告提出，"推动社会治理重心向基层下移"，这是新时代赋予基层的时代使命。《中共中央国务院关于加强和完善城乡社区治理的意见》中明确提出基层治理往下移"两步走"的目标：第一步，到 2020 年，基本形成基层党组织领导、基层政府主导的多方参与、共同治理的城乡社区治理体系，城乡社区治理体制更加完善，城乡社区治理能力显著提升，城乡社区公共服务、公共管理、公共安全得到有效保障。第二步，再过 5～10 年，城乡社区治理体制更加成熟定型，城乡社区治理能力更为精准全面，为夯实党的执政奠定坚实基础。城乡社区是社会的基本单元，事关居民群众切身利益，事关城乡基层和谐稳定，把社会治理的重心下移到城乡社区，推动管理和服务力量下沉，是新时代社会治理的重要任务。

从党和国家建设的历史来看，如此高度重视基层建设，应该是史无前例的。党和国家之所以如此重视基层，主要是因为"推进改革发展稳定的重要任务落实在基层，推动党和国家各项政策落地的责任主体在基层，推进国家治理体系和治理能力现代化的基础性工作也在基层"。同时，治理重心向基层下移也能够从"民主决策公共事务、有效提供公共服务、及时化解社会矛盾、充分激发社会活力四个层面提升基层治理效能"（刘凤等，2019）。这有利于提升基层社会治理水平，满足人民群众对美好生活的需求。要把资源、服务、管理下沉基层、做实基层。具体而言，资源下沉就是将人力、财力、物力下沉到基层，解决基层"心有余而力不足"的问题；服务下沉就是将公共服务下沉到基层，提升公共服务供给的时效性和匹配度；管理下沉就是将政府的相关公共管理职能下沉到基层，落实属地化管理。

（一）重心下移的改革趋势

全国基层治理经历了几个发展时期，每一个发展时期，基层治理的结构和特点都不同。在人民公社时期，是"三级所有，队为基础"。三级是人民公社、生产大队、生产小队,以三级为基础,分配权与生产权合为一体。基本单元在生产小队,生产小队既是生产单元,也是分配单元和民主管理的单元。村委会时期,在公社基础上设立了乡镇,在原生产大队基础上设立了村民委员会,在原来生产小队基础上设立了村民小组。土地所有权的性质没有发生变化,村民小组行使集体土地经营权,但没有法定地位,法律没有赋予村民小组可以支配集体土地经营权及支配集体土地、集体财产的法定地位,随着城镇化、工业化发展便产生了各类问题。

自 20 世纪 80 年代以来,衢州市和全国各地一样,基层治理模式经过了几次调整,形成了基层"乡镇—行政村—村民小组(自然村)"三级管理体制。衢州市把过去管理片区稳定在行政村的基础上,确立了"三自"(自我管理、自我服务、自我教育)和"四民主"(民主选举、民主决策、民主管理、民主监督),形成了以村民委员会这一法定组织为主体,包括村民会议、村民代表会议、村务监督委员会在内的自治组织体系。《中华人民共和国宪法》《中华人民共和国村民委员会组织法》《中华人民共和国城市居民委员会组织法》将村(居)民委员会定性为自治组织,而作为法定的自治组织承担了大量的国家行政职能,因而村(居)民委员会一般被称为"行政村"或"建制村",村(居)委会自然而然地成为中国乡镇基层政权的延伸。"上面千条线,底下一根针",说的就是村(居)民委员会承载重荷。农村的自治化程度低,行政村管辖范畴过大,村干部管不过来,生产发展没人管、村容村貌没人管,出现问题矛盾后往往是交给政府,交给乡镇、县甚至市、省。农村基层日常生活和交往的基础单位是自然村(村小组),自然村(村小组)以血缘、家族、户族、氏族、地理条件、生活方式等因素连接起来,具有较强的社会集群和文化认同感,而其并不能作为社会管理的基本单位。

党组织的战斗堡垒作用,是保持基层治理稳定、保障改革顺利推进、保证改革环境优化的基础。目前,村居基层治理存在着六大问题,即基层党组织较为薄弱、村民自治的效果不明显、经济发展迟缓、经营体制机制滞后、公共服务水平较低、不稳定因素多发。在实践中主要体现在：一是利益纽带缺失，行政村所辖的自然村之间缺乏集体产权等共同利益联系，不是一个利益共同体，自治基础较为薄弱，难以形成集体产权等共同利益联系和良性的民主治理机制。二是组织主体错位，村（居）委会行政职能与自治功能淡化。三是产权与治权分离，行政村基本不掌握集体资产，把不同自然村（村民小组）的集体资产统筹起来的难度大，农村集体经济难以发展。四是自治单元过大，行政村管辖范围广阔，村民缺乏有效的参与渠道，农村公共服务和社会管理难以到位。五是基层党组织建设薄弱，村民小组（自然村）一级基本没有党组织，行政村设立的党支部因地域范围大、人员分散、党员队伍结构不合理、年龄老化、能力不足，难以组织党内活动，导致农村基层党组织战斗力不强。

（二）治理重心下移改革的政策

习近平总书记指出，推进改革发展稳定的大量任务在基层，推动党和国家各项政策落地的责任主体在基层，推动国家治理体系和治理能力现代化的基础性工作也在基层。无论是城市的社区治理还是农村的村庄治理，都需在治理体制机制上做出创新，推动治理重心的下移，夯实执政基石。[①]2014 年中央一号文件提出改善乡村治理机制，探索不同情况下村民自治的有效实现形式，农村社区建设试点单位和集体土地所有权在村民小组的地方，可开展以社区、村民小组为基本单元的村民自治试点。2015 年中央一号文件指出，创新和完善乡村治理机制，在有实际需要的地方，扩大以村民小组为基本单元的村民自治试点，继续搞好以社区为基本单元的居民自治试点，探索符合各地实际的基层自治有效实现形式。从农村实际出发，发挥乡规民约的积极作用，把法治建设和道德建设紧密结合起来。依靠农民和基层的智慧，通过村民议事会、监事会等，引导发挥村民民主协商在乡

---

① 《筑牢基层治理坚强堡垒服务群众》，http://www. workercn. cn/33915/202009/04/200904152107356. shtml。

村治理中的积极作用。激发农村社会组织活力,重点培育和优先发展农村专业协会类、公益慈善类、社区服务类等社会组织。创新乡贤文化,弘扬善行义举,以乡情乡愁为纽带吸引和凝聚各方人士支持家乡建设,传承乡村文明。2016年中央一号文件提出,创新和完善乡村治理机制。依法开展村民自治实践,探索村党组织领导村民自治的有效实现形式。深化农村社区建设试点工作,完善多元共治的农村社区治理结构。在有实际需要的地方开展以村民小组或自然村为基本单元的村民自治试点。建立健全务实管用的村务监督委员会或其他形式的村务监督机构。2017年中央一号文件指出,完善村党组织领导的村民自治有效实现形式,加强村务监督委员会建设,健全务实管用的村务监督机制,开展以村民小组、自然村为基本单元的村民自治试点工作,深化农村社区建设试点。党的十九大报告旗帜鲜明地指出,加强社区治理体系建设,推动社会治理重心向基层下移。2018年中央一号文件深入阐述基层治理下沉改革方向,提出推动乡村治理重心下移,尽可能把资源、服务、管理下放到基层。继续开展以村民小组或自然村为基本单元的村民自治试点工作,加强农村社区治理创新。2021年《中共中央国务院关于加强基层治理体系和治理能力现代化建设的意见》提出加强基层政权治理能力建设,进一步加强增强乡镇(街道)行政执行能力、为民服务能力、议事协商能力、应急管理能力平安建设能力。

与时俱进创新基层治理体制,探索符合基层实际的治理模式,是推进国家治理体系和治理能力现代化的迫切需要。衢州市通过"县乡一体,条抓块统""大综合一体化"等改革,破解了基层"看得见的管不着,管得着的看不见"的难题。

二、权力下放基层

"看得见的管不着,管得着的看不见",这是基层社会治理中普遍存在的治理难题。街道和社区处于城市社会治理最前线,理应具备最快捷地发现公共问题、最高效地回应服务需求的能力,但受到财政权、用人权、执法权等制约,难以有效发挥作用,导致了"群众不满意,干部也为难"的尴尬状况。基于此,基层社会治理创新迫切需要延伸管理链条,将一定的权力下放到街道,对基层扩权赋能。具体而言,就是要把相关的职权赋予基层党组织,打破管辖权分割、权责不统一的问题,将基层社会治理从目标导向转变为问题导向,由问题指挥权力,以解决问题为最终目标,一切以是否解决问题为评价标准。例如,衢州市柯城区航埠镇 17 个领域 505 项行政权力下放,街道乡镇被赋予对相关重大事项的意见建议权、对辖区需多部门协调解决的综合性事项的统筹协调和督办权、对政府职能部门派出机构工作情况的考核评价权。

2021 年 10 月 11 日,《衢州市柯城区航埠镇和石梁镇综合行政执法改革实施方案的通知》正式下发,航埠镇综合行政执法队职能和阵容进一步壮大,由镇政府工作人员、镇资规所、综合执法中队、市场监管所及对应的区应急管理、农业农村、交通运输等部门下派力量共 49 人组成,全新的"一支队伍管执法"整装亮相。《通知》明确由航埠镇政府集中行使交通运输、林业、农村环境卫生、生态环境、市场监管等 17 个领域共 505 项法律法规、规章规定的全部或部分行政处罚权,以及与之相关的行政检查权、行政强制权。此举破解了以前有责无权、"看得见管不着"的尴尬,也避免部门乡镇之间各自为战。航埠镇综合行政执法队作为承接事权下放的"一支队伍",以镇政府名义开展执法工作,行使相应的行政执法权。目前最直观的效果就是,执法审批流程减少了,执法威信提升了,乡镇与部门拧成一股绳,同下"一盘棋","一支队伍管执法"有力助推了文明城市创建、集镇管理等中心工作。

三、资源下沉基层

随着社会治理重心的下移,作为"城市细胞"的街道社区越来越多地承担了社会服务和公共管理职能。重心的下移势必使基层面临更多的工作负荷,加之基层的人力、财力和物力有限,难以承担服务和管理职能下移带来的新管理和服务负荷,面临"有心无力"的尴尬境地。因此,在治理重心下移的同时,也要同步推动人力、服务、管理资源进一步向基层倾斜,为基层赋能,使基层有足够的资源来提升治理和服务水平。在推动治理重心下移的过程中,衢州市切实加强对基层的保障力度,从政策、人才和经费等方面向基层倾斜,为基层"增能"。比如,制定社区工作经费管理办法,整合社区经费,统筹分配使用;同时,市级财政大幅增加向区级财政转移支付的资金,用于加强街道社区基层组织建设和社区公共服务,在为基层"增能"方面取得了显著成效,积累了丰富的经验。作为基层社会治理的总体趋势,通过党建引领下的治理重心下移、权力下放和资源下沉,简约高效的基层管理体制逐渐建立起来,在基层社会治理实践中取得了良好的效果。总体而言,重心下移、权力下放和资源下沉是基层治理体系的系统化重构。重心下移、权力下放和资源下沉是"一体两翼"的关系,重心下移是一体,是社会治理的导向,权力下放和资源下沉是手段,通过权力下放和资源下沉,使基层既有"权"又有"能",从而成功实现社会治理重心下移的目标。

中共衢州市委、衢州市人民政府发布《关于加强和完善城乡社区治理打造中国社区治理和服务创新城市的实施意见》,提出:(1)优化资源配置。建立基层政府面向城乡社区治理资源统筹机制,推动人财物和权责利对称下沉到城乡社区,增强城乡社区统筹使用人财物的自主权。建立乡镇(街道)协商与城乡社区协商的联动机制,组织社区居民在社区资源配置公共政策决策和执行过程中有序参与。新建社区应提前考虑社区用房建设,将社区工作服务用房建设纳入建设工程规划设计方案,国土资源、规划建设、民政等部门要加强指导监督。社区用房规划和建设设计时应征求乡镇(街道)意见,竣工验收应有民政部门和街道(乡镇)参与,确保社区用房集中、合理、实用。建立机关企事业单位履行社区治理责任评价体系,推动机关企事业单位积极参与城乡社区服务、环境治理、社区治安综合治理等活动,面向城乡社区开放文化、教育、体育等活动设施。(2)加大资金保障。加大财政保障力度,将城乡社区工作经费、人员报酬及服务设施和社区信息化建设等经费纳入当地财政预算,落实城乡社区治理经费保障。统筹使用各级各部门投入城乡社区的符合条件的相关资金,创新资金使用机制,有序引导居民群众参与确定资金使用方向和服务项目,全过程监督服务项目实施和资金使用。城市社区工作经费以每千户每年最低 10 万元的标准进行保障,户数超过 3000 户的社区,由各地根据实际确定保障上限。关心关爱城乡社区工作者,进一步完善城市社区专职工作者工资待遇保障机制。确保本地专职社区工作者年平均工资(不含按规定由单位缴纳的社会保险和住房公积金等费用)不低于当地上一年度全社会单位就业人员年平均工资,鼓励有条件的地方提高到当地上一年度全社会单位就业人员年平均工资的 1.5 倍水平。

第三节　衢州基层治理改革创新源

衢州市在党建引领下,通过资源下沉、大综合一体化行政执法改革等改革措施以实现快速响应、高效办理和主动治理。为解决行政组织体制的碎片化、回应公众需求、数字时代下传统公共服务供给模式不适应性等问题,衢州市基于政府需求构建了"四维考核"评价体系、跨界协作执法体系、集成联动综合指挥体系及"大综合一体化"行政执法改革,基于社会需求开发"邻里通"小程序,基于政府和群众需求的推动"一件事"改革,基于技术驱动推动"一网智治",从而探索出了衢州市的基层治理改革创新的有效经验。

一、基于政府需求的创新案例

案例 1

柯城区基于政府需求的"四维考核"体系

2019 年以来,柯城区荷花街道积极推进基层治理改革,实现了基层治理体系在疫情防控、老旧小区改造、文明城市创建等重大任务中的有效运转。但基层治理千头万绪,不仅需要化解重大风险、落实重要任务,也需要关切群众日常、解决城乡居民生产生活中的庞杂事务,为民众提供精准化、精细化的公共服务,提升人民群众的获得感、幸福感与安全感。为此,要深入推进基层治理改革,下沉治理资源,为基层治理主体赋权增能;要加强社会治理共同体建设,优化治理要素及其组合,发挥基层治理体系的最大效能,不断提升基层治理水平。

柯城区荷花街道下辖 9 个社区 1 个村,常住人口达 8 万余人,辖区内大多是老旧小区,人员复杂,管理难度大。街道所有干部(包括编外、派驻人员等)总共 52 人,其中班子成员 11 人,公务员编制 4 人,编外、派驻 7 人,是典型的"人少事多"的基层单位。为解决多干事不如少干事、少干事不如不干事,年底考核论资排辈、年轻干部天天加班待遇不高、老干部不干事也照样拿丰厚的年终考核奖,广大干部工作积极性不高、办事出现推诿扯皮现象,以及办公效率低下等问题,柯城区荷花街道积极推进"四维考核"管理体系。年初,开展"岗位赋分""双向选岗",定岗定责;年中,实行红黑榜过程性积累、对干部表现进行跟踪观察;年末,直接把考核结果作为干部评优评先和使用的依据。而对"双向选岗"两次落选人员(第一年"双向选岗"落选,一般保留岗位以观后效,第二年仍落选的,称之为"两次落选"),可通过待岗、建议组织调整、退回派驻单位等方式,畅通干部流动通道。

"四维考评"干部管理体系的建立,不仅激发了老干部的工作热情、掀起了干部抢单高潮,也改变了基层百姓的生活。

案例 2

开化县基于政府需求的跨界协作执法

推进"大综合一体化"行政执法改革是党中央和习近平总书记赋予浙江的一项重大改革任务。在改革的过程中,开化县根据自身的功能定位和特定的地理区位,围绕"多跨协同"因地制宜探索了创新的做法。

开化县自从推出"环公园、融治理"执法模式以来,就坚持树立"小协同"与"大协同"并行推进、两端发力的理念。"小协同"主要是县域范围内的协作,现已全面贯通;"大协同"主要是跨省域的协作,正在与接壤的安徽休宁、江西婺源和德兴等地沟通对接,并着力推进跨边界的生态保护。在推进"小协同"方面,开化县主要做法有:

第一,组建了一支环国家公园执法队,实现"队伍融"。开化县以"大综合一体化"行政执法改革为契机,整合统筹执法资源,组建了一支以综合行政执法部门为主导,公安、林业、国家公园执法所共同参与的环国家公园综合行政执法队(重点针对划定的试点区域开展日常巡查和联合执法),常驻钱江源国家公园管理局,日常管理职能由国家公园管理局统一行使,业务培训和指导则由综合行政执法部门负责。

第二,梳理了一批群众关切的核心业务,实现"业务融"。开化县坚持问题导向,对国家公园内的高频率执法业务进行了系统梳理,主要涵盖森林资源保护、动植物资源管护和生态环境治理三大类,森林资源保护主要针对森林防火、盗伐滥伐,动植物资源管护主要针对非法狩猎、非法捕捞,生态环境治理主要针对乱排乱倒、乱采乱挖、非法侵占林地等。以此为基础,明确了环国家公园综合行政执法队的主要职责。

第三,创新了一批共享共治的联动机制,实现"机制融"。以执法机制扁平高效为主要支撑,对"大综合一体化"行政执法改革的配套机制进行系统重塑。纵向贯通方面,建立"130"行政执法一叫就响工作机制,对需要处置的重大事项或突发事件,由指挥室发出指令,1分钟内做出回应,"一支队伍"30分钟内赶到执法现场。横向联通方面,开化县围绕着信息共享、问题共治、成果共享,聚焦聚力制度重塑,在国家公园范围内制定了联席会议共商、巡防队伍共建、情报信息共享、生态案件共办"四机制",实现了一体联动。

第四,建成了一个功能多元的联合执法平台,实现"平台融"。以钱江源国家公园生态保护联合执法集成应用为依托,从生态治理的高频事项入手,如将河道污染、采砂制砂、森林防火三大高频事项作为"一件事"攻坚,对联合执法平台的功能进行系统分析研究,形成受理、处置、评价的完整闭环。如2022年4月28日,环国家公园综合行政执法队在办理一起在国家公园管理范围内未经批准滥伐毛竹案时,就通过国家公园生态智治系统人脸识别功能,快速锁定涉案当事人。

第五,开展了一批具有实践价值的执法协作,实现"执法严"。环国家公园综合行政执法队组建以来,开化县已多次组织开展专项整治行动。如针对夏季非法捕捞高发开展为期一个半月的"零点行动",针对非法侵占林地频发集中开展"清源行动",依法严厉打击各类涉渔、涉林、涉猎等违法行为。

案例 3

江山市清湖街道基于政府需求的集成联动综合指挥体系

清湖街道综合信息指挥室建设。清湖位于江山市城区西南郊，2017 年 11 月因江山城市发展需要撤镇设街，下辖 26 个行政村 1 个社区 1 个居委 65 个网格，总户数 16502 户，总人口 42782 人，党员总数 1648 人，属于典型的城郊型、园区型街道。2017 年 4 月，清湖街道被省数管中心确定为"基层治理四平台"系统开发试点乡镇；2019 年 6 月，清湖街道承担省数管中心基层治理数字化转型升级试点；2020 年 5 月，清湖街道开展"县乡一体，条抓块统"改革试点工作，着重强化综合信息指挥室建设。清湖街道立足于综合信息指挥室是街道指挥大脑、指挥中枢的角色定位，既抓顶层设计，又抓实战运行，协同推进综合信息指挥室建设，主要做法有：

第一，优化组织结构。由党工委书记统筹抓总担任综合信息指挥室主任，街道党工委副书记担任常务副主任。日常由 4 名正式在编的工作人员常驻办公，分别担任综合协调岗、流转督办岗、分析研判岗、督查考评岗。同时，实行值班领导每日坐班制，负责协调当日的复杂事件。

第二，拓宽群众信息来源渠道。截至 2021 年 3 月，清湖街道事件信息来源渠道有网格渠道（掌上基层、浙政钉、两难钉钉群）、群众渠道（平安浙江、"江山一家亲"微信公众号、12345 咨询投诉平台，市大联动中心 110 非警务事件）。2021 年 1—3 月，网格渠道共收集事件 1626 条，群众渠道共收集事件 102 条。同时，还将水情灾害管理监测系统、雪亮工程等接入综合信息指挥室，增强应急突发事件研判指挥能力。

第三，规范事件处置。清湖街道以事件四级层级分类处置为原则，一级事件由网格层级解决（网格员上报，网格长处置）；二级事件由村社层级解决（村社书记处置）；三级事件由指挥室交办至"四平台"模块进行处置；四级事件由街道主要领导审核后上报市大联动中心协调处置。

第四，做实研判分析。清湖街道综合信息指挥室开展每日信息汇总，收集街道各条线每日工作开展情况，每月对平台信息开展数据汇总，对数据展现出的问题开展原因分析，提出对策，每月研判报告提交党政联席会议班子会商，切实有效地发挥数字化平台在基层治理中发挥的支撑作用。

案例4

常山县基于政府需求的"大综合一体化"行政执法改革

综合行政执法改革是贯彻全面依法治国、建设法治政府和"放管服"改革的重要内容，也是推进国家治理体系和治理能力现代化的现实要求，是一个随着经济社会的发展需要不断探索和深化的过程。中国传统的基层社会治理体制以"分段监管和条块执法"为主体，导致部门壁垒和碎片化，特别是在综合行政执法改革的过程中，一直受到条块分割、部门主义、重权轻责等改革障碍的影响，使改革呈现某种程度的"碎片化"特征。

常山县作为全省"大综合一体化"行政执法县域集成改革试点，以整体政府理念统筹行政执法，对行政执法进行结构性、体制性、机制性系统集成改革，在更大范围内整合执法职责，优化配置执法资源，健全执法协同机制，实现部门间、区域间、层级间一体联动，形成职责更清晰、队伍更精简、协同更高效、机制更健全、行为更规范、监督更有效的"大综合一体化"行政执法新格局。

改革后全县综合行政执法事项达到 2226 项,比浙江省定的目标翻了一番;打通重组全县行政执法队伍,形成"1+5"的行政执法格局,专业执法队伍精简 57%;提升执法水平,高标准打造县域、基层执法办案中心,修订完善 11 个方面共 19 项行政执法制度;强化管罚衔接,推行"互联网+监管",以"双随机、一公开"系统为载体,大力推进"综合查一次"联合监管执法;数字赋能指挥,打造集指挥调度、管罚衔接、分析研判、执法监督、执法预警等内容为一体的监管执法系统,形成"一屏统全域"的指挥新格局。当前改革成效日益凸显,办案数量、执法效率、群众满意度等同比均不断上升。

为聚焦执法重心下移,常山县将 413 项综合执法事项赋权给乡镇行使,实行"1+X"模式,即 1 个重点乡镇辐射 1—2 个周边乡镇。将全县 14 个乡镇(街道)分成 7 个片区,在 7 个镇街分别成立县综合执法局派驻的执法队,与镇街自有的执法队打通,"一支队伍两块牌子",执法队长均由镇街班子成员担任。下沉行政执法力量 122 名,派驻人员和镇街干部全面融合,工资、考核(派驻乡镇与辐射乡镇考评七比三)等全部由乡镇(街道)负责。

为聚焦队伍能力建设,落实好三项制度,即行政执法公示制度、行政执法全过程记录制度、重大执法决定法制审核制度;做到"三个统一",即统一制式服装和标志标识,统一执法执勤用车、执法记录仪等执法装备,统一执法办案流程、文书格式;实现全员执法证持证上岗、全员军事化训练、全员公检法司"导师帮带"。同时,所有执法队员全面融入基层治理,全县所有网格都有执法队员挂联。建立完善"团队共建一个标准、设施共用一个规范、信息共享一个系统、问题共商一个口径、案件共办一套体系"的"五个一"机制,实行常态巡察、联席会议、联合执法、捆绑考核,补齐辐射乡镇行政执法短板,加快推动"1+X"联动执法从有形到有效转变。

二、基于社会需求的创新案例

案例 5

衢州市基于社会需求的"邻礼通"①

2019 年 6 月,一款名为"邻礼通"的小程序出现在衢州市民的生活里。经过多次升级迭代,现已成为衢州市"党建统领＋基层治理"的重大实践成果,也成为"三通一智(治)"智慧衢州线上操作平台体系的重要组成部分。

2020 年 7 月,在浙江省政府召开的深化"最多跑一次"改革推进政府数字化转型第十二次专题视频会议上,时任省长的袁家军充分肯定"邻礼通"在社会治理数字化转型中的应用。袁家军指出,衢州市在"城市大脑"构架内,"邻礼通"基层治理应用做得很有特色。"邻礼通"以小区为单元,从小区物业入手,打通社区治理的方方面面,通了邻里,连了民心,收集了民意,服务了民生,同时也提升了治理水平,成为城市小区智慧治理综合线上的互动平台。

如今,不管是普通居民,还是社区工作人员,"邻礼通"已是大家手机里的"掌中宝",是遇到问题后的首选解决方案,越来越成为城市小区党群互动、网格治理、居民自治、邻里沟通、物业提升的线上硬核工具。

邻礼通诞生的最大作用就是架起了物业与业主之间的沟通桥梁。2019 年前,信安街道翰林苑小区和紫荆花苑小区业主与物业的关系并不太友好,不少业主都觉得每年花钱不少,但物业服务却跟不上。物业也迫于与业主没有一个固定的联系方式,没法与各个业主及时沟

---

① 衢州:邻礼"通"社情民意邻礼"汇"党建民心,https://xw.qq.com/cmsid/20220302A06KNL00.

通。为了打通双方的沟通渠道,"邻礼通"1.0版本应运而生,它的首要功能就是筑起线上沟通平台,业主不仅可以随时交费,还可以报事报修,物业则可"接诉即办",事后还可以评价服务,双方都可实时查看留言。邻礼通的"高光时刻"来自2020年新冠肺炎疫情期间,更多的人对邻礼通竖起大拇指。面对突如其来的新冠肺炎疫情,柯城区施行健康码管理举措。针对部分老年人、残障人士等无法自主申领健康码的特殊人群,信安街道把健康码纳入"邻礼通",居民在"衢州健康码"模块提供姓名、身份证号码后,即可核验到健康状态、家庭地址和扫码时间,做到"机码分离、人码统一",实现快速精准"亮码"。

与此同时,"邻礼通"及时发布防疫资讯,增加战"疫"必胜、空中超市、网上法院、疫情举报等服务项目,居民可以在第一时间了解疫情最新动态,享受线上下单、线下商家配送等服务,保障了居民的正常生产生活。

在第七次全国人口普查中,"邻礼通"也大放异彩。信安街道书院社区运用"邻礼通"采集普查信息,住户只要打开"邻礼通"进入"人口普查"专用通道自行填报,几分钟就可完成全家人口信息登记。这也是衢州首次探索使用智能手机采集数据,走在全国试点前列。以往上门进行人口普查,平均1户需要花费20分钟。如今,社区干部不进小区、不敲门,仅5天时间,912户、2758人使用"邻礼通"自主填报人口普查信息,与社区家庭档案进行数据比对,准确率超90%。

"邻礼通"的出现,使物业监管、业委会选举等困扰基层多年的问题得到逐步解决,有效促进了红色物业联盟力量更充实、小区治理更高效、社区服务更精准,探索出一条数字化背景下的社区治理和服务新路径。在经历多次迭代升级、扩大推广、实际检验后,2020年5月8日,衢州市"邻礼通"2.0版正式上线,成为智慧衢州线上操作平台体系"三通一智(治)"的重要一环。"邻礼通"2.0版的提升之处在于后台建起的强大数据库。邻礼通不再局限于业主与小区,还囊括了政府多个部门,服务功能得到显著增强。比如信安街道两旁的隔离带上,一直没有停车位,附近的商家在过去的3年里向多部门反映都得不到解决。2个月前,社区把商户的问题提交到邻礼通平台,交警、城投等多部门都收到了问题,并"认领"了问题,多部门联动,很快在紫荆小区召开现场会,并现场征求了意见,仅仅5天就解决了问题。与此类似的还有宫保小区困扰多年的老问题。因为小区老旧,线路老化,且95%的住户都是老年人,安全隐患大。社区把自己难以解决的问题发布在"邻礼通"上,柯城区征迁中心认领了任务,马上派专业电工上门解决了老旧线路的改造问题。

在大数据的加持下,"邻礼通"2.0版本成为一种可复制的行业标准,在全市推广,每个社区、小区都基本上可以套用,试用一段时间后,再根据本社区的治理特色、居民构成等实际做适当微调,增加功能模块。以目前衢州市的情况来看,"邻礼通"在不同小区发挥着不同的功能,是展示社区基层治理的重要窗口。

三、基于政府需求和群众需求的创新案例

案例6

开化县基于政府需求和群众需求的"一件事"改革

开化县基层治理"一件事"改革是针对扬尘处置、国有土地违建处置、"三小一摊"监管共3件"一件事"。开化县基层治理"一件事"改革得到了基层群众的一致认可。以国有土地违建处置为例,探析开化国有土地违建处置"一件事"改革的情况。

（一）案例背景

1. 群众办事难，政策不理解

第一，确权登记难。群众自有房屋一旦涉嫌违法建设，不动产登记部门对该房屋不予办理房产登记。第二，经济损失大。按照相关法律法规的规定，房屋违法建设处置包括拆除和罚没两种途径，且罚没金额较大，一般多达数万元，群众对违建成本难以接受。第三，时间成本高。违建处置一旦进入立案查处程序，其程序复杂、流程较多，从立案到结案，少则1个月，多则1年半载，非短时间内可以完成，群众对此不理解。基于以上原因，近年来涉及违建的信访投诉较多，2018—2020年，开化县共计发生涉违信访投诉182起，群众对信访处置结果满意度低，仅为45%。

2. 乡镇权力缺失，缺乏管理动力

在国有土地房屋建设全过程中，乡镇面临审批、监管、执法三权缺失，从而造成建设信息难掌握、违建行为发现迟、问题处置速度慢等问题，等到执法部门介入处置时，往往违建房屋已经建造完毕，处置难度加大。

3. 部门权职不清，监管混乱

第一，事项流转复杂。目前，国有土地房屋建设涉及资规、交通运输、水利、林业、综合执法等5个部门和9个环节。乡镇需在多部门间往返跑腿，办事难度高、效率低。第二，信息共享脱节。根据职责分工，资规部门负责审批、监管环节，执法部门负责执法环节。但因部门间缺乏信息共享机制，信息交流环节尚未打通，形成严重的信息壁垒。第三，科技支撑不足。各环节、各部门普遍缺乏数字化系统，以较为传统的人工审批、人工监管等手段为主，办事周期长、办事效率低，无法实现线上提交、线上办理的目标。

（二）案例做法

针对上述三点问题，依照全链条全生命周期的问题剖析思路，重点运用 V 字模型对"国有土地违建处置一件事"进行任务分解和综合集成。

1. V 字下行阶段（任务分解）

第一，明确任务定义。根据乡镇高频问题及工作需求，确定"国有土地违建处置"为"一件事"任务，任务定义为对国有土地上未经许可进行建设和未按许可进行建设等问题，通过机制优化、流程再造、业务协同、数据集成，提高国有土地违建处置效能。

第二，分解最小颗粒度。按照最小颗粒度分解要求，将"国有土地违建处置"拆解出"未经许可进行建设"和"未按许可进行建设"2 项二级任务，二级任务继续拆解出规划类违建、水域范围违建、土地类违建、林地范围违建、公路监控区违建等三级任务 9 项，三级任务继续拆解出四级任务 27 项。

第三，明确牵头/协同关系。根据任务分解情况和职责分工，明确"国有土地违建处置一件事"由综合执法部门牵头负责，自然资源和规划、水利、林业、交通运输等部门协同配合，其中规划类违建、水域范围违建处置由综合执法部门查处，土地类违建由自然资源和规划部门查处，林地范围违建由林业部门查处，公路监控区违建由交通运输部门查处。

通过权力事项梳理，完成"国有土地违建处置一件事"《县级事项拆解配置表》《乡镇事项配置表》《人员事项匹配表》《关键节点人员信息表》四张表单。事项信息方面，拆解出部门事项 18 项，乡镇事项 7 项。人员信息方面，涉及县级部门 14 名执法人员，5 个试点乡镇 57 名执法人员。

第四，明确数源系统。"国有土地违建处置"共涉及 5 个数字系统,其中,土地取得环节的数源系统为"浙江省土地使用权网上交易系统",建设审批环节的数源系统为"浙江政务服务网3.0行政审批系统",执法处置环节的数源系统有"浙江省综合行政执法平台""浙江省交通运输行政执法管理与服务平台""浙江省统一行政处罚办案系统"。

2.V字下行阶段(综合集成)

第一,确定业务协同流程。按照"一件事"理念,整合业务流程,形成乡镇层面和县级层面两个闭环。乡镇综合信息指挥室收到上级交办、巡查发现、群众举报、部门移交等违建信息后,交办给乡镇大执法模块,由大执法模块负责人按照场景任务不同指定乡镇具体经办人员,可以在乡镇层面解决的即在乡镇层面处置;乡镇层面无法处置的,上报至县级"一件事"牵头部门,再由牵头部门按照事先确定的场景任务指定具体的执法部门处置,并将处置结果反馈给乡镇,从而形成闭环。

第二,实施业务集成和集成流程监控。按照"一件事"理念,整合业务流程,从改革前的9个环节(乡镇上报违建信息—综合执法核对建设信息—执法部门对接主管部门—主管部门分析认定—确定执法处置的部门—执法部门现场核实—执法部门立案调查—违建处置—反馈处置结果)减少到改革后的3个环节(乡镇上报违建问题—牵头部门接受派单—执法部门立案处置、反馈结果)。

第三,智能分析。乡镇在服务端可即时填写提交疑似违法建筑的地址、所涉领域、规模等相关信息,实时查看系统智能分析报告及事项办理进度。相关部门可在治理端查看国有土地建房审批、监管等环节相关信息。

(三)案例成效

第一,处置速度提升。"国有土地违建处置"纳入"一件事"改革后,相关政府部门可直接通过"国有土地违建处置系统"后台,实时查看疑似违建的土地出让、审批、监管等信息,直接省去了各部门间资料调取、会商洽谈、相互函告等过程,形成了"违建上报—信息核定—执法处置"的"三点一线"快速处理流程,整个研判分析时间原来需要 7 个工作日,现在通过"一件事"系统智能分析,达到事项推送 1 分钟,省去过长的会商研判时间。

第二,监管效能提升。"国有土地违建处置"纳入"一件事"改革后,通过县级部门人员事项下沉,违建问题由过去 100% 县级部门处置到现在 90% 可在乡镇处置,改变过去乡镇"看得到,管不着"的突出问题。

第三,信访处置满意度提升。改革前,违建处置时间跨度长,无法对违建进行及时管理处置,容易形成"流程还在走、违建已建完"的尴尬局面,最终导致群众面临巨额的经济损失。改革后,违建处置在"国有土地违建处置系统"即可完成全生命周期流转,办理速度快,可有效实现"违建即时发现即时处置"的目标,从而大幅减少群众损失,群众满意率从之前的 45% 提升到 85%。

四、基于技术驱动的创新案例

案例 7

衢江区基于技术驱动的"一网智治"

2021 年,浙江省把"推进数字化改革"列为"十四五"开局之年"全面深化改革开放"的首要举措。衢州市积极行动,争当从"最多跑一次"改革到政府数字化转型,再到数字化改革发展阶段跃迁中的佼佼者。衢江区借势打造"一网智治"的新架构,通过互联网,建立起要素流动顺畅、技术引领迅速、运作模式敏锐、数字治理精准的"链接环"。衢江区提升了城市运行管理服务平台，持续推动城市治理"一网智治"，逐步进入高效治理新阶段，力争在最早的时间、用相对最小的成本、解决最大的关键问题、争取最佳的管理综合效率，不断提升城市治理现代化水平。

2021年2月，衢江分局办公室民警正式入驻衢江区矛盾纠纷调解中心，参与区矛盾纠纷调解中心"1＋8＋X"（1个主体中心、8个常驻部门和多个随驻部门）值班制工作模式，与他同时入驻的还有一名民警和两名辅警，主要负责指挥调度、纠纷调解及相关指令的发布。这是衢江公安实现纠纷类警情"一键联动，掌上指挥"、推进基层"一网智治"的积极之举。

分局层面派驻4名警力入驻区社会治理中心（矛盾纠纷调解中心、大联动中心），搭建跨部门调度指挥体系；9个派出所融入乡镇分中心，建立乡镇、村（社）、网格三级联动制度，切实形成勤务指挥、信息流转、信息研判、联动处置为一体的工作整体。同时，由衢江分局牵头制订了《纠纷类警情联动处置方案》，推动区级层面成立领导小组，明确各部门职责分工，并以流程图的形式明晰警情处置工作流程。

衢江分局以数字化改革为理念，通过110应急联动平台和"掌上指挥"，打通纵向和横向两条数据链路，将纠纷类警情处置由公安单一处置转变为部门、乡镇联动处置。衢江区曾发生一起小孩坠楼事件，父母为救小孩砸坏对方的门与屋顶，对方要求小孩父母进行赔偿。樟潭派出所民警接警后，通过"掌上指挥"平台一键发起，联动街道、社区工作人员一道前往处置。经过各方共同努力，双方达成等小孩出院后再进行修补的一致意见。这是"横向链路"的典型模式。出警民警在警情处置中发现需要乡镇或相关职能部门联动处置的，可立即通过"掌上指挥"一键发起协同处置。同样的，乡镇或其他部门发现事件需要公安处置的,也可通过"掌上指挥"联动,实现数据的双向推送。而"纵向链路"则是指分局情报指挥中心经初步研判需要其他相关部门或乡镇联动处置的纠纷类警情,通过110社会应急联动平台推送至区大联动中心,通过"浙政钉"平台的"云智衢江"模块派单给相关职能部门或乡镇处置。

数据的双向推送,相当于为警情处置建立了一个跨层级、跨部门、跨区域的临时"线上专班",实现文字、图片、视频等信息实时交互,现场情况实时掌握,事件处置从过去的点对点通知转向一键发起、一网协同、组团联动,实现高效联动。

第四章 衢州基层治理改革创新谋划

为促进中国改革开放事业更加深入、平稳地发展，党中央在"十二五"规划中首次提出"顶层设计"。这一概念本是一个工程学概念，本义是统筹考虑项目各层次和各要素，追根溯源，统揽全局，在最高层次上寻求问题的解决之道。党中央对社会治理体系进行"顶层设计"，表明中国国家治理思维日益成熟。"顶层设计"作为社会治理体系创新的指导理论和推进路线图，成为社会治理体系创新研究中的重要内容。衢州市顶层设计主要从改革目标与原则、改革任务与举措以及改革创新保障三块内容出发对基层治理改革创新进行谋划。

第一节 改革目标与原则

衢州市基层治理改革创新谋划的第一步即制定改革的目标与原则，从而确立改革创新的方向与路径。

一、改革的目标

改革是一场全面而深刻的基层治理变革，也是一项复杂的系统工程，不能一蹴而就。"县乡一体、条抓块统"改革坚持以习近平新时代中国特色社会主义思想为指导，深入贯彻落实党的十九届四中、五中全会精神和浙江省委十四届六次、七次、八次全会精神,突出贯彻"八八战略""八个嘱托"、推进"八大任务",紧扣争创四省边际社会主义现代化先行市目标,努力打造县域整体智治的全省标杆,为全省提供党建统领治理整体解决方案,形成市县乡村网格上下贯通、信息畅通、整体联动、整体智治的高效协同治理格局。在整体推进改革创新过程中,有四个重要的时间节点(见图4.1)。

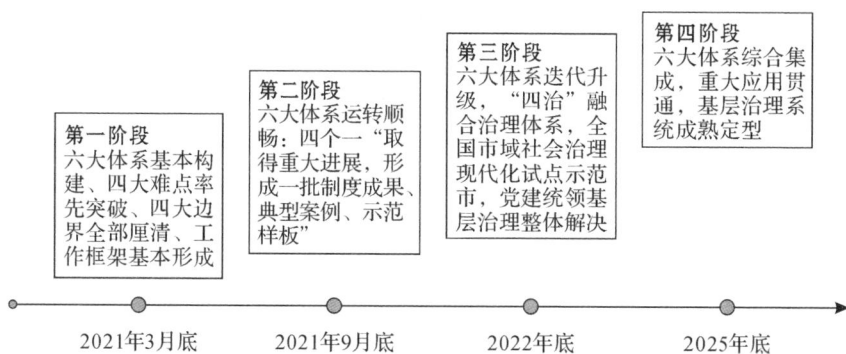

图 4.1　衢州市基层治理改革创新的目标

第一,到 2021 年 3 月底,在衢州市范围内基本建构"县乡一体、条抓块统"改革的六大体系。21 项重点任务全面推开,率先突破"法律授权、执法体制、数据打通、政策保障"等难点,厘清"事项下放、权力配置、力量下沉、责任落实"四大边界,聚焦基层治理"一件事"、县域智治"一张网"、乡镇(街道)执法"一支队伍"、干部管理考评"一套体系",形成基本的工作框架。县市区分别展开清单化管理、项目化推进各项工作,在全覆盖的基础上各有侧重,抓深化突破。2021 年 3—4 月制定出台《关于支持衢州等地开展"县乡一体、条抓块统"县域整体智治改革试点的意见》,7—8 月组织开展改革试点成效评估工作。

第二,到 2021 年 9 月底,六大体系运转顺畅、执行有力、"四个一"取得重大进展,形成一批可复制可推广的综合集成改革制度成果、制度案例、示范样板。2021年9—10月,浙江召开全省推进"县乡一体、条抓块统"县域整体智治改革现场会,部署改革扩面工作,与数字化改革、未来社区、新农村建设、党建统领、乡村振兴、平安稳定等各项工作相互融合,争取更多实质性、突破性成果,为全省改革做出衢州贡献。

第三,到2022年底,六大体系综合集成、整体优化、迭代升级,实现党建统领、基层治理,整体政府、整体智治,上下贯通、条抓块统,系统集成、高效协同,形成党建统领"四治"融合的城乡基层治理体系,成为全国市域社会治理现代化试点示范市,人民群众的获得感、幸福感、安全感全面提升,形成可复制、可推广的党建统领基层治理整体解决方案。

第四,到2025年底,构建起上下贯通、县乡一体的县域整体智治格局,基层治理系统成熟定型,基层治理现代化走在全国前列。以习近平新时代中国特色社会主义思想为指导,深入贯彻党的十九届六中全会和省委十四届十次全会精神,以党建为统领,以推动基层治理体系和治理能力现代化为目标,聚焦基层治理重大需求,深化"县乡一体,条抓块统"改革,迭代升级"141"体系,推动党建统领整体智治、数字政府、数字经济、数字社会、数字文化、数字法治六大系统在基层综合集成、协同赋能,实现基层治理质量变革、效率变革和动力变革。

二、改革的基本原则

坚持党建统领。坚持党的领导贯穿始终,突出基层党组织在基层治理的战斗堡垒作用,发挥各级党委总揽全局、协调各方的作用,深化提升"主"字形体系架构、"王"字形运行机制,做优市县一体顶线,做强乡镇(街道)中线,做实村社网格底线,做畅联动指挥竖线,着力推动党的全面领导落实到现代化城乡治理的方方面面,形成全方位覆盖基层的工作网络,着力形成党建统领"四治融合"的现代基层治理共同体。

坚持系统集成。注重顶层设计、迭代升级,借鉴集成省内外经验做法,把"三联工程""周二无会日"、全科网格、乡村振兴讲堂、乡镇模块化、县级矛调中心、三通一智(治)及"两难"三级钉钉群做深做实,强化改革的系统性、整体性、协同性,加强对各项改革任务的整体设计、综合集成,推动事项集成、举措集成、制度集成,强化组织体系、时空载体、技术支撑保障,从根本上破解基层治理碎片化、点状化、部门化等问题,确保试点工作攻坚突破、治理体系升级完善。

坚持数字赋能。统筹运用数字化技术、数字化思维、数字化认知,建设基层智治大脑,贯通重大应用,实现高效协同、整体智治。

坚持分类推进。根据区域经济社会发展情况,乡镇和县城、平原、山区和海岛等实际,分类施策推进,鼓励基层创新,兼顾共性和个性。

坚持实战实效。落实"平战结合、实战实效"工作要求,强化应急演练,顺畅平战结合,夯实基层基础,提升实战实效水平。

第二节　改革任务与举措

在遵循以上原则的基础上,衢州市按照以下几个方面开展具体任务与举措。

一、党建统领基层治理

(一)推进基层治理责任体系建设

强化组织领导,压实主体责任,完善基层治理议事协调机制,县(市、区)定期召开常委会会议专题研究基层治理工作。深化"三联五包一"督导挂联机制,推进市县部门、乡镇(街道)干部走乡包村、包网入户。落实"周二无会日"联系服务制度,推行"点兵点将、一点就办"机制,集中下村社入格,走访联系群众,帮助解决问题,常态化推进组团式服务。

(二)提升基层行政执行能力

持续完善"七张问题清单"工作机制,深入实施"红色根脉强基工程",系统谋划党建统领基层治理的组织体系、运行机制、制度建设、要素保障。强化基层党组织选拔,巩固深化换届成果,推进乡镇(街道)领导班子和干部队伍系统性重塑,全面提升能力素质,持续增强乡镇(街道)党(工)委的领导力、执行力、战斗力。依法赋予乡镇(街道)管理权限,强化其对涉及本区域重大决策、重大规划、重大项目的参与权和建议权。完善党建引领的社会参与机制,统筹基层党组织和群团组织资源配置,培育扶持基层公益性、服务性、互助性社会组织,推行全域党建联盟建设。

(三)优化考核评价体系建设

将基层治理系统建设工作纳入经济社会发展工作目标综合考核、共同富裕评价指标体系、干部绩效考核评价三个考评维度中,完善乡镇(街道)干部"岗位赋分+模块评分+组团积分+专班计分"的"四维"考评机制,做实县乡"双向考评",构建目标管理、督促检查、过程跟踪、年终考评、结果应用的考评管理闭环,以考核促落实,以考核提效能。按规定落实乡镇干部经济待遇(全口径收入)、考核评优向乡镇(街道)干部倾斜政策。

二、重塑乡镇(街道)职能

(一)完善事项清单管理保障机制

建立健全县乡权责清单、政务服务清单、乡镇(街道)"属地管理"事项责任清单"三张清单",抓好综合执法事权下放后"属地管理"事项责任清单的同步调整完善。完善乡镇(街道)"属地管理"事项准入、动态调整和运行评估机制,推动依单履职、依单管理、依单问责。建立健全事项执行协同机制,加强下放给乡镇(街道)事权的编制、人才、场地、技术、资金等方面的保障,推动清单实战实效。

（二）推进分类管理精准赋权

根据乡镇（街道）的地理区位、人口规模、产业特点和经济社会发展水平，科学确定功能定位，实行分类管理，将全市乡镇（街道）划分为中心镇、生态型乡镇、复合型乡镇和城区型街道、城郊型街道 5 大类，探索建立差异化的政策资源调配机制和工作目标考核机制，以精准赋权赋能推动乡镇（街道）高质量发展。

（三）完善模块化运行模式

对准四条跑道，迭代完善乡镇（街道）模块化运行机制，构建"1＋4"（1个综合信息指挥室＋党建统领、经济生态、平安法治、公共服务 4 个模块）标准化运行架构，全面提升行政效能、执行效率。精简乡镇（街道）内设机构，按"一对一""多对一"嵌入模块，推进扁平化管理、矩阵式协同，实现乡街机构再"瘦身"，模块功能再"强身"。

（四）加强基层干部管理调控

坚持控总调优、减上补下原则，推进县级部门人员编制向乡镇（街道）下沉，乡镇（街道）行政人员与事业人员、乡镇（街道）之间行政事业编制、乡镇（街道）与部门派驻机构人员编制统筹使用，实现人员编制力量向任务重的乡镇（街道）和领域倾斜。建立县级部门派驻人员与乡镇（街道）干部统一指挥机制，落实乡镇（街道）党（工）委对属地派驻人员的指挥协调权、管理考核权、推荐提名权、反向否决权，推进部门派驻人员和编制"双锁定"，发挥派驻部门业务主管责任，保留部门对派驻人员一定比例考核权，强化对派驻人员的业务培训指导，确保"基层事情基层办、基层事情有人办"。

三、迭代升级"141"体系

（一）推进县级社会治理中心建设

优化机构设置，设立县级基层治理委员会，下设社会治理中心，由县级党委办公室代管。完善中心运行模式,采用"常驻＋轮驻＋随驻"的方式落实进驻常态化。迭代升级社会矛盾纠纷调处化解中心,协同联通"12345"政务服务便民热线、"民呼我为"统一平台、"互联网＋监管"平台、110接处警系统、网络舆情监管等数据资源,打造集运行监测、矛盾调处、分析研判、协同流转、应急指挥、督查考核等功能于一体的县级社会治理中心。完善平战结合机制,"平时"分类治理破解难题,"战时"快响激活实战实效,形成基层治理整体作战优势。

(二)夯实"基层治理四平台"

突出权责清晰、扁平一体,迭代完善"基层治理四平台",加强乡镇(街道)综合信息指挥室能力建设,重塑组织架构,4个平台对应4条跑道,综合信息指挥室按"4＋X"模式设置综合协调、信息研判、流转督办、督查考评和若干其他岗位,设置1名专职副主任为县级组织部部管干部,强化战时24小时全天候值班制度。赋予综合信息指挥室对"基层治理四平台"的指挥权、督导权、考核权,建立健全日常运行、工作责任、办结闭环、首问负责、动态完善、评价反馈、信息归集、能力提升等八项运行机制,做强统筹协调、督查考评、分析研判、应急指挥等职能,实现四平台模块高效协同运行。

(三)深化基层网格建设

优化村社网格设置,选优配强网格工作力量,打造"基础力量＋专业力量＋社会力量＋智能感知"的网格团队。在相对独立的园区、专业市场、学校、医院等规模集聚区设置专属网格,构建全面覆盖的网格化管理体系。设立"微网格""1＋3＋N"基层治理单元(1是由农村村民小组长或城市社区楼道(株)长担任的微网格长,3是3名民情联络员,N是社会志愿者队伍),平时组团服务、群防群治,战时快速集结、组团作战。全面落实网格事务准入审查机制,优化网格员"报办分离"运行机制,深入推进"网格五令",打通优秀专职网格员上升通道。强化融合型大社区大单元治理,深化"上统下分、强街优社"改革,健全完善"高效协同、整体智治"的基层治理体系。

四、贯通"162"与"141"两大体系

(一)推动应用贯通

根据数字化改革重大应用"一本账",统筹基层所需所能,梳理编制延伸到乡镇(街道)及以下层面的应用清单、事项清单。高标准承接省级重大应用,以一体化智能化公共数据平台为支撑,通过业务协同和数据共享服务网关,加快完成与省平台测试环境联调,实现省级重大应用与衢州基层治理综合应用的技术贯通,争取发挥重大应用的更大效能。强化技术支撑,提升服务基层治理领域的智能化能力,完成市县两级数据共享和业务协同网关统建,实现与省级网关互联互通,支撑省市重大应用接入基层治理系统,实现基层治理系统多跨综合应用。

(二)优化平台贯通

坚持数据同源、模型同构、全市统筹,依托社会治理中心和"基层治理四平台",健全县乡两级综合指挥体系,强化对事项贯通流转办理的指挥、协调、督促、评价。从需求贯通、功能贯通、数据贯通三个方面推进基层治理系统建设平台贯通,通过省一体化智能化公共数据平台—市一体化智能化公共数据平台(城市大脑)—县一体化智能化公共数据平台(数据仓)—基层治理"141"系统的贯通路径,推动数据资源下传,构建公共服务组件。在此基础上,进一步向基层延伸,形成基层"141"系统和"162"系统功能双向贯通。

(三)深化体制机制贯通

完善贯通事项动态管理和退出机制,做好重大应用的增量开发、迭代升级,强化适配性创新,为基层减负赋能。严格审核机制,形成定应用、定

事项、定需求、定模块、定技术和应用贯通确认的"五定一确认"审核流程规范。建立数据共享机制,完善"双向审核、双向推送、双向交换"的数据共享方式,支撑县乡两级探索符合当地实际的创新应用,健全基层重大应用推广机制,实现"一地创新、全市共享"。建立全市统一事件中心,智能归集六大系统向下分派任务数据及下级上报事件。通过接口集成的路径,六大系统拟贯通的综合应用转换为任务集成在基层治理系统,实现支撑各业务应用跨系统、跨部门、跨地域、跨业务、跨层级的访问共享。

五、推进基层智治大脑建设

(一)明确大脑功能定位

基层智治大脑作为基层治理系统的重要组成部分,由市级统筹规划,按照基础优先、逐步拓展的思路进行建设,最终形成一网一域一中心的基层智治大脑体系架构。市级统筹建设通用和核心能力,县(市、区)做好集成对接、场景应用落地。制定《衢州市基层治理大脑建设指南》,出台《衢州市基层治理大脑建设方案》,统筹算法、模型、组件、模块等标准规范和"一本账"机制,以算力换人力,以智能增效能,为基层治理提供能力支撑。通过市级事件中心统一接入全市事件,实现事件跨部门、跨领域、跨层级的汇聚、融合,实现全量事件任务多维度监测、分析和管理。

(二)呈现大脑建设核心要素

构建"一图三指数、三台四跑道"的基层治理系统建设的核心要素整体布局,绘制"大脑基础概况图"展现基层智治大脑整体架构,以雷达图形式展现县乡共富五大图景,将基层治理系统"两指数"基层治理指数和共富指数一体融入共同富裕建设指标。依托"指挥台"一屏知晓,投入"大脑"数据计算分析、集成应用,在应用全贯通完成后,实现各部门、乡镇(街道)岗位共性、特性模块界面一键登录"工作台",最终直通党建统领、经济生态、平安法治、公共服务"四跑道"。党建统领板块呈现执行指数、七张问题清单、权力监督、干部考评等内容，经济生态板块展现营商指数、重要经济指标情况、重大项目和规上企业运行监测等趋势走向；平安法治板块反映近期矛盾纠纷调处化解、执法具体办结处理和应急管理有关事件情况；公共服务板块刻画有礼指数、一网通办、一老一小、信用智治、帮农促富等数据。

（三）全量归集大脑数据

强化数据感知采集，提升数据归集覆盖面和实效性。从数据的调研、归集、搜索等环节入手，全力建设基层治理"全量数据仓"。通过部门核心数据、重点领域高频数据、基层治理基础数据及大屏核心指标数据四大归集途径，开展集中数据摸底，与相关部门逐一交流确认，完成"单位核心数据"和"需求数据"集成；根据数据使用频率和数据质量梳理各领域高频数据项，建立基层治理基础数据库，逐步完成基础数据库表、数据目录的梳理确认；对"四跑道"开展业务排摸，"过堂式"确认核心指标数据，打造基层治理"全量数据仓"。分标签汇总分析"全量数据仓"，摒弃线下手工录入数据的传统数据收集方式，杜绝大量基础数据重复多次报送情况，新增大脑工作台版面报表功能，让部门录入基础数据后，根据系统配置指标算法自动分析研判，将"线下"数据转变为"线上"数据，有效提高数据鲜活度和可用度。

（四）强化大脑实战运用

围绕基层治理实战需求，完善量化闭环管理，推动应用升级增效。针对基层治理核心业务，实现运行监测评估，聚焦基层治理感知趋势变化、谋划改革举措、防范风险等需求，实现预测、预警和战略目标管理。构建通用化的知识库、模型库、算法库等，形成系统、工具、模块等多维集成，进而产生自主能力，形成辅助决策。打造"一屏两端"，优化基层治理综合应用功能，推动综合应用平台与用户体系打通。基于基层智治大脑"全量数据仓"，通过数据清洗、分析、重构，引入信息图谱，建设"全域数据树"区分层级,以树状分枝展示数据的分类、来源、目录等信息,夯实一体化智能化公共数据平台支撑基层智治大脑的数据底座。按照"小切口、大场景"的改革突破法,以典型智能化场景为最小系统,层层放大基层智治大脑智能化支撑能力,令大脑治理更聪明、基层减负更便捷。

六、实施"大综合一体化"行政执法改革

(一)分级厘清执法事权

统筹执法事项,构建执法目录总清单、综合执法清单、专业执法清单"三张事权清单",对接省权力事项库(监管库),形成41个执法领域目录总清单,并编制行政检查清单。结合不同层级管理要求和承接能力,明确市县乡三级综合执法事权配置结构,形成市县乡三级执法事项管理体系,综合执法事项占比45%以上,"三高"(高频率、高需求、高综合)执法事项占比60%。厘清业务主管部门、行业主管部门、综合执法部门和乡镇(街道)职责边界,建立健全执法事项清单动态调整机制,严格按职责落实监管执法责任,实现事项覆盖率100%、事项认领率100%、事项公开率100%。

(二)优化执法力量配置

更大力度地整合执法队伍,在更大范围开展跨领域跨部门执法,在"1+8"行政执法体系基础上,不再保留市县两级自然资源、文化市场和农业专业执法队,构建"1+5"行政执法体系,部门专业执法队伍精简60%,行政执法力量下沉县乡两级85%以上,下沉乡镇(街道)60%以上。按照"市区设置一个执法层级、原则上设在区一级"的要求,调整执法层级、执法力量和执法权限,厘清"两城与两区"管辖范围及职责边界。完善"1+X"模式,统一部门派驻站所管辖范围、人员力量,优化乡镇(街道)综合执法队伍岗位设置和人员组成,实现优质执法资源集中集聚、共享共治,实现基层扩权、赋能、减负、提质、增效。

(三)提升执法数字化水平

对标"141"系统,承接"162"体系在执法领域落地,在城市运行中心建设市级行政执法统一指挥平台,与市县社会治理中心、乡镇(街道)"基层治理四平台"全面贯通、业务全面融合,承接省"大综合一体化"执法监管数字应用,在"一屏两端"构建"行政审批—监管执法—监督评价"的全流程"大执法"闭环。完善执法主体、执法证件信息等管理机制,推进市县乡执法主体、执法人员100%纳入平台。全面推广使用掌上执法、浙江省统一行政处罚办案系统等应用,制度化开展"综合查一次",拓展多跨部门"监管一件事"应用,开展非现场执法,集中开发管用实用的场景应用,构建解决问题的多跨协同模式,打造解决方案的量化闭环。

(四)强化执法规范化建设

建立分层分类审核机制,有效破解乡镇一级案件审查力量不足、专业性不强、审查流于形式等问题。坚持执法"刚柔并济",推广轻微违法行为首违免罚、告知承诺制等柔性执法方式,加强重点领域执法力度,开展打造法治营商环境高地等专项行动,推动执法监管"双简双增"。以党内监督为主导、以纪委监委专责监督为主干,进一步健全事前事中事后监管有效衔接、信息联通共享、工作协同配合机制,接受纪委监委、人大、行政、司法、舆论、群众"六位一体"全方位监督,确保严格规范公正文明执法。

七、推进基层治理"一件事"集成改革

(一)推进"一件事"改革扩面提质

按照"大场景、小切口"理念,继续梳理一批重要、高频、急迫、多跨的基层治理"一件事"集成改革项目,逐步实现从社会治理领域向党建统领、经济生态、公共服务等各领域拓展。突出流程再造,推进事项办理最大限度地减层级、减环节、减材料,实现乡镇小闭环、县级大闭环快速流转交办。

按照"一清单、一流程、一机制、一纪要、一案例""五个一"要求,完善"一件事"工作规范。建立健全"一件事"审核准入制度,严格审核把关、动态管理、及时增减,确保清单管用、实用、好用。

(二)拓展"一件事"场景化应用

依托基层智治大脑,加快基层治理"一件事"系统迭代更新,推动"一件事"全流程线上运行。探索"一件事"系统自主分析和预警功能,完善评估指标,形成基层治理"一件事"场景化应用,构建"精准识别、自动流转、即时响应、全程可控、量化评估"的智治支撑体系,实现一体化智能化高效办理闭环处置。

八、深化"四治融合"治理体系建设

(一)健全村(居)民自治机制

坚持和完善村(社区)党组织领导下的村(居)民自治制度,建立健全重大事项决策"五议两公开"、村(居)民代表大会等机制,推广户主大会、"请你来协商""村情报告会"等基层民主协商形式,推动民情上得来、服务落得下。创新乡贤理事会管理新模式,畅通乡贤参政议政渠道。深化"红色物业联盟""红色网格联队"等机制,探索在无物业管理的小区依托社区居民委员会实行自治管理。引导社会组织参与基层治理,培育并发挥服务团、文体协会、调解组织、志愿者队伍等社会组织作用,全面提升社会组织活跃度。

(二)推进基层法治建设

坚持和发展新时代"枫桥经验",以"共建共享、群防群治"的平安理念,深化平安乡村建设。完善基层公共法律服务体系,实现优质法律服务资源下沉,引导群众积极参与基层治理工作。强化乡村法治宣传教育,充分发挥乡村振兴讲堂"基层治理主载体"作用,定期组织"8090宣讲团"入堂宣讲。开展"民主法治村(社区)五年倍增计划",加强和规范村居法律顾问工作,开展农村"法治带头人""法律明白人"等培育工作,2025 年实现市级以上民主法治村(社区)比例达 90％以上。加强公共法律服务平台、衢州 E 法通等数字化平台的服务能力。

(三)发挥德治先导作用

推动社会主义核心价值观融入村规民约、社区公约,强化道德约束,将"衢州有礼"内涵融入社会治理,建设"有礼乡村"。加强乡风文明建设,推进移风易俗,整体迭代升级"八个一"文明实践活动,打造"衢州有礼"等辨识度高的德治品牌。健全村(社区)道德评议机制,充分发挥道德治理功能。常态化开展道德模范、身边好人等道德典型选树活动。构建新时代乡村诚信体系,探索推进"信用＋乡村治理",完善基层诚信奖惩机制,将村民个人信用指数以及村庄治理参与度作为诚信建设的具体内容,推动让诚信看得见、治理提效能、群众得实惠。搭建乡村志愿服务平台,打造"15 分钟志愿实践服务圈",实现到 2025 年,注册志愿者占常住人口的 13％。

(四)提升基层智治能力

围绕"以智治促善治",打造数字化背景下的乡村治理和服务新模式。强化信息资源共享,推进村(社区)基础设施数字化改造,加强生产管理、生活服务、生态保护、安全防范等领域的数字化技术应用。建设乡村数字大脑,推动集体三资管理、基层便民服务、平安治理等智能化、数字化转型。拓展推广"四治融合"相关应用场景,与"基层治理四平台"建立双向流转机制,建立以智治为支撑,自治、法治、德治相融合的城乡基层治理体系。推进未来乡村(社区)建设,推动数字化人才下基层、进村社。

九、全面融入"共富"建设场景

(一)构建"三位一体"融合推进的工作体系

坚持系统思维、整体观念,建立健全基层治理系统建设与数字化改革、全面深化改革、共同富裕示范区重大改革"三位一体"融合推进的工作机制,推进组织融合、跑道融合、场景融合、机制融合、区域融合、评价融合。聚焦核心业务,推动基层治理系统 4 条跑道与共同富裕 7 个先行示范跑道、数字化改革 35 个支撑赋能跑道精准对接、有机融合。推进社会建设工作体系向乡镇(街道)延伸,明确承担社会建设工作的机构,承担辖区乡村振兴、农业双强、扩中提低、一老一小、共同富裕现代化基本单元等相关职能,推动共同富裕建设场景直达基层,上下贯通。构建基层治理系统建设指标评价体系,与共同富裕示范区评价指标融通互通,实现互相支撑、一体评价。

(二)推进共富基本单元的治理集成改革

围绕组织、机制、管理和服务现代化,以未来社区和未来乡村建设为微观抓手,先行探索共同富裕基本单元的治理集成改革。聚焦"一老一小"等重点群体需求,谋划推动一批重大应用系统化落地未来社区(乡村),提升最小共富单元的服务和治理精细化水平,形成与数字化发展路径相适应的治理方式,以"共治"促"共富",加快打造人民幸福美好家园。

第三节　改革创新的保障

衢州市基层治理改革,健全了改革创新保障措施,完善了基层创新体系,着力破除自主创新障碍因素,为促进基层治理创新提供了保障。

一、加强组织领导

基层治理改革涉及面广、工作量大,衢州市各区县和有关部门高度重视,把基层治理系统建设作为"一把手"工程来抓,强化系统四维,运用系统方法,完善工作机制,配强工作力量,构建纵向贯通、横向联动、协同发力、有序推进的工作格局。衢州市为高质量推进四省边际共同富裕示范区建设,不断深化数字化改革,为基层治理改革创新加强组织领导。

二、抓好工作落实

衢州市采取对标对表、主动创新,清单化、项目化推动各任务落地落细。相关部门细化落实了实施意见提出的各项任务,指导各地开展工作,协调解决难点问题,注重总结基层经验,持续放大建设成效。如表4.1所示,衢州市建立了基层治理系统建设重点工作任务清单(即双百清单),对市区(县)相关部门乡镇(街道)进行任务清单化,并根据时间节点邀请第三方专家进行评估反馈。

表 4.1　基层治理系统建设重点工作任务清单(部分)

序号	工作类别	工作目标	工作任务	时间节点	责任部门
一	坚持党建统领基层治理	(一)推进基层治理责任体系建设	1.完善基层治理议事协调机制,县(市、区)定期召开常委会会议专题研究基层治理工作。	持续推进	市委办公室、市委组织部、各县(市、区)
			2.深化"三联工程""五包一"挂钩机制,推进市县部门、乡镇(街道)干部走乡包村、包网入户,有效发挥基层平时服务、战时组织动员功能作用。		
			3.落实"周二无会日"联系服务制度,推行"点兵点将、一点就办"机制,集中下村社入格,走访联系群众,帮助解决问题,常态化推进组团式服务。		
		(二)提升基层行政执行能力	4.持续完善"七张问题清单"工作机制。	持续推进	市委组织部、市委办公室、市委编办、市民政局、各县(市、区)
			5.深入实施"红色根脉强基工程",系统谋划党建统领基层治理的组织体系、运行机制、制度建设、要素保障。		
			6.强化基层党组织选拔,巩固深化换届成果,推进乡镇(街道)领导班子和干部队伍系统性重塑。		
			7.依法赋予乡镇(街道)管理权限,强化其对涉及本区域重大决策、重大规划、重大项目的参与权和建议权。		

续表

序号	工作类别	工作目标	工作任务	时间节点	责任部门
一	坚持党建统领基层治理	（二）提升基层行政执行能力	8.完善党建引领的社会参与机制，统筹基层党组织和群团组织资源配置，培育扶持基层公益性、服务性、互助性社会组织，健全完善政府向社会组织购买服务机制，推行全域党建联盟建设。	持续推进	市委组织部、市委办公室、市委编办、市民政局、各县（市、区）
		（三）优化考核评价体系建设	9.将基层治理系统建设工作纳入经济社会发展工作目标综合考核、共同富裕评价指标体系和干部绩效考核评价三个考评维度中。	2022年7月底前	市委办公室、市委组织部、市财政局、各县（市、区）

三、深化督查考核

衢州市建立基层治理系统建设试点培育机制，并进一步鼓励工作基础好、积极性高的地方承担攻坚突破任务。衢州市还适时发布优秀实践案例，营造比学赶超氛围，例如衢州市发布《衢州市"141"体系平战衔接实操"大比拼"活动实施方案》，开展了"方案大比拼""岗位大比拼""团队大比拼""成效大比拼"等相关活动，通过这一活动让工作人员掌握工作重点、实现了"概念清、分工清、底数清"，并且优化了不同场景下的操作流程，切实提高了疫情防控能力、提升治理现代化水平。衢州市还进一步深化"县乡一体、条抓块统"改革、推进基层治理系统建设纳入全面深化改革考核内容，组织开展督查调研，掌握工作推进情况，确保各项任务落地见效。例如衢江区发布了《衢江区区乡双向考评机制实施办法》《衢江区乡镇"四维考评"指导细则》及《衢江区社会治理中心督查督办制度》等相关考核督查通知。

第五章　衢州基层治理改革创新内容：党对基层治理的全面领导

党建统领是衢州市基层治理改革创新的根本保证。坚持党对基层治理的全面领导，把党的领导贯穿基层治理的全过程、各方面，这是改革创新的根本保证。在改革推进中，衢州市积极突出党建统领这条主线，着力构建党建统领、精细化组团服务体系和"四治"融合的现代基层治理共同体，努力把基层党组织的政治优势、组织优势转化为基层治理效能。

第一节　坚持党建统领基层的治理

基层治理是整个国家治理体系的终端，也事关千千万万人民群众的切身利益。基层治理之难，不仅难在"上面千条线，下面一根针"，还难在其直面不同利益诉求的群体或个人，直接关乎人民群众的切身利益。坚持以党建为引领，把党的领导落实到基层治理各领域各方面各环节，是做好基层治理工作的方向性、根本性要求。提升基层治理水平，要坚持党建引领，通过强化政治引领、打造战斗堡垒、凝聚红色力量，推动党的政治优势、组织优势和群众工作优势转化为治理优势，把党的力量和主张传递到"神经末梢""最后一公里"。

一、推进基层治理责任体系建设

强化组织领导,压实主体责任,完善基层治理议事协调机制,县(市、区)定期召开常委会会议专题研究基层治理工作。

(一)书记抓、抓书记

时任浙江省委书记袁家军在 2020 年 10 月浙江省委第三次编委会上强调:"县乡一体、条抓块统"改革是推进省域治理现代化"牵一发而动全身"的重大改革,是浙江建设"重要窗口"的标志性改革工程。作为"一把手"工程,衢州市坚持书记抓、抓书记,市县乡村四级书记主动靠前、精心谋划,抓好改革试点工作落实。市委、市政府成立试点工作专班,由市委书记任领导小组组长;各县(市、区)委书记把试点工作纳入党委政府中心工作和年度目标考核体系;各乡镇(街道)党(工)委书记用好综合信息指挥室、两难三级钉钉群等关键平台,发挥承上启下作用;村社书记用好三联工程、乡村振兴讲堂、全科网格等载体,促进村社党组织战斗堡垒作用充分发挥。

(二)党委主动担当推进

"县乡一体、条抓块统"改革充分发挥党委总揽全局协调各方作用。建立省市联席会议制度,省市联动推进,时任浙江省委常委、秘书长陈金彪先后三次牵头召开联席会议,浙江省委改革办充分发挥牵头总作用,浙江省委组织部、省委政法委、省委编制办公室、省大数据局、省司法厅(省综合执法办)等省级部门给予全力支持。衢州市委主动扛起责任,坚持"顶层设计＋基层落地""共性＋个性""制度＋技术",不断拓宽改革思路路径,不断丰富改革内涵外延,出台 6 大体系、21 项攻坚任务,搭建改革"四梁八柱"。各县(市、区)委努力打造 30 个集成展示点,全力推动"基层治理四平台""三联工程"迭代升级,基层治理"一件事"开题破局。乡镇(街道)党(工)委围绕改革的重大事项、重点工作、重要问题协调好各方,全面提升抓党建、促改革的能力。

(三)专班融合集成推进

"县乡一体、条抓块统"改革试点工作专班领导小组下设推进办,市委副书记和组织部部长任推进办主任,市委秘书长任常务副主任,推进办下设综合指导、法律授权、执法体制、数据打通、综治工作、体系集成六个工作组。专班作为"总参谋部""总服务部",以"整体"四维推进改革一体化,以"智治"手段优化基层治理形态,以"一件事"视角创新基层治理模式,综合运用数字化技术、数字化思维、数字化认知,对体制机制、组织架构、方式流程、手段工具进行全方位、系统性、重塑性改革,努力推动"四维考评""一件事"集成改革从线下走向线上,加快形成"一网智治"。围绕"未来社区""数字乡村"两大场景,以"基层治理四平台"为纽带,推动数字社会建设与"县乡一体、条抓块统"改革互促互进,不断丰富基层治理服务应用场景。

二、提升基层行政执行能力

持续完善"七张问题清单"工作机制,深入实施"红色根脉强基工程",系统谋划党建统领基层治理的组织体系、运行机制、制度建设、要素保障。强化基层党组织选拔,巩固深化换届成果,推进乡镇(街道)领导班子和干部队伍系统性重塑,全面提升能力素质,持续增强乡镇(街道)党(工)委领导力、执行力、战斗力。依法赋予乡镇(街道)管理权限,强化其对涉及本区域重大决策、重大规划、重大项目的参与权和建议权。完善党建引领的社会参与体制,统筹基层党组织和群团组织资源配置,培育扶持基层公益性、服务性、互助性社会组织,推行全域党建联盟建设。

三、强化融合型大社区大单元治理

按照"条抓块统"要求,着眼理顺治理体制机制,确定一批情况复杂,管理难度大的融合型大社区大单元开展"上统下分、强街优社"改革试点。完善社区领导体制和组织设置、组团包联、力量下沉等工作机制,加大对问题矛盾多、治理任务重的社区选派第一书记工作的力度,打造党建统领融合型大社区大单元治理新模式。

案例 8

双港街道探索"城乡互助联盟",破解融合型大社区大单元治理难题

双港街道地处衢州市柯城区西郊城乡接合部,辖 6 个行政村、6 个社区。其中双港社区城郊社区,存在"开放式"小区多、基础配套差、人口构成复杂等问题,是典型的融合型大社区大单元。2022 年以来,聚焦融合难、服务难、治理难等问题,街道依托"城乡互助党建联盟",创新"城市社区＋强村公司"治理新模式,实现双港社区周边 40 个无物管小区全部纳入服务管理,为相关部门节省兜底运营经费近 370 万元,物业信访投诉纠纷下降 84.3%,居民满意度从原先的 57.3% 上升至 92.6%。

第一,组织融合,重塑社区治理格局。立足城郊实际,推动农村与社区共融共建,社区为农村提供发展空间,形成"党工委＋支部""社区＋公司""城市＋农村"的社区大单元治理模式。一是夯基垒台,搭建党建联盟。由街道党工委牵头,建立党建共富联盟,指导 6 个村召开村民代表会,共同注资 600 万元,实体化成立"六禾港盟"强村公司,按照"1＋5"强村带动模式,由示范村五湖村书记任公司董事长,其他 5 个村书记分别出任董事、监事,目前已常态化开展物业管理、河道保洁、人力资源等 7 个运营项目。二是领航稳舵,健全组织体系。成立"兼合式"公司党支部,建立街道班子联公司、驻村干部和公司支委联项目、党员联业务的强村公司版"三联工程",加强项目的运营指导,打通村社链接渠道,并在资源、项目等方面给予"六禾港盟"强村公司支

持和政策倾斜。三是聚合优势,深化共商共建。强村公司与 6 个社区订立联盟公约,完善议事共商机制,结成"城市＋农村"协作伙伴关系,定期召开联盟会商,搭建城乡互助、共建共治新平台。特别针对拆迁村融入社区难问题,就近、就熟将 12 名村干部编入社区网格,通过力量融合、工作融合,不断夯实网格底座。

第二,资源整合,优化小区服务管理。"六禾港盟"强村公司下设子公司"物联万家"物业服务中心,以双港社区为"基点"辐射周边片区 40 个无物管小区,提供治安巡防、上门维修、小区保洁保绿、基础设施维护等"片区化、点单式"物业服务。一是因地制宜整合服务力量。"物联万家"物业服务中心设客服、安保、维修、服务 4 个分部,中心主任聘请地域情况熟悉、群众工作经验丰富的原社区书记担任,23 名员工多数为周边 3 个征迁村富余劳动力,既解决了拆迁后社会问题,又创造了岗位带动就业。二是因需而设完善服务事项。通过需求摸排及社区兜底事项梳理,制定有偿服务 22 项、公共服务 8 类管理服务清单,实现基础性服务"三有"(乱了有保安、坏了有保修、脏了有保洁)和个性化服务"三管"(家政服务有人管、老小照料有人管、小修小补有人管),着力解决融合型社区、无物管小区居民的"关键小事"。三是因诉而应畅通服务平台。线下开通 24 小时服务热线,由客服部接听登记居民需求,线上居民可通过"邻礼通"小程序、微信群实现需求"点单",并由平台进行"派单",随时回应居民诉求。运营 2 个月以来,"物联万家"服务中心除开展日常治安巡防外,为 16 个老旧小区维护基础设施 71 处,为 57 户居民水电维修 66 次、疏通管道 15 次,对 72 处场所进行了保洁和消杀服务。

第三,发展聚合,推动城乡抱团共赢。发挥党建统领指方向、聚人心、促变革作用,搭建城市和乡村供需互动平台,最大程度整合农村、社区资源,实现城乡融合发展、村社互利共赢。一是广开来源保障收支平衡。实行市场化运作,整合双西港片区运营经费、物业维修资金、6个村的两委干部、党员编组入格协同社区干部入户,按一般居民户、社区商户100～500元分类可收取32万元物业费;挖掘双港社区3处闲置空地设置收费停车位103个,年营收可达30万元;盘活小区物业用房7间,年营收近10万元,总计确保年营收72万元用于贴补公司运营支出,保障物业中心可持续发展。二是拓宽市场助力两个增收。强村公司在为双港片区45名村民提供"就近、就熟、就便"就业服务基础上,依托城市小区有利资源,开拓民宿、茶吧、三色智能充电桩、河道保洁、运动公园运维等项目,预计年收益可达150万元。公司创收的同时,也壮大了村集体经济,带动就业村民年增收5万元以上。三是服务社区推进赋能减负。通过农村干部编组入格、强村公司物业服务,有效破解双港片区开放式老旧小区无人管、基础设施损坏无人修、居民需求无人理、社区干部无暇顾的问题。社区干部处理小区物业事务的工作量下降了近80%,网格内涉及场所管理的16项工作任务清单缩减为9项,既给居民暖了心,也给小区治了病,更给社区松了绑。

第二节　构建精细化组团服务体系

随着社会转型的加快,社会管理的面临严峻挑战,任务越来越繁重。近年来,衢州市根据上级党委的精神,全面推进精细化组团服务体系构建,在社会管理科学化、精细化方面取得了显著的效果。

一、推进基层政务服务便民化

近年来,党中央、国务院就推进审批服务便民化、"互联网＋政务服务"、政务信息系统整合共享等做出系列重要部署。衢州市按照"依法下放、宜放则放"的原则,将群众所需、乡镇能接、部门可放的审批服务权限赋予乡镇(街道)。优化便民服务方式,全面实行"乡镇一窗受理、部门分类审批、乡镇统一出件"的服务模式,推动县乡联办事项实行流程再造。强化基层服务系统支撑,推进网上咨询、受理和审批,最大限度压缩办事时限,让数据多跑路、群众少跑路。推进基层综合服务网点扩面,深化和银行、邮政等服务机构基层网点合作,加快在偏远乡镇和村居部署综合性自助服务终端机,让更多事项就近能办、多点可办、一次办好。

(一)政务服务便民化背景

政务服务便民化应群众需求而生、为解决问题而变,坚持需求导向、问题导向、效果导向,从与群众生产生活关系最紧密的领域和事项做起,在群众反映最强烈、最渴望解决、最难办的事情上突破,以实际行动增强人民群众实实在在的获得感。

1.群众和企业有需求有呼声

(1)跑腿的次数多。群众办一件事要跑多个部门、跑多次,特别是涉及多部门的审批事项,群众要分别跑各个部门,有的还要来回跑。(2)提供的材料多。企业和群众到政府部门办事,要自己收集齐审批相关材料,像送鸡毛信一样到各个部门(或窗口),一遍一遍重复提交材料。(3)等待的时间长。涉及多部门的审批事项,群众要分别跑各个部门,前一审批完成才能进入下一个审批流程,环节多、耗时长。

2.政府对企业和群众需求有回应

(1)建设人民满意的服务型政府,推进治理现代化。政务服务便民化理念贯穿于政府"放管服"各个方面,促进政府依法全面履职,群众和企业到政府办理一件事情,在申请材料齐全、符合法定受理条件时,从受理申请到形成办理结果全过程只需一次上门或零上门。(2)建立工作机制,一网响应群众需求。建立政务服务网线上线下融合机制,统一政务咨询投诉举报平台,实行"统一接收、按责转办、限时办结、统一督办、评价反馈"工作机制,一网响应群众诉求。(3)减少多头执法、重复执法,做到有效监管,形成

"部门联合、随机抽查、按标监管"工作机制,实现"放管并重"。

(二)便民服务的衢州实践

1. 以优化服务为重点,推动便民服务改革

以方便群众办事为目标,进一步优化办事服务,以实际行动增强人民群众的改革获得感。(1)服务标准大规范。过去部门办事标准不一,部分条款表述含糊、难以理解,需要工作人员凭经验把关,我们对进驻中心事项进行了全面标准化梳理,编制指南,晒出清单,大幅压减自由裁量空间,实现"人人看得懂、人人会办事"。(2)服务功能大集成。按照"群众要办理一件事"设计操作流程,制定审批流程图,使各个办事环节一目了然,并固化成制度,同时配套制定实施细则和相应考核评价办法,建立了"1+12"制度体系,为便民服务改革提供了制度支撑。(3)服务流程大提升。倒逼流程整合优化,涉及多个部门的一件事,必须重新梳理优化办事流程,推进部门集成服务,形成全过程跑一次的办理流程。(4)办事材料大精简。开展进驻事项的标准化清理,取消无法律法规依据的申报材料,取消审批流程中出现的额外环节,即反复盖章、反复办事,取消"其他材料"等含义模糊、自由裁量权大的兜底条款。

2. 以"互联网+政务"为支撑,翻开便民服务改革新篇章

随着信息化的推进和信息孤岛的打通,群众需要提供的办事材料将越来越精简,通过在数据共享和系统对接上持续发力,让每个办事群众无论在线下还是线上都能切实享受到便民服务改革的红利。

(1)全力实现数据互联互通,让群众企业"少跑腿""零证明"。通过数据交换共享平台,推进电子证照批文库和办事材料共享库的应用,多渠道拓展数据共享来源,丰富数据共享应用场景,逐步解决信息孤岛难题,实现部门自建系统与政务服务网互联互通,降低政府行政成本和群众办事成本。(2)优化网上审批办事流程,提升网上审批技术支撑能力。建立网上政务服务评价体系,推行"网上申报、信任在先、办结核验"模式和全流程网上办事,推行证照"网上申请、快递送达",推行网上预约、网上评价、网上支付、自助终端办理,推动各类网上便民服务集中汇聚,实现一站式服务。(3)全力打造掌上办事支撑,推动便民服务改革向移动端进军。通过事项梳理、系统对接、数据共享、流程优化等工作,依托统一政务服务App,以群众需求为导向,从电子签名、电子证照、电子归档等多个方面进行移动端应用技术突破,形成具有统一标准、方便使用、全流程网上办理的移动端办事模式。

3.以综合治理为抓手,推进便民服务向基层延伸

以乡镇(街道)便民服务平台为载体,推进便民服务向乡镇(街道)便民服务中心、村(社区)代办点延伸,实现问题在一线发现,矛盾在一线解决,服务就近提供。(1)一网覆盖。依托政务服务网将便民服务及综合治理、市场监管、综合执法等事项全部纳入,实现"受理、分析、流转、处置、督办、考核"一体化大闭环管理机制。(2)智慧联动。按照基层服务"一个口子进、一个口子出"的原则,立足于实现互联互通、资源整合,打造集中统一、信息共享、功能完善、智慧联动的业务协同平台。(3)全程代办。变乡镇(街道)便民服务中心为"同城通办分中心",构建"分级受理、全程代理、按时办结、优质服务"的便民通道,变村(社区)便民服务中心为"政务网受理代办点",无偿为村民代办网上申报工作,打通便民服务体系向基层延伸的"最后一公里"。

案例 9

衢州市社会保障卡居民服务"一卡通"

为深入贯彻习近平总书记在扎实推进长三角一体化发展座谈会上提出的"要探索以社会保障卡为载体建立居民服务'一卡通'"的重要指示精神,衢州市人力社保局以省、市数字化改革会议精神为核心,

深入推进衢州市社会保障卡居民服务"一卡通"项目。该项目以第三代社会保障卡为载体,通过芯片智能化、功能多元化等手段,推动智慧技术在公共服务领域的推广应用,实现交通、医保、社保、文旅等领域的民生服务"一卡通"。

(一)案例背景

一是坚决贯彻习近平总书记重要指示,落实中央、浙江省有关文件要求的自觉行动。2020 年 8 月 20 日,习近平总书记在安徽合肥"推进长三角一体化发展座谈会"上指出,要探索以社会保障卡为载体建立居民服务"一卡通",在交通出行、旅游观光、文化体验等方面率先实现"同城待遇"。人社部、浙江省人社厅先后下发文件,对这项工作做出具体部署。衢州市也充分发挥社会保障卡(含电子社保卡)覆盖人群广、服务渠道多、线上线下融合应用的优势,加快推进居民服务"一卡通",为持卡人提供全方位、便捷化的公共便民服务。

二是坚持需求导向、破解数字鸿沟等问题的现实需要。群众普遍反映,日常生活中卡多、不便携带,容易遗忘;各类应用万"码"奔腾(码多),数据不互通,不利数据使用和归集;老年人、残疾人等特殊人群使用手机存在数字鸿沟;各类特殊人群在公交、文旅等公共服务领域优惠政策兑现上缺乏统一载体。针对以上痛点难点问题,坚持以提升治理能力和群众获得感为目标,以需求为导向,推进居民服务"一卡通"落实落地。

(二)案例做法

第一,构建 V 字模型,集成综合应用。根据数字化改革要求,梳理出 5 项一级任务、32 项二级任务和 141 项三级以下任务。依据事项确定 20 个部门协同单位,明确了 7 项指标、24 项数据集成清单、12 项系统集成清单;梳理了业务流程,确定了数据集成流程,集成"一卡通"综合应用。第二,谋划多跨协同,解决实际问题。谋划构建"一卡、一码、N 项服务、一体系",形成横跨交通、文旅、医疗等民生部门的居民服务"一卡通"综合服务应用。通过整合各类卡、码,为老百姓提供便捷、安全的生活出行统一介质;通过改善卡的易用性,降低老年人数字鸿沟;通过各类优惠政策兑现整合,实现特殊人群待遇优惠服务。第三,融入数字社会,形成全周期服务。利用三代社保卡的身份认证、医保、金融以及自定义功能,集成应用于就医购药、交通出行、文化体验和旅游观光及民生保障等居民服务领域,将社保卡记录一生、保障一生、服务一生的理念贯穿于数字社会"12 个有"全领域,实现开放式、全周期服务。

(三)案例成效

1. 案例突破性

(1)壁垒打通,拓展服务。第一,打破行业部门壁垒,实现"功能通"。改革前一张卡社保卡功能比较单一,以医保和金融功能为主。改革后集成了公交出行、文化体验、旅游观光、身份认证等更多领域的功能,实现了一卡多用。第二,打破行政区域壁垒,实现"区域通"。改革前各类功能卡使用场景受区域限制,如原来的公交卡只能在县域使用。改革后,不仅可以在市域内、省域内甚至可以在全国范围内使用,实现了全国通用。第三,打破线上线下壁垒,实现"对象通"。改革前,没有一张卡或一个应用既可以满足年轻人群体,又适用于老年人等特殊群体。改革后,以社保卡全国覆盖特性和电子社保卡高签发率为支撑的居民服务"一卡通",既满足了年轻人使用智能手机习惯,又破解了特殊群体数字鸿沟问题,实现了人人享用。

(2)流程再造,优化服务。改革前各类特殊人群办理乘车、旅游等各类优惠服务,需要去不同部门办理;改革后,只需去任何"一卡通"服务网点,就可一次办理。

(3)技术创新,智能服务。改革前政府各类政策待遇发放,存在因群众"不知情""不记得""不会办"等原因错失待遇享受。改革后,采用人工智能数据分析,提前演算出被服务对象清单,实现服务主动化、智能化。

2.案例实效性

(1)政务服务不断优化提升。衢州市已发行社保卡277万张,电子社保卡签发率超70%,一卡通服务人群实现全覆盖,并通过社保卡实现身份凭证、信息记录、缴费和待遇领取等123项功能。2021年以来,全市各领域通过社保卡发放补贴资金300多项,金额超过13亿元,惠及105万人次。

(2)三大场景实现全市应用。文旅场景,全市18家景区、3家博物馆、7家图书馆和39家南孔书屋,儒学馆、孔庙等文博场馆均已实现社保卡购票、入馆(园)、图书借阅等功能;交通场景,全市范围内可凭三代社保卡乘坐公交车,并且可以在全国300多个城市刷卡乘车;医疗场景,凭第三代社保卡可享受医院就医"一次刷卡、两次结算"服务(基金部分和自费部分),实现医疗费用一站式结算。

(3)数据资源有效整合应用。一方面,通过多部门数据共享,实现政策优惠人群数据实时更新、政策统一配置、待遇精准兑现。另一方面,通过AI智能对历史数据进行计算,演算出目标人群清单,为居民提供从出生到死亡全生命周期的智能和主动服务。截至2021年9月,累计服务超10万人次,服务总金额超3亿元。

3.案例示范性

社会保障卡居民服务"一卡通"项目以全民持有全国通用的社会保障卡为载体,以满足群众高品质生活需求和实现社会治理现代化为导向,按照数字化改革要求的V字模型进行分解,谋划多跨协同,形成横跨交通、文旅、医疗等民生部门的居民服务"一卡通"综合服务应用,为社会空间所有人提供全链条、全周期的多样、均等、便捷的社会服务,为社会治理者提供系统、及时、高效的管理支撑,发挥"民生服务＋社会治理"双重功能作用,让城市和乡村变得更安全、更智能、更美好、更有温度。其具有可复制性,可在四省边际、长三角,甚至全国推广建设。

二、深化做实"三联工程"

衢州市持续深化党员联户、两委联格、组团联村"三联工程",持续推动市委领导挂联县(市、区)、县级领导挂联镇街,推动市县部门和乡镇(街道)干部、村两委干部、党员走乡包村、包网入户。全面推行"点兵点将、一点就办"机制,引导各类治理资源下沉下放,纾困解难。健全完善"三联工程"考评管理机制,动态调整组团服务队伍,激励推动组团力量沉下身子、扎根基层、真情服务。

截至 2021 年 1 月 13 日,衢州市在 1482 个行政村构建了 3742 个网格支部,75061 名各级党员下沉到村(社)一线,走访联系群众,帮助解决实际问题,以服务实效增强基层党组织"向心力"。

"组团联村",打通部门壁垒、资源下沉下放。坚持"一村一组团",市、县(市、区)586 个部门 3468 名机关党员干部,一人一村担任组团成员,每个"周二无会日"全天脱产驻村服务。由派出部门"一把手"担任组团领队,挂联部门党支部与村党支部结对共建,组织党员干部常态化到挂联村开展联村(社)服务,实现机关部门力量全面统筹下放。如,疫情防控期间,按照"市级领导包片负责＋市直部门包干社区＋区直部门包干小区"模式,2800名市、区两级机关部门干部下沉社区开展"包区清楼"行动,与社区党员干部、志愿者组团协同战"疫"。目前,市县两级组团成员帮助结对村(社)谋划实施民生服务项目 326 个,争取资金 7.3 亿元。

"两委联格",干部入格服务、一线带头攻坚。在村党支部的基础上,进一步下沉一级,在全市 1482 个行政村、106 个社区全面建立网格支部(党小组),8978名村(社)两委干部全部入格服务,网格支部按照有议事场所、有鲜明标识、有运行制度、有相应设施、有工作经费实体化运行,推行"组团联村日""网格支部活动日""民情沟通日""乡贤议事日""中心工作克难攻坚日""市领导六个一联系日"六个日制度,包干负责网格内矛盾化解、便民代办、农房整治、项目建设等工作,密切村级党组织、党员干部与基层群众的血肉联系。目前,已代办服务24.2万起,帮助调解矛盾纠纷4.8万件,从中择优确定"一肩挑"人选891人。如,江山市上余镇垃圾发电项目2020年曾因处置不善引发群体性事件,江山市委推行两委联格阵地包干机制,6个网格2273户群众工作全部由网格党小组包干,逐户做好思想转化,最终实现了垃圾焚烧发电项目原址原建、平稳落地。

"党员联户",上门入户包事、为民排忧解难。发动全市75061名村(社)党员的力量,每名党员就近联系8~10户群众,全面推行联户"五上门"机制,即"群众生病要上门看望、群众红白喜事要上门帮忙、群众有矛盾要上门劝解、群众有不满要上门疏导、群众有突发事件要上门解难",联户党员每月一次电话联络、双月一次固定走访,帮助基层群众排忧解难,推动了解掌握群众户情,在一些大战大考中经历了实战检验。目前,已入户走访165.8万人次,化解信访积案2102件,推动干群心连心、零距离。如,2021年8月超强台风"利奇马"过境衢州,衢江区举村乡联户党员逐户劝离,处于危险地带的78名群众出于对联户党员的信任跟随转移,在整个村庄几乎不复存在的情况下,未发生一起重大人员伤亡事故。

案例 10

龙游县"三联工程"数字化应用

2021年1月,衢州市委组织部在龙游县先行开展"三联工程"数字化建设试点,探索开发"三联工程"数字化应用平台。全方位融入

"县乡一体、条抓块统"改革试点工作，拓宽信息收集渠道、提高事项流转处置效率，重塑业务流程、工作机制和考评体系，上下对接打通、形成闭环管理，以数字赋能党建统领基层治理，为高质量建设四省边际共同富裕示范区提供党建保障和平台支撑。

（一）案例背景

2010 年 3 月，时任中共中央政治局常委、中央书记处书记、国家副主席习近平对衢州"三民工程"做出重要批示，称"三民工程"为"寓管理于服务中，寓监督于参与中"的创新之举。2019 年，衢州市委在七届七次全会上重点部署实施了以党员联户、两委联格、组团联村为主要内容的"三联工程"，将其作为党建统领基层治理的一项重要机制性抓手，在全市推行。

近几年来，"三联工程"在疫情防控、项目落地、应急解危等大战大考中成效显著，但由于涉及面广、人多事杂，在实践中逐步暴露出三方面问题：一是从需求侧看，诉求上达及解决问题慢。群众需求上达渠道窄，网格员、村书记等少数人无法满足群众繁杂的诉求流转处置需求，导致小矛盾"无人理"、大矛盾"无能理"，问题介入处置速度慢、结果反馈过程长的情况，群众的获得感、满意度提升未达预期。二是从供给侧看，规范落实、精准考核难。传统的随机抽查、现场督查方式，不仅费时费力，还无法动态及时了解"三联工程"规范化标准化要求、迭代升级措施在基层的落实情况、作用发挥情况，以及各级组团干部、村两委干部、联户党员的表现，导致考核、排名不够精准客观，急需通过数字化变革推动工作提效升级。三是从改革侧看，未实现闭环管理、融合。现有的乡村治理运行链条尚未实现闭环运行，整合信息途径、服务力量等方面存在较大不足，并且与乡镇综合指挥室（基层治理四平台）没有无缝衔接，迫切需要打通融合。

（二）案例做法

在改革实践中，龙游县围绕需求导向，按照可复制、可共享要求，在 V 字模型架构下，开发建设"浙里党群心联心"（三联工程）数字化应用，通过数字赋能，推动"三联工程"迭代升级，重点突破以下三个方面：

第一，塑两大核心系统，场景应用更加多元立体。把发展和治理建立在网格化、信息化的底座上，从现实需求出发，重塑任务、指标两大系统。一是任务系统。把党员联户、两委联格、组团联村三项业务进行颗粒化拆解，确立三级任务 15 项、四级任务 33 项，尤其是从治理维度和百姓视角出发，创设了党员联户双向选择、两委联格微事快办、组团服务"点兵点将"等个性化服务载体。全县 15 个乡镇（街道）、263 个行政村和 10 余家重点部门逐级受领任务，形成纵向到底、横向到边的职责体系。二是指标系统。对照任务清单形成指标系统，确定了走访服务率、重点信息上报数、联户好评率等 15 项指标，制定联户分、联格分、组团分三项积分标准，按月生成"红灰榜"。同时，按照指标逐一梳理负面工作清单，倒逼党员干部履职尽责。

第二，重构一套闭环流程，为民服务更加便捷高效。综合运用"一件事"集成改革思路，通过供需对接、流程再造，紧盯需求收集、任务派发、分流处置、上报四平台、评价反馈等关键流程节点，打造具有"5 个变"特点的数字服务方舟。在任务派送上，变"多头交办"为"一口子出"；在服务内容上，变"应付服务"为"精准服务"；在办理时效上，变"滞后办理"为"即发即办"；在多跨协同上，变"求助无门"为"送需上门"；在问题处置上，变"单一处置"为"高频预警"。群众办事只需要在平台上"点一点"，任务清单一键智达，"三联"成员、乡镇模块、联系部门跟进服务，形成"按需成单—精准派单—线上接单—科学回单—跟踪评单"的工作管理闭环。

第三，建强三大功能板块，数字参谋更加科学精准。在摸排 7 大类数据需求、32 个数据项,打通 5 套跨部门、跨层级系统,构建数据系统集成平台的基础上,丰富拓展"分析""评价""预警"三大功能板块,打造全景式数字参谋,通过深挖数据价值,实现智慧研判,推动工作前置、服务聚焦、机制优化。一是分析功能。通过关键热点词汇分析,形成群众关注热点清单,对群众关心关切事项"一网集成",对重点热点事件"一键研判"。同时根据一段时间的数据分析,形成乡镇(街道)、村、网格工作区域形势及面上各项业务工作的推进情况。二是评价功能。从服务指数、堡垒指数、先锋指数三个维度,有效掌握"三联"是否到位、服务质量好坏、服务效能高低,做到"一屏掌控、一目了然",该功能和指标系统关联,系统对每名党员、每名两委干部、每名组团成员的现实表现赋予量化积分,乡镇党委借此开展奖优罚劣。三是预警功能。对工作完成度较差、质量不高、时效拖延等情况,实现实时预警提醒,相关信息在数据参谋上精准展示、实时滚动,如党员联户,系统会按照"每月 15 号前联户率达到 30%、每月 20 号前联户率达到 80%、每月 25 号前联户率达到 100%"的要求,定期向乡村两级预警,督促工作及时高效完成。

(三)案例成效

1.案例实效性

"浙里党群心联心"(三联工程)运行以来,龙游县共发布完成"三联"任务总数 42754 件,其中联村任务 11046 件、微事快办 27773 件、难事协办 1881 件、其他 2054 件,群众"三联"满意率从原先的 60% 左右跃升至 95.6%。

在改革实践中,龙游县注重把场景应用开发与流程再造、制度重塑和整体推进统筹起来,以数字化赋能推动更深层次、更广领域的全方位变革,创新成效突出。一是服务模式更高效。依托"浙里党群心联心"(三联工程)数字化应用科学设置角色功能定位,明确了党员联户、两委联格和组团联村的事件流转小闭环和对接打通基层治理"四平台"的大闭环运行模式。相比改革前,解决群众民生小微事项实现了"四个减":减环节(处理环节从线下平均4步减为线上2步)、减时长(从平均5天缩至最长2天)、减材料(纸质材料"零报送")、减矛盾(小微矛盾上行率下降60%)。二是机制制度有创新。形成了党员联户双向选择、两委联格微事快办、难事协办、组团联村点兵点将等6项常态化机制,创新建立重点户骨干党员联系和"三联"问题负面责任倒查等机制。三是群众评价更满意。进一步深化基层治理"村情通十全民网格"实践成果,积极探索"全民网格一网智治"的衢州模式。聚焦源头治理,通过"浙里党群心联心"(三联工程)农户智联、事件智办、清单智盯、指数智考、预警智报,实现群众平时有人联、困难有人帮、诉求有人跑、矛盾有人调,让人民群众切实感受到基层治理现代化建设的实惠和好处。完善衔接机制,灵活应用"全民网格一网智治"理论成果,压实政治责任,明确职责分工,助推建设人人有责、人人尽责、人人享有的基层治理共同体。

2.案例示范性

"浙里党群心联心"(三联工程)采用基于四横三纵的技术支撑(云、数据、业务、端),运行构架是"一号两端",面向百姓的是微信公众号,直接关注就能使用,简单便捷;面向工作人员的是手机浙政钉端、PC端,整体依托"政务云",具有可复制、易推广的特点。

"浙里党群心联心"(三联工程)已向浙江省IRS数字一体化平台申请共享组件,现在已申请打通浙政钉—组织架构、浙政钉—定位轨迹、浙政钉—消息通知常用组件3个。双向打通基层治理"四平台",业务协同、数据共享,实现县乡村户扁平一体、高效联动,群众反映的问题90%以上在村办结,实现"小事不出村、大事不出乡",打通基层治理的"神经末梢",具有良好的推广使用价值。

三、发挥乡村振兴讲堂综合服务功能

2019年以来,浙江省衢州市聚焦"主题教育主阵地、乡村振兴主平台、基层治理主载体"的功能定位,在全市兴办乡村振兴讲堂,破题新时代农村党员教育,努力打造一支思想政治素质好、创业带富水平高、群众工作本领强的基层党员骨干队伍,深化"乡村振兴讲堂—村情通平台建设",集成下放涉农政策和民生服务事项,拓展乡村振兴讲堂矛盾化解和文明培育功能,着力打造服务乡村振兴综合集成大平台,为乡村振兴和基层治理提供有力保障,取得了显著成效。

一是重构体系,让资源要素活起来。以乡村振兴讲堂为枢纽平台,对农村党员教育体系进行优化重组。在资源阵地上,打通融合乡村振兴讲堂与新时代文明实践站所、党群服务中心等基层各类阵地,整合涉农教育资金336项7500多万元,教材11大类1200余种,各类师资3200余人,实现一个阵地、一套人马、一个体系、一张课表运行。在架构体系上,在地方高职院校配套开办乡村振兴学院,建设乡村振兴融媒体中心,打造49条乡村振兴党建示范带,实施乡村振兴特色人才发展计划,让农村党员教育形成了从教材供给、人员培训到作用发挥的完整闭环。在管理机构上,成立党员教育管理工作协调小组,建立副县级的新时代党员教育中心,以专门机构实现对党员群众教育管理工作的统抓统管。

二是精准"滴灌",把教学群体分开来。依托讲堂建立学习贯彻习近平新时代中国特色社会主义思想"第一课"制度,把思想政治教育列为每月必学内容。同时,结合地方红色资源特别是总书记走过的地方,开设相应的课程,比如开化县金星村开设"初心讲堂",常态化讲授"总书记的金星情"党课,成了当地有名的网红打卡点。在此基础上,细分群体、精准教学。坚持因人施教,逐村按照创业党员、流动党员、年老党员等不同群体分类建档,再有针对性地安排教学内容。对流动党员,通过讲堂定期发送学习材

料;对年老体弱党员,专门组建568支"送学服务团"上门帮学。

三是聚焦短板,把带富能力提起来。关注创业带富能力培育,组织农村党员学习蓝莓、中草药种植,清水鱼、飞鸡养殖等实用技术,孵化特色产业。衢江区湖南镇蛟垄村有小黄姜种植传统,村里开办"衢姜"讲堂后,围绕小黄姜种植、储藏、销售等环节开展创业系统辅导,新发展党员种植户26家,带动村里80%的农户种植小黄姜,亩产量提升2000斤,户均增收近8000元。抓住电商直播风口,依托讲堂综合体成立"村播"学院,与阿里巴巴集团合作实施"村播"计划,农村党员带头开办村播直播间180多间,带动"一村一主播"培养,实现了手机变农具、数据当农资、直播成农活。跟进配套政策资金支持,在讲堂里投放种养殖、文旅发展、资金补助等创业扶持政策,并联合衢州农信联社开展无抵押信用贷款,帮助农村党员解决创业启动资金8.3亿元。

四是数字赋能,把管理服务做实。市级层面统筹建设乡村振兴讲堂大数据管理平台,累计上线思想政治、产业发展、基层治理、有礼知识、法律法治等10大类共享讲师3280人,以及思政、种养、电商、文艺、法治等精品教学课程1100多部。县级层面整合各类涉农App,全市域一体化打造"乡村振兴讲堂·村情通",注册用户超过150万个。市县平台上下贯通、一体集成,既可以线上点播课程,也可以预约讲师线下上课。讲师授课情况还可以在线评价。每个讲堂的课程类型、开课数量、参学人数在大数据管理平台上一目了然,讲师授课和学员学习情况能自动形成积分。目前,通过积分已评选出五星讲师102人、学用之星652人。

通过乡村振兴讲堂,截至2021年7月9日,衢州市四个后进村信访量从49件次下降到8件次,群众满意度从45%上升到96%。这一降一升的两个对比,是衢州4个后进村在乡村振兴讲堂连续组织19场教育课后的真实写照。据悉,自讲堂开办以来,1100多名市县党员领导干部走进讲堂开展"三服务",与党员群众一起协调办理民生实事960余件,调处信访矛盾纠纷 2600 多起。除了调纠纷、促整转，乡村振兴讲堂也在帮助老百姓办实事、解难题上做了更多探索。打开"乡村振兴讲堂·村情通"App，村民只要在"点兵点将"子模块点一点，就可以直接提交意见和诉求，进行"点单式"服务。在峡川镇东坪村，81 岁的老农胡水英苦于家里缺劳动力，望着地里的油菜一筹莫展，"点兵点将"平台派单后，衢江税务局的 27 名党员干部迅速行动，利用半天时间将她家的油菜全部收割完毕；石街道姜家坞村的村民很想请一名排舞老师，在平台"点将"后，隔天市交通局就派了党员干部来到村里创作节目；全旺镇黄毛畈村的农户想搞一片蔬菜基地，接到派单后，衢江区农业农村局专家第二天就来到村里，为农户检验土壤成分，指导村民种植。

"通过收集、分析、派单、结单、反馈的闭环模式，将收集到的基层需求清单进行集中研判，再由区委组织部统一派发点将清单，问题得到解决视为结单，之后村社组织对点将服务工作进行评价反馈。整个过程就像网上购物下单一样方便。"相关负责人介绍，被点将部门，将获得相应的工作实绩记录，年度内的点将服务结果纳入年终考核。

四、落实"周二无会日"联系服务制度

衢州市为健全完善"周二无会日"服务机制，市县乡三级每周二原则上不安排会议，将这一天作为"组团联村日""网格支部活动日""民情沟通日""乡贤议事日""中心工作克难攻坚日""市县领导下访接访日"，常态化到挂联村（社）开展联系服务活动，帮助推动基层组织建设、矛盾纠纷化解、公共设施改善、乡村振兴发展。以衢江区衢州市柯城区衢化街道办事处"周二无会日"制度为例。

（一）定概念

每周二（工作日），街道不安排各类会议，不安排其他各类检查考核活动，不干扰影响组团联村（社）、入格服务。"周二无会日"就是"组团联村服

务日""网格支部活动日",还可以把"周二无会日"与"支部主题党日""民情沟通日""乡贤议事日""中心工作克难攻坚日"等结合起来,丰富活动内容。

(二)定时间

每周二(工作日)当天报到,开展全天服务。如遇上级安排会议活动,则顺延一日。

(三)定人员

按照区里统一部署,明确"领队＋团长＋团员"的组团标准,区领导担任联系乡镇(街道)"组团联村(社)"服务团的总领队。每个服务团设团长1名,成员若干名,乡镇(街道)班子成员担任团长,其他乡镇(街道)干部、部门派驻平台力量、第一书记、生态(农村)指导员、社区指导员等担任组团成员。各组团成员在"周二无会日"全天到村(社)开展服务。

(四)定方式

各团要建立钉钉群或微信群,做到"一团一群",实时沟通交流。每个周二,团长或团里的联络员要提前通知全团人员,于统一时间、统一地点集中报到。其中街道班子担任多个村团长的,或者街道干部(平台力量)跨村担任组团人员的,要合理安排到村的先后顺序,确保周二当天进村全覆盖。

(五)定职责

通过"周二无会日",联村(社)服务团要明确"四个四"的服务标准,即:加强基层党建做好"四个推动"(推动制度落实、推动队伍培养、推动场所建设、推动后进整转),进村入户当好"四大员"(宣讲员、调解员、信息员、服务员),指导网格管理做好"四个协助"(协助收集民情民意、协助维护公共安全、协助解决民生难题、协助营造晴朗风气),围绕中心工作干好"四件事"(农房体系构建和风貌提升、衢州有礼文明传承、发展集体经济、跑一次改革在基层落地)。按照"共性＋个性"的原则,建立服务清单。

(六)定要求

(1)各服务团要把"周二无会日"作为一项明确的制度、严肃的纪律,学懂弄通做实。先下去、再做实,不允许不下去。要将服务团成员的姓名、职务、服务特长、联系方式等信息在党建文化长廊、党务公开栏等醒目位置公示。(2)建立钉钉签到考勤制度,组团联村(社)人员遇特殊情况,不能到村(社)的,履行请假手续,以钉钉或书面等形式,提前向团长和村(社)书记说明情况。(3)通过"周二无会日"把基层情况摸清楚,收集基层的大数据,做到"村情户情门门清、大事小事事事明"。各服务团团长要认真记录在团长日志,其他组团人员要记录在服务日志,坚持人手一本、每次一记。(4)把落实"周二无会日"制度作为村社堡垒指数考评的重要内容。(5)到村社开展组团服务时,各组团人员要把更多的精力投入现场一线,把更多的"会议"开到田间地头、开到农户家里、开到网格里,做到"来时一支笔,去时一身土,听时一颗心,干时一腔血",切忌走马观花、蜻蜓点水。(6)每个星期一之前,各驻村(社)干部谋划好下一周组团服务的主题(不少于2个)并上报至街道组织办。

表 5.1　组团联村(社)服务清单

序号	项目	主要内容
1	开展政策宣传和思想教育	以开展"不忘初心、牢记使命"主题教育为契机,重点宣讲党的十九大精神、习近平新时代中国特色社会主义思想、浙江省委决策部署、市委"1433"战略体系、区委重大会议(重要文件)精神等;重点宣传农民建房、"最多跑一次"改革、征地拆迁、文化文明、创业就业、社会保障、发展集体经济等方面政策。其中,团长、第一书记每季度为联系村(社)上1次党课
2	推进网格治理	每名组团人员入驻1个网格开展服务,协助收集民情民意、维护公共安全、解决民生难题、净化社会风气。担任网格指导员,指导"周二无会日"与主题党日、民情沟通日等融合;指导落实网格支部(党小组)"五有"要求;加强"一长三员"的考核管理,培育优秀网格员和"示范网格"

续表

序号	项目	主要内容
3	开展村社换届"回头看"	指导开展换届"回头看",对村社干部的述职进行评议;严格执行村社干部"十条铁规",落实村干部不得插手本村项目工程建设"六禁止六不准"要求,用好村社干部"三色"考评制度;帮助培养1~2名村社主职干部后备干部;指导完善村社党组织堡垒指数考评机制,帮助制订"一村(社)一策"整改方案,推动后进党组织整顿提升
4	推进重点工作落到实处	紧扣"活力新衢州、美丽大花园"建设,帮助制订1个村社发展计划,争取发展项目、落实发展资金、协调解决重难点问题;帮助推动农民建房服务体系重构和乡村风貌提升、优化营商环境、"衢州有礼"文明传承、发展集体经济(帮助培育1个集体经济发展项目,巩固和提升"消薄"成果)、最多跑一次改革在基层落地
5	指导支部标准化建设	指导落实"浙江二十条""衢州三十条",严守党支部"十二条底线";指导村社书记每年领办2个书记党建项目,执行"三会一课"制度、开好组织生活会、农村党员家庭户"挂牌亮星"、至少每半年开展1次党员先锋指数考评、修订村规民约(社区公约)、做好重大事项决策"五议两公开"和"三务"公开、培育一村(社)一品等工作;参加支部主题党日活动、两委干部联席会议、党员大会、村(居)民代表大会等重要会议或活动
6	开展志愿服务	结合全国文明城市创建,深化党员进社区志愿服务,在职党员至少认领1个服务岗位,每年志愿服务时长不少于12小时;每人每年至少为联系村社兴办1件实事或好事,加强对困难户、信访户、独居老人、留守儿童等重点户关爱帮扶,建立"一对一"联系帮扶,尽力提供便利服务
7	开展"走村不漏户"活动	上门发放联系服务卡,入户听取意见,反映民生诉求,协助参与矛盾调处;组团成员每人至少联系1户困难户(信访户、独居老人或留守儿童),并做到每季度不少于1次走访;每个组团全年至少走访农户1遍;对白天外出的农户(居民),探索夜访活动;对外出务工的农户(居民),借助电话、微信等加强沟通。在此基础上,组团人员要绘制"民情地图",帮助更新民情档案,撰写"民情日记"
8	指导党员发展和管理	指导制订发展党员计划,规范发展程序,无青年党员的,帮助培养1名35周岁以下的入党对象;参加主题党日、网格支部(党小组)活动,每月听取党员联户情况;落实党员管理"十条红线",引导党员带头做好农房整治、拆违治乱,稳妥推进不合格党员处置

序号	项目	主要内容
9	推进村社党群服务中心建设	指导村社便民服务中心统一升格为村社党群服务中心,建好党建文化长廊,落实村干部坐班值班和全程代办制度,推进"一窗受理"向村社党群服务中心延伸
10	其他个性事项	根据联系村社实际情况,因地制宜提供个性化的服务

第三节　建设"四治融合"治理体系

在基层治理体系建设试点示范工作中,衢州市以高质量发展建设共同富裕示范区的定位要求,以率先实现基层治理现代化为目标,大力构建自治、法治、德治、智治"四治融合"的治理体系。

一、健全村(居)民自治机制

第一,衢州市通过完善自治体制机制,盘活基层自治力量。衢州市建立健全了重大事项决策"五议两公开"、村(居)民代表大会等机制,推广户主大会、"请你来协商""村情报告会"等基层民主协商形式,推动民情上得来、服务落得下。创新乡贤理事会管理新模式,畅通乡贤参政议政渠道。一是严格按照《村民委员会组织法》规定,通过真正的民主选举来建构村民自治体制。《村民委员会组织法》规定的村民自治体制包括村民会议、村民代表大会、村民委员会及村务监督委员会。村民会议或者村民代表大会是乡村最高权力机构,村民委员会是一个类似于行政机构的执行机构,村务监督委员会行使监察权。要做好权力机构、执行机构和监督机构的权力配置,发挥党的基层组织和政府的重要作用,避免黑恶势力影响与控制乡村基层政权组织。二是形成对自治组织内部的制约机制,建立村民委员会召集人制度,由召集人负责召集村民代表会议、村务监督机构会议。党的基层组织负责人可以作为村民会议的一个召集人,体现出党对基层的领导作用。村民会议对村民委员会有任免权、决定权、选举权、监督权,党的意志可以通过村民会议体现出来,这里就把党的领导与村民自治结合起来了。三是在村民委员会下面分设不同职能的委员会。除了治安,根据纠纷多元化和需求多元化的实际情况,可以在村民委员会下面适当多设立一些专门委员会,多一些代表参与进来,充分调动发挥群众的自治积极性。四是发挥社会组织和团队的力量。在基层中有很多社会组织和志愿服务团队,这些都是重要的社会力量。由于民间组织体系不具有很强的组织性,如果被错误引导,这些组织团体可能会产生很多矛盾和冲突;如果组织得当,则可以发挥很好的正面作用。

第二,制定和完善自治规范,强化村规民约。一方面,衢州市根据各地的不同实际情况,制定了适合各地特点的自治规范。各地的县政府、乡政府积极引导社会组织参与基层治理,培育并发挥服务团、文体协会、调解组织、志愿者队伍等社会组织作用,全面提升社会组织活跃度。另一方面,衢州市积极强化村规民约的规范作用。除了依靠法律条例规定,还积极发展村规民约,就治理中的新情况新问题及时进行调整规范。村规民约,其实就是基层群众之间的契约。强化村规民约,就是强化基层群众的契约精神,在大家都认可遵守的规则框架内,开展基层治理。同时,通过在村规民约中引入与现代法律体系相衔接的司法服务条款的模式,既引导村民在既有的村规民约中开展自治,同时又回应了村民对现代法律的制度需求。

第三,搭建了群众参与自治的平台。创造自治平台,多给群众参与自治的机会。目前,衢州市出台了村民议事会、掌上服务平台、阳光议事厅、"和事老"协会等形式的组织平台。这些平台各有特色,能够解决群众间的一些专门问题,有利于释放群众自治活力,降低治理成本。以衢州市"邻里通"为例,衢州市聚焦社会力量精准对接社区需求,依托"邻礼通"基层治理平台,嵌入"五社联动"模块,覆盖全市 100 余个城市社区。截至 2022 年 4

月,已集聚社会组织 435 家、持证社工 787 名、志愿者 1007 名,发布社会慈善资源 467 条,累计投入资金 600 余万元,认领开展矛盾化解、为老服务、困难帮扶、儿童照护等各类社区服务活动 346 场次,受益居民 2 万余人次。"社区、社会组织、社会工作者、社区志愿者、社会慈善资源是相互独立的个体,如何整合资源、凝聚共识,用好社会力量,关键在于做好链接文章。"衢州市民政局社会组织管理中心负责人说,为破解社会力量在助力共同富裕过程中资源分散、信息不畅、路径单一等问题,衢州市民政局还将探索打造"五社助共富"数字化应用,进一步打通民政、人社、妇联、残联、农业农村、供销社等 15 个部门数据,联通社会资源和百姓共富需求。

第四,增强服务功能,强化服务型治理。基层自治不仅需要管理,更需要服务。衢州市不仅大力发展经济,为基层建设提供充足的物质基础和财力支持,还进一步完善服务设施,组建服务团队,为基层建设提供良好的硬件和人才。并建立健全服务的激励机制和奖惩机制,采用服务积分的方式调动村民参与自治活动的积极性,比如村民参与自治活动一次打几分,以积分在资源分配时享受一定的优惠或者优先待遇,享受一定的奖励等。

案例 11

衢州江山清湖街道:凝聚乡贤力量共建美丽清湖①

清湖街道坐拥独特"码头文化""商贸文化""船帮文化"而孕育出杰出人才及深厚底蕴。正是基于用好"清湖卸倪"这一宝贵人才资源,护好"丝路首镇"这一宝贵历史文化,积极响应两级市委部署要求,在江山市委统战部倾力指导下,坚持以党建统领为根本、统战助力为依托,打好乡情牌,筑好雁归巢。

---

① 衢州江山清湖街道:凝聚乡贤力量,共建美丽清湖,http://www.qxzh.zj.cn/art/2021/4/12/art_1228990664_58905335.html.

2018 年 11 月 26 日,拥有 46 名理事和成员的清湖首个村级乡贤理事会在清湖三村自发组成,完成从无到有的蜕变。2019 年 11 月 29 日,清湖三村乡贤理事会扩容升格,目前已成立覆盖周边的清湖码头乡贤理事会,利用占地约 1000 平方米的原镇党群服务中心,打造出集乡贤馆、清湖书院、乡贤讲堂、乡贤长廊、红色记忆馆等为一体的乡贤阵地、统战之家,搭建了形式丰富多样的服务平台。

发挥乡贤的产业兴村作用。清泉村通过乡贤回归计划,将在外从事电商的乡贤引进回村,密切电商企业和党员群众关系,打通了农特产品和电子商务之间、农民群众和广阔市场之间的通道,首创清泉"农商通"模式。全村 300 多户人因此走向农村电商致富路。村民年人均纯收入从 2007 年的 1480 元提高到 2019 年的 28530 元,村集体经济收入从 2007 年的零收入到 2019 年的 100 多万元。

发挥乡贤的文化育村作用。充分激活乡贤人才资源,开展文化进村活动,丰富群众文娱生活,起到良好的宣传效果。据不完全统计,2021 年以来,由乡贤自发组织参与的文化进村活动多达 15 场次,参与村民 3000 余人次。街道紧紧扭住乡情、乡恋、乡愁情感纽带,大力倡导乡贤有情怀、有担当、有作为,引导乡贤更好地投身乡村振兴和乡村治理。乡贤文化是中华优秀传统文化的重要组成部分,是别具乡村地域特色的文化缩影,透过乡贤文化不仅可以感知传统道德风采,还可以领略社会文明力量。对于培育弘扬乡贤文化,清湖街道始终保持专注,坚持在传古颂今中助推乡风文明,推动保护与开发并重。街道充分发掘优秀传统文化。《老清湖谈古天》等一部部反映清湖历史文化的精华著作相继问世,生动再现了清湖的古城文化、名人文化、宗教文化、民俗文化、移民文化、民间传说和古建文化。酱油酿造、蜡烛、扎纸、编蓑衣、豆制品等传统手工技艺在一代代中传承下来。

发挥乡贤的治理安村作用。有效激发乡贤威望和社会阅历,帮助化解信访问题、家庭矛盾、邻里纠纷,促进农村和谐稳定。目前,街道共有乡贤调解员 27 名,累计调解矛盾纠纷 10 余起,"微事不出格、小事不出村"渐成现实。

发挥乡贤的公益扶村作用。鼓励乡贤善心义举,广大乡贤以自身的无限担当和无私奉献垂范乡里、涵育文明乡风,形成了向上向善正能量。

案例 12

三份"红手印"创举衢州版"小岗经验"①

衢州市柯城区双港街道白凉亭自然村,是衢州版"小岗经验"的发源地,是衢州市以"红手印"决议书打开基层治理和农房"拆改建"结合新局面的创举地,也是衢州市党建亮点"红手印"品牌的诞生地。2018年农房"拆改建"之前,这里还是一个典型的城中村,全村钢棚、附属房等 52 宗违章建筑面积共 3172 平方米,村庄上空线路交杂犹如巨大蜘蛛网,"脏乱差"成了影响城市风貌提升的"老大难"问题地。

如今,这里新墙琉璃瓦、处处透绿,村民居住在"新家园",休憩在"大花园",在乡村振兴"红手印"中心讲堂聆听名师讲课,人人争做"衢州有礼,文明先行"参与者。村庄面貌的焕然一新,要从三份"红手印"说起。

2018 年 5 月 28 日,白凉亭村 11 名党员召开支部党员大会,以摁手印为证,签下第一份"红手印"决议,即白凉亭网格党支部关于拆除违章建筑的决议。决议内容有 3 条:(1)所有党员于 2018 年 5 月 30 日前完成自己所属违章建筑的腾空工作,若逾期未腾空,将一次性扣

---

① 红色文物故事 | 三份"红手印"创举衢州版"小岗经验",https://www.qz123.com/news_show/f16ac9b4-37c1-43ce-85dd-656c882d75d9.html.

除党员积分 12 分,组织关系迁至街道教育支部;(2)发挥网格支部作用,联系做好亲属、周围邻居 8～10 户;(3)后期整治中积极主动配合。这份富有重要意义的"红手印"决议书,打开了衢州市基层治理和农房"拆改建"结合的新局面,形成了党员清零＋整村清零的良好拆违格局。2018 年 6 月 23 日,白凉亭网格实现违建"清零"。

违章建筑拆掉了,接下来怎么改造? 2018 年 7 月 19 日,该村村党支部召集党员、村民代表听取意见、讨论商议,14 名党员、村民代表摁下手印,形成第二份"红手印"决议,即关于在"上改下""白改黑"工程项目中采用农民投工投劳和以奖代补的决议,动员村民付出劳动、获取报酬,用以奖代补的方式奖励承担自家外立面改造和庭院景观改造任务的村民。

改造方式有了,如何确保工程保质保量如期完工? 2018 年 7 月 24 日,该村村两委干部、党员、村民代表、村民小组长等共同摁下指印,第三份"红手印"决议应运而生。根据这份决议,成立白凉亭风貌提升小组,并设立政策处理组、物资采购组、质量把关组、施工安全组、记账组 5 个工作组,工作组之间互相监督、互相配合,组员由街村干部、本村党员、村民代表等担任,真正实现了民事民议、民事民办。

白凉亭村三份决议上,摁下的是"红手印",推动的是风貌提升"拆改建三部曲",激发的是党员群众的主体意识。"支部引领、党员带头、干群联动、共治共享"的"红手印"做法经总结提炼,形成标准化体系化的"红手印"品牌;组建网格"红手印"之家,成立"红手印"志愿服务团队,在物业管理、垃圾分类、环境整治等方面解难题办实事。比如,"红手印＋红色物业联盟"破解小区物业病,"红手印＋红管家"助力做好党员、志愿者上门"看听讲劝帮"五件事。同时,以"红手印＋"的方式,推动"红手印＋民主议事""红手印＋志愿服务""红手印＋文明有礼"

等涉及公共利益、集体利益的事项，成为推进老旧小区改造、乡村振兴、创建文明城市的红色法宝。

二、推进基层法治建设

衢州市坚持和发展新时代"枫桥经验"，以"共建共享、群防群治"的平安理念，深化平安乡村建设。通过完善基层公共法律服务体系，实现优质法律服务资源下沉，引导群众积极参与基层治理工作；强化乡村法治宣传教育，充分发挥乡村振兴讲堂"基层治理主载体"作用，定期组织"8090 宣讲团"入堂宣讲等活动，积极推进基层法治建设。

第一，衢州市整合基层法治力量，成立综合执法局。目前，衢州市的法治机构都是单独分散办公，不方便群众办事，也不利于制约监督。在国外，有些国家建立法律服务超市，将各种法治机构集中在一起，"一站式"解决当事人的问题，这种方式值得借鉴。衢州市在基层建立综合性法治服务中心，把各个法治机构集中在一起办公，把各项法律服务打包，成为任由群众面对面挑选、对等协商式服务，让群众跑很少的路就能看得见、摸得着、用得上的基层法律服务。

第二，衢州市积极做好法律咨询，通过现代化手段健全公共法律服务系统。提供法律咨询，首先就要保证咨询的客观、准确、全面。在很多英美法系国家，法律咨询和代理是分开的，律师也分为事务律师和出庭律师，原因在于要切割咨询和代理的利益联系，保障法律咨询的客观中立。为基层群众提供法律咨询，要做好服务提供者的筛选，保障服务提供者的合理报酬，避免服务提供者因利益关系诱导群众接受不必要甚至高成本的法律服务。同时，衢州市借助互联网信息化和大数据技术，加强公共法律服务平台、衢州 E 法通等数字化平台服务能力。

第三，建立有各种调解组织参与的纠纷解决机制。开展"民主法治村（社区）五年倍增计划"，加强和规范村居法律顾问工作，开展农村"法治带头人""法律明白人"等培育工作,2025年实现市级以上民主法治村(社区)比例达90％以上。在基层治理中积极加强人民调解工作,建立了专业性的调解机构,采取政府出资的方式来引导律师、法律服务工作者及其他法律专业人士组建专业性较强、能有效化解矛盾纠纷的调解机构。同时完善基层的人民调解组织,建立调解工作的联动机制,实现人民调解组织职业化、规范化和社会化。除了专门的调解组织,还吸收律师和志愿者团队进行调解,借助律师的专业知识,发挥志愿者团队的群众基础优势,有效化解矛盾纠纷。同时,也重视调解后的及时执行,减少执行难的案件。

第四,加强对公权力机关的监督。对于政府在干预基层自治过程中出现的违法行为,基层组织和村民可以申请行政复议或提起行政诉讼。衢州市制定关于公权力机构包括政府和机关委托村民委员会或者成员执法的统一细则,保障执法活动落实到基层。构建合理合法的政府购买服务的基层综合治理服务平台,政府与村民委员会签订行政协议,约定双方的职责权限,以购买服务的方式落实行政执法责任。

三、发挥德治先导作用

第一,以规立德。衢州市通过推动社会主义核心价值观融入村规民约、社区公约,强化道德约束,将"衢州有礼"内涵融入社会治理,建设"有礼乡村"等方式,将规范把道德立起来,把乡风民俗转化为村规民约,强化规范约束,发挥明导向、正民心、树新风的积极作用。地方政府积极整理本地乡风民俗家训等在内的道德规范,制定统一的规则范本,通过村民会议进行修改完善,以便落地实施。第二,以文养德。衢州市通过加强乡风文明建设,推进移风易俗,整体迭代升级"八个一"文明实践活动,打造"衢州有礼"等辨识度高的德治品牌。采取多种形式来灌输弘扬道德规范,宣传社会主义核心价值观。比如,通过道德讲堂、现代戏曲等弘扬社会主义道德文化。第三,以评弘德。通过健全村(社区)道德评议机制,充分发挥道德治理功能。常态化开展道德模范、身边好人等道德典型选树,树立典型,发挥榜样人物的先锋引领作用。推动评选活动规范化、制度化、常态化,形成最美现象由"盆景"变"风景"、由"风景"变"风尚"的良好局面。第四,以创建德。通过创建文明家庭、文明社区、文明乡村等活动,践行社会主义核心价值观,提升群众的文明意识和道德素养,增强基层文化创造的活力。第五,构建新时代乡村诚信体系,衢州市探索推进"信用+乡村治理",完善基层诚信奖惩机制,以惩劝德是通过对反面典型的制裁,对不道德行为进行否定,以内部惩罚机制来制止批判限制违反道德的行为,在社会形成败坏道德可耻的道德荣辱观,有效整合社会意识,维护道德伦理秩序。将村民个人信用指数及村庄治理参与度作为诚信建设的具体内容,推动让诚信看得见、治理提效能、群众得实惠。第六,搭建乡村志愿服务平台,打造"15分钟志愿实践服务圈",到2025年,实现注册志愿者占常住人口的13%这一目标。

案例 13

衢江区数字赋能"信用智治"打造社会治理新格局①

浙江省衢州市衢江区聚焦数字化改革,运用数字化技术、数字化思维、数字化认知,探索将信用体系建设与基层治理、智慧服务相结合,构建衢江信用"1134N"评价体系。通过"信用智治"创新模式,推动集群信用建设、优化整体营商环境、扩大金融服务范围、提升基层治理能力。

第一,精细智治,量身定制评价模型。衢江区根据农户、商户和企业的角色分类,科学构建差异化的评价指标体系。目前,三类主

---

① 浙江省衢州市衢江区:数字赋能"信用智治"打造社会治理新格局,https://www.credit100.com/xhxy/c/2021-09-16/673894.shtml。

体均由6个一级指标组成,共分解出62项二级指标、89项三级指标。通过信用评价分类分级,为信用监管及联合奖惩提供重要支撑。

同时,衢江区核查省市公共信用信息平台数据,列出重点监管对象,纳入网格重点巡查和部门清单化管理。以月度为周期,将信用评价、应用情况反馈至浙江省、衢州市信用信息共享平台及基层治理相关部门,通过及时交办、督办、反馈的机制实现"信用监管—信用评价—监管措施"的周期闭环。

第二,数字赋能,全量归集信用数据。为实现数据的多维度归集,衢江区按照数据共享、部门协同、巡查录入和自主提交四种方式,分门别类归集评价数据。通过省市信用信息平台、公共数据平台等平台自动获取三类主体公共信用信息;对接省区市相关部门单位,实现与"互联网+监管"掌上执法平台、阳光餐饮系统等平台实时推送;通过基层执法人员、网格员开展日常管理信息的巡查录入;评价主体及消费者也可通过扫码提交相关荣誉表彰、评价投诉等信息。

在此基础上,衢江区建立数据资源中心、大数据统计分析、信息安全管理三大数据管理模块,深挖数据价值。运用大数据处理技术对采集的原始数据进行分析、去重、清洗及格式化处理,提升数据全流程价值转化水平,多层次展现主体信用关系和特点,精准主体信用画像。截至2021年9月,已完成数据共享5805.6万条,部门推送9.91万条,巡查录入2175条,自主提交773条,完成商户信用评价14890户、农户162121户、企业202家。

第三,共建共享,整体智治便捷高效。信用数据全量归集下的共建共享为"信用+"场景化应用落地生效提供了支撑。在各商圈,智慧商圈信用码做到"一店一码",成为商户的信用身份证,信用档案、融资服务、店铺信息、旅游资讯等扫码尽览。在衢江"村情通"板块,农户实名登录后可查看自身信用状况，根据信用等级享受各类守信激励政策。在政企通及浙里办 App，企业得以及时了解园区动态、企业政策、信用状况、风险舆情等信息。

如今，"信用智治"全域感知实现了区域治理信息大融合、监管力量大联动，提高了社会风险研判能力，集群治理模式也逐步从"单一管理"到"全员监督"、从"要我治"向"我要治"转变升级。在商圈集群，"信用＋阳光餐饮"整合信用智治与阳光餐饮系统功能，信用智治商户页面对线上亮信、后厨直播全覆盖，打造"放心消费在衢江"城市品牌升级版。在试点乡镇，"信用＋治理"推进了大洲"映山红"指数、莲花未来社区"莲花"指数等基层治理评价积分融入农户信用分管理体系，探索乡村治理、村民自治新路径。

此外，根据《衢江区关于应用农户信用分对守信个人实施联合激励的实施方案》，衢江区在全区范围推广首批具有衢江特色的守信激励措施，基本涵盖医疗、教育、养老、旅游等 11 个领域。同时，鼓励乡镇（街道）、村（社）通过积分兑换、信贷提额降息、评优评先推荐等多元化手段，全面增强全社会知信、守信、用信的良好氛围。目前，全区已有 800 余人次享受不同的信用激励政策，14700 余户农户、9500 多家商户及 70 家企业累计获得信用授信额度 41.73 亿元，实际用信放贷资金 14.9 亿元。

四、提升基层智治能力

围绕"以智治促善治"，打造数字化背景下的乡村治理和服务新模式。强化信息资源共享，推进村（社区）基础设施数字化改造，加强生产管理、生活服务、生态保护、安全防范等领域的数字化技术应用。建设乡村数字大脑，推动集体三资管理、基层便民服务、平安治理等智能化、数字化转型。拓展推广"四治融合"相关应用场景，与"基层治理四平台"建立双向流转机制,建立以智治为支撑,自治、法治、德治相融合的城乡基层治理体系,推进未来乡村(社区)建设,推动数字化人才下基层、进村社。

案例 14

常山县无人机"综合飞一次"

浙江省衢州市常山县综合行政执法局的一架无人机在空中巡检时,发现金川街道徐村疑似有人焚烧垃圾、秸秆。无人机将该情况上传至基层治理四平台后,平台管理员立刻对该事件查收、受理,并移交街道执法队。执法队员也在第一时间赶赴现场进行了核实、处置。该案件从受理到结案只花了 38 分钟,是常山高效执法的一个缩影。

自 2021 年承接浙江"大综合一体化"行政执法改革试点后,常山的执法队伍扩大、执法事项增多,如何提高执法效率成为一个亟待解决的问题。常山通过数字赋能,进一步统筹资源,提高了执法效率。

在调查各部门资源统筹情况的过程中,常山的改革专班人员发现一些部门虽然配备了无人机,但彼此之间互相独立、缺少沟通,资源利用率较低。把资源整合起来,实现无人机资源多部门共享,就能减少资源消耗、提高利用率。对全县的无人机底数进行了摸排后,常山提出在全市率先打造无人机中队,并于 2022 年 4 月正式组建。

常山无人机中队由 8 台固定机位的无人机及 20 多台人工操控的无人机组成。无人机分别安置在不同区域,通过无人机智慧巡检平台的航线管理做到巡检路线覆盖常山。8 台固定机位无人机每天都会准时出仓,按照设定好的路线在常山上空开始巡检。通过精准的 AI 识别技术,无人机会把拍到的照片与过往的记录进行对比,过滤掉无用信息后出工单,经由人工核查派单,再由一线执法人员实地执法。

原本无人机只隶属于单个部门,可能出现一台无人机拍到需要多个部门执法的违法违规问题,最后只有一个问题能得到处理解决的情况。目前通过统筹共享无人机资源,创新了无人机"综合飞一次"巡检机制,做到飞一次就完成多项数据采集交办,保证无人机拍到的所有问题都能一次发现、一次解决,发挥了无人机的最大效能。常山的无人机中队成立短短几个月,已经在违停、固废、违建、森林防火等方面发挥了巨大作用,今后它还将在其他领域发挥效能,提高执法效率,助力常山的大综合一体化行政执法改革。

第六章　衢州基层治理改革创新内容：系统贯通与基层大脑建设

改革开放以来，中国城市复杂性吁求基层社会有效治理，适逢信息技术发展，衍生了以科技应用为依托的"技术治理"，展现正在兴起的中国城市基层社会治理变革。衢州市认真贯彻落实省市县数字化改革推进会、基层智治系统建设推进会精神，加快推进"141"体系迭代升级，推动党建统领整体智治、数字政府、数字经济、数字社会、数字文化、数字法治6大系统在基层综合集成、协同赋能，并根据浙江省《基层智治大脑建设指南》推动衢州市基层智治大脑建设。

第一节　迭代升级"141"体系

衢州市为深化基层治理改革创新，加快推进基层治理现代化建设，围绕加快推进社会治理中心提升，迭代升级乡镇（街道）四平台，做深做细基层网格，全力做实"141"体系迭代。

一、推进县级社会治理中心建设

衢州市积极优化机构设置，设立县级基层治理委员会，下设社会治理中心，由县级党委办公室代管。完善中心运行模式，采用"常驻＋轮驻＋随驻"的方式落实进驻常态化。迭代升级社会矛盾纠纷调处化解中心,协同联通"12345"政务服务便民热线、"民呼我为"统一平台、"互联网＋监管"平台、110接处警系统、网络舆情监管等数据资源,打造集运行监测、矛盾调处、分析研判、协同流转、应急指挥、督查考核等功能于一体的县级社会治理中心。完善平战结合机制,"平时"分类治理破解难题,"战时"快速响应激活实战实效,形成基层治理整体作战优势。

(一)健全党委领导基层治理体制

强化和巩固党建引领基层治理,设立县委基层治理工作领导小组(如图6.1所示),作为县委破解制约基层治理效能提升的突出问题,加快构建高效协同、整体智治的基层治理体系的议事协调机构。由县委书记任组长,县长任常务副组长,县委副书记、政法委书记和县委常委、组织部部长任副组长,县级各有关部门主要负责人为成员。建立完善基层治理议事协调机制,定期专题研究基层治理工作。

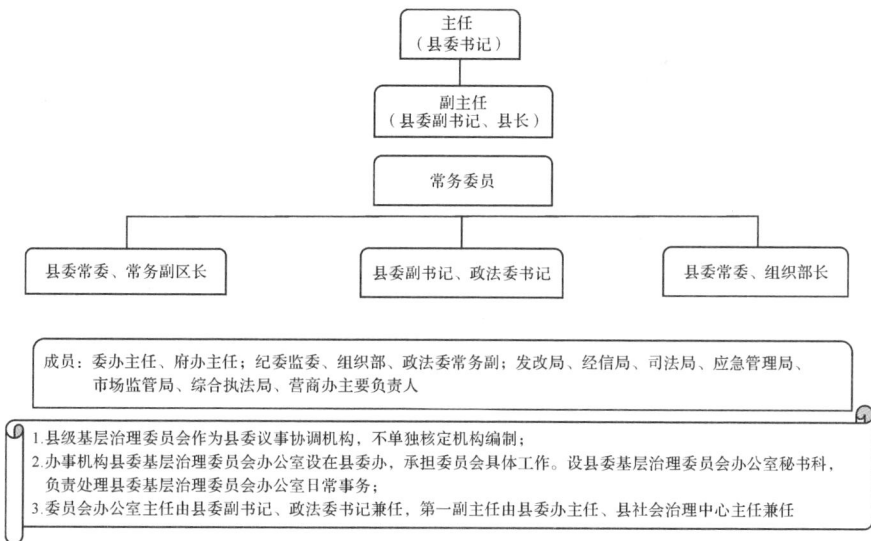

图6.1　县级基层治理委员会组织架构

(二)强化县社会治理中心的功能

将县社会矛盾纠纷调处化解中心迭代升级为县社会治理中心,挂县社会矛盾纠纷调处化解中心、县综合信息指挥中心牌子,社会治理中心由委办牵头,负责处置县委基层治理委员会的日常事务。在原有的信访和矛盾纠纷调处化解、社会治理事件处置、社会风险分析研判三大功能的基础上,增加运行管理监测、重大应急指挥、综合督查考评等功能,进一步优化机构设置和人员力量配备,理顺管理运行体制,改造提升软硬件环境,推动中心职能从综治领域向党建统领、经济生态、平安法治、公共服务全领域覆盖。

社会治理中心集信访和矛盾纠纷调处化解、社会治理事件处置、社会风险分析研判、重大应急管理、监管执法协调指挥、基层社会治理业务指导六大功能为一体的现代化社会治理共同体和平安法治建设综合体,是本级党委政府的社会治理综合指挥中枢。从高频事项、高权重事项、群众企业高需求事项出发,聚焦城镇管理、矛盾纠纷、综合执法、生态环境、市场监管、治安隐患、安全生产、防灾减灾救灾、应急救援等基层治理重点领域,以数字赋能、业务协同、流程再造、制度重塑创新驱动基层治理整体智治,实现跨部门、跨领域、跨层级县乡联办的监管、执法、服务事项"一件事、集成办"。县社会治理中心通过整合部门力量、社会力量,依托"一中心四平台一网格"基层治理体系,提升县域社会治理能力和治理体系现代化水平,总体架构见图6.2。

(三)优化中心管理运行机制

完善县社会治理中心组织架构和运行模式,重新确定入驻部门,采用"常驻+轮驻+随驻"的方式落实进驻常态化。强化日常考核管理,入驻部门日常工作由县社会治理中心统一领导、统一要求、统一管理、统一调度、统一考核。加强统筹协调,明确涉事部门、事权单位的信息报告责

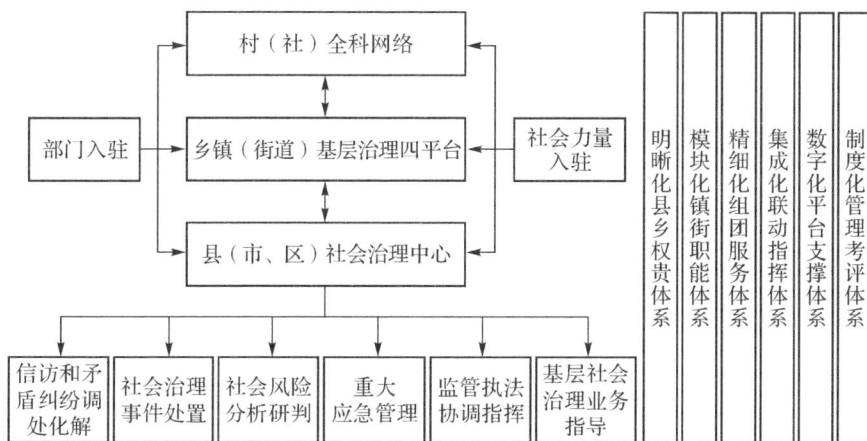

图 6.2　县级社会治理中心总体架构

任,畅通线下信息渠道,建立部门间信息分析研判共享机制,提升预测预警能力。

1. 县级社会治理中心组织架构

县级中心设立党组,由县(市、区)委分管领导担任党组书记,确保工作在党的领导下开展。县(市、区)委政法委负责牵头抓总、统筹协调、督办落实等,县(市、区)信访局整体入驻,具体承担中心的运行服务工作(见图6.3)。(1)职能部门入驻。根据事项频率、需求和权重,县级相关职能部门采用常驻、轮驻、随驻①相结合的方式入驻中心,常驻、轮驻等进驻单位及接访时间,每月定期提前向社会公布。根据入驻规模,常驻部门分为整体入驻、科室入驻以及派员入驻。(2)社会力量入驻。引导具备专业调解、法律服务、心理服务、社会帮扶、鉴定、公证、评估、金融、保险等能力的社会组织和机构入驻中心,并提供服务。(3)技术支撑。依托一体化智能化公共

---

① "常驻"为日常来访量大、职能与群众生产生活关联度高的单位部门,进驻中心实行每工作日对外接待,并根据年度接访总量排名和接访工作需求进行动态调整。"轮驻"为日常来访量较多、职能与群众生产生活关联度较大和其他信访量具有时段性规律变化的单位部门,进驻中心实行每周固定期(确保1个工作日)对外接待,并根据半年度接访总量排名和阶段性接访工作需求动态调整。"随驻"为有关单位部门,根据接访工作需求,接到中心通知后30分钟内赶到。

数据平台,归集基层治理四平台、浙里访、浙江公安警综平台派出所模块系统、浙江省社会矛盾纠纷调处化解协同应用系统、村情通、邻礼通、政企通及相关部门平台系统的基层社会治理信息,为分析研判、预测预警提供数据支撑。按照"统建共享、县乡一体、整体智治"思路,在基层治理四平台统一框架下,集成社会治理要素,编制形成"社会治理一张图"。利用数字化手段自动匹配人、事、权责清单,实现多跨事件全流程处置、全周期管理。信息系统建设应符合国家信息系统安全等级保护基本要求,推广应用国产信息技术与产品。

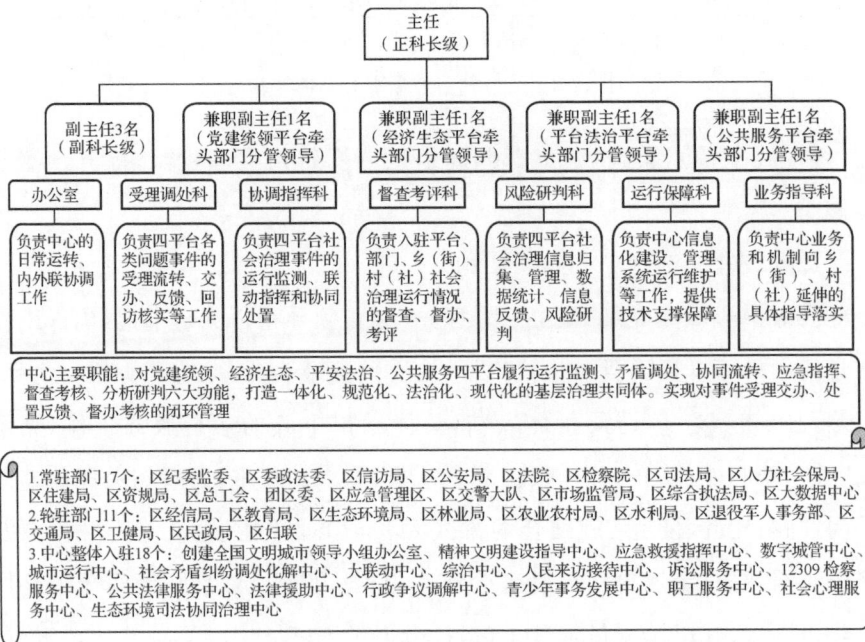

图 6.3　社会治理中心组织架构

2.社会治理中心运行机制

(1)运行流程

通过信访和矛盾纠纷调处相关职能部门、社会力量入驻中心的方式,组建多元调处队伍、建立多元调处模式,建立矛盾纠纷全量掌控、调处资源全面整合、调处机制不断完善、协同更加高效、矛盾风险闭环管控的社会矛盾纠纷化解模式,实现群众矛盾纠纷化解"最多跑一地"目标。县级社会治理中心信访和矛盾纠纷调处化解工作流程如图 6.4 所示。

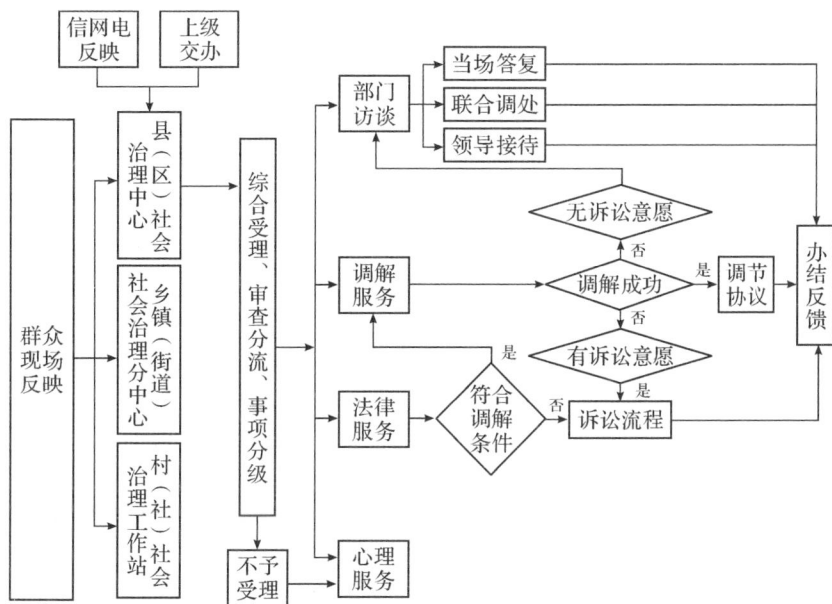

图 6.4 信访和矛盾纠纷调处化解运行流程

(2)运行机制

一窗受理。中心设立无差别受理综合窗口,选配业务熟悉、经验丰富的工作人员到窗口,实时就地接待群众。以"浙江省社会矛盾纠纷调处化解协同应用系统"为入口,统一登记群众当面提出的各类信访和矛盾纠纷事项并及时分流派发至各业务窗口,分类导入办事程序,各条线数据共享、业务协同、中心各大运行机制一网联动。业务窗口不直接受理群众当面提出的事项,对接收到的非本窗口业务范围或其他原因确需退回的,应当说明理由,经综合受理窗口同意后予以退回,重新派发至对应业务窗口。

线上来访。通过线上矛调中心(浙江解纷码)线上登记的纠纷类案件可在线上办理化解，线上登记的非纠纷类案件应流转至社会治理中心入驻的业务窗口进行办理化解。治理中心受理的纠纷类案件需要线上中心力量协助化解的事项，也可流转至线上中心进行办理化解。

调解对接。按照调解优先、平等自愿的原则，除不适宜调解的事项外，由综合窗口直接引导分流至各调解组织或调解员。适合乡镇（街道）或村（社）属地调解的，由县级社会治理中心分流至乡镇（街道）或村（社）。中心对进驻的诉前调解团队、人民调解委员会和重点行业性专业性调解组织和调解员实行统一管理、统一调配、统一要求。调解不成功或当事人一方不同意继续调解的，应及时导入相应法律程序。调解达成协议的，可通过司法确认、公证等方式增强调解协议的法律效力。

教育疏导。中心对特殊群体和人员建立"一对一"教育疏导帮扶小组，合理配置行政、法律、心理等专业人员，开展教育疏导工作，加强人文关怀，防止矛盾激化。制作宣传标语、宣传片、宣传手册和警示标识，引导群众依法、理性表达诉求、解决问题，营造规范、文明、有序的解纷环境。群众如果违反《信访条例》等有关规定，中心工作人员应当对来访人进行劝阻、批评或者教育。经劝阻、批评和教育无效的，由公安机关依法处置。违法信访、扰序滋事等行为可通过新闻媒体曝光。

领导接访。中心每天安排一名县级领导在中心值守接待群众，按照"公开"要求，定期公开领导接访安排。领导干部定期公开接访可采用随机接访、预约接访、主动约访、包案调处、阅批信件、接听来电等方式，倾听群众意见、建议，调处化解信访和矛盾纠纷。领导干部定期公开接访当日无群众来访的，应阅处分管领域和联系部门、乡镇（街道）涉及的上级转交信访事项，或会商所包案的信访积案。定期公开接访的信访事项，一般应组织现场会商，当日做出具体调处意见。对情况复杂，需专门调查的或无法当场明确调处意见的，根据接访领导签署的意见，由县级信访部门进行转、交办事权部门（单位）处理。复杂信访问题和矛盾纠纷事项，按照"一个案件、一名领导、一套班子、一个方案、一抓到底"的要求,明确由接访县级领导包案,抽调相关部门(或乡镇、街道)负责人及专家、调解能手,实行专班运作、联合调解、集中攻坚,把中心打造成信访和矛盾纠纷调处化解的"终点站"。

督办指导。中心应按照"属地管理、分级负责,谁主管、谁负责"的原则,落实信访和矛盾纠纷办理的问题属地和事权单位。分管领导对办理事项的结果逐一审核把关。中心对相关部门和乡镇(街道)信访和矛盾纠纷调处化解工作情况实行督查指导。对中心转送、交办的有关重要信访和矛盾纠纷事项,可以要求事权部门(单位)限期反馈办理结果;对于未及时、未按要求办理并反馈的,按照法定职责履行督查督办职能。

建议征集。中心应为公民、法人和其他组织向各级党委和政府及其部门提出意见建议提供场所。中心应在涉及公共利益和民生等问题的重大决策出台前,以及针对群众反映比较集中的意见建议设置议题,或开设建议征集平台(箱)开展专项征集,并向社会公布征集的内容、形式等。

(四)强化业务协同和数据共享

协同联通"12345"政务服务便民热线、"民呼我为"统一平台、"互联网＋监管"平台、110接处警系统、行政执法统一指挥平台、网络舆情监管等数据资源,依托一体化智能化公共数据平台,推动6大系统的重大应用、事项在基层衔接贯通。

二、推进基层治理四平台迭代

突出权责清晰、扁平一体,将四个平台迭代为党建统领、经济生态、平安法治、公共服务四个平台,全面涵盖乡镇(街道)的核心业务,并进一步加强乡镇(街道)综合信息指挥室的建设。

（一）迭代基层治理四平台

1.搭建"基层治理四平台"主体架构

突出权责清晰、扁平一体，迭代完善"基层治理四平台"，调整原有的综治工作、市场监管、综合执法、便民服务四个平台，在全浙江省"综治工作、监管执法、应急管理、公共服务"四个功能性平台基础上，对标"两大体系"衔接贯通任务要求，增设党建统领、经济生态等功能模块，形成"4＋2"构架。立足"1612"体系衔接贯通，设置"党建统领、经济生态、平安法治、公共服务"四条跑道，持续深化"基层治理四平台"。全方位覆盖基层治理各个领域，承接省市县需要下达到乡镇（街道）的任务，切实做到向上对接县级社会治理中心、向下对接全科网格、横向对接事权部门。整合模块人员力量，同步推进乡镇（街道）四大模块与"基层治理四平台"融合，落实班子成员、内设机构、条线站所等人事匹配。"基层治理四平台"作为1612体系与141架构衔接的关键节点，县级及以上承接1612体系、县级及以下对接141架构，通过"基层治理四平台"主工作平台，搭建一网智治的核心载体，支撑县域实现整体智治、贯彻一网统管的有力抓手。

2.优化"基层治理四平台"信息系统

完善基层治理四平台系统架构和功能，叠加、拓展个性化应用场景，推进基层治理四平台3.0与政务服务2.0、统一行政处罚办案系统等业务系统有机衔接、深度融合、闭环流转。将乡镇（街道）四大模块与"基层治理四平台"有机融合，打造基层治理创新模块应用，打破条线壁垒，优化资源配置，畅通信息汇聚、流转督办、综合研判、绩效评估等工作环节，全面提升乡镇（街道）的统筹协调和综合管理能力。将"基层治理综合信息系统"迭代为乡镇（街道）"四平台"智治中心，构建形成四大功能模块，全面接入12345政务热线、110纠纷类警情、"村情通"等部门系统数据，有效归集各类信息，强化风险隐患预测预警预防。

(二)加强乡镇(街道)综合信息指挥室的建设

1.规范综合信息指挥室常态运行

乡镇(街道)综合信息指挥室与党政督考办公室合署办公,党(工)委书记兼任综合指挥室主任,乡镇长(街道主任)、分管政法副书记兼任副主任,专职副主任为县级组织部部管干部,着眼于保障乡镇(街道)"四大功能"模块运行,总体按"共性＋个性"综合设置内设机构和事业单位,统分结合,以统为主。即按"4＋X"模式设置综合协调、信息研判、流转督办、督查考评＋若干机动岗位(见图6.5)。

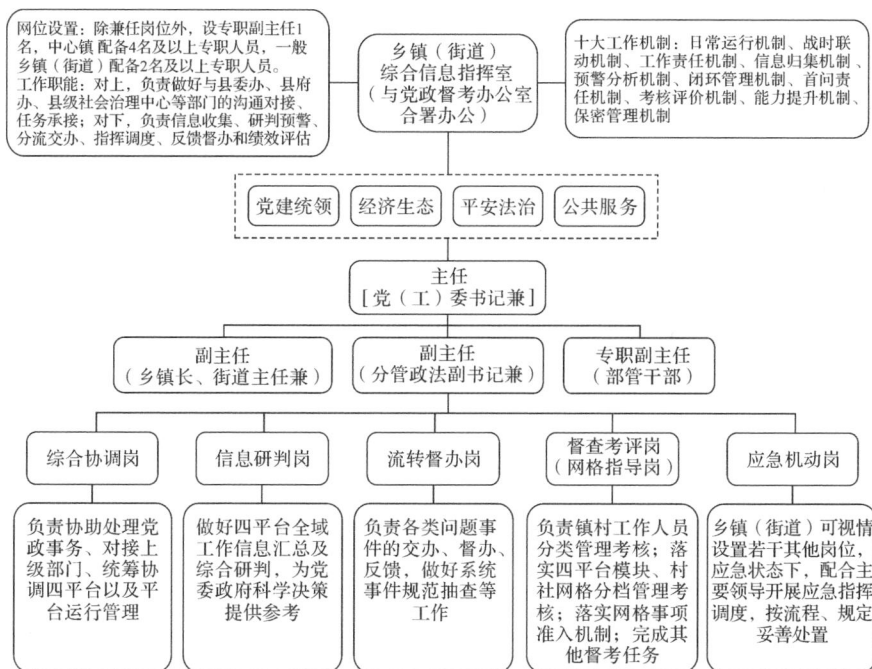

图6.5　乡镇(街道)综合信息指挥室组织架构

(1)统设"共性"机构

乡镇(街道)原则上统一设置综合协调、信息研判、流转督办、督查考评4个机构。

①综合协调岗。综合协调岗负责全面统筹协调指挥及各类应急管理等指挥室各项工作,牵头各平台模块力量处理"联席会议"审议的重大事项,做好各平台模块干部的管理使用等工作。

②信息研判岗。分析研判岗负责每月对乡村振兴讲堂开展教育培训和村级综合服务平台开展工作情况进行指导分析,对辖区全科网格、平安建设、安全生产、应急管理、矛盾化解、信访维稳等工作进行分析。

③流转督办岗。流转督办岗负责"基层治理四平台"日常运行管理、平台接收事项的交办、跟踪、督办、评价;协调、监督本行政区域内"基层治理四平台"和网格管理工作。

④督察考评岗。督察考评岗负责对四平台模块协同联动以及派驻人员履职情况村社平台实体化运行情况、乡村振兴讲堂管理员考核情况、网格员队伍管理考核、网格事务准入审查等事项开展督考评价。

(2)选设"个性"机构

在统设"共性"机构基础上,乡镇(街道)在机构限额内,根据不同类型的主体功能职责,因地制宜"个性"化选设内设机构和事业单位,可以突出经济发展类机构设置。乡镇(街道)人大、纪检监察、人武部和群众团体等组织按有关规定设置。

(3)统筹优化"横向+纵向"编制资源

建立务实高效的用编制度,在核定的编制总量内,优化编制资源和职数配置,积极稳妥推进乡镇(街道)行政编制和事业编制统筹使用。

横向优化,根据不同乡镇(街道)类型,综合考虑乡镇(街道)生产总值、人口总数、区域面积、承担重点工作任务等因素,重新调整优化各乡镇(街道)人员编制力量,将编制资源向常住人口较多、区域面积较大、管理任务较重的乡镇(街道)倾斜。

纵向调配,推进编制资源配置向一线倾斜,根据乡镇(街道)的工作需要,适当划转区级事业编制充实到乡镇(街道),相关职能同步划转,区级部门加强业务指导,切实增强乡镇(街道)管理服务能力。

规范中层职数配备,乡镇(街道)中层职数根据编制总数从严核定,原则上每个内设机构和事业单位设1~2个职位,人数多、工作任务重适当增加,但内设机构最多不超过3个职位,事业单位不超过4个职位。

2.强化综合信息指挥室枢纽功能

突出乡镇(街道)综合信息指挥室统揽作用,全面落实《衢州市乡镇(街道)综合信息指挥室工作规程》,加强人员配备,健全工作机制。突出综合信息指挥室的枢纽作用,对上负责做好与委办、府办、社会治理中心等部门的沟通对接、任务承接,对下负责信息收集、研判预警、分流交办、指挥调度、反馈督办和绩效评估。实体化运作,强化战时24小时值班制度,赋予综合信息指挥室对"基层治理四平台"的指挥权、督导权、考核权,建立健全日常运行、工作责任、信息归集、预警分析、闭环管理、首问负责、考核评价、能力提升、联勤联动、保密管理等十大工作运行机制,做强统筹协调、督查考评、分析研判、应急指挥等职能,实现四平台模块高效协同运行。其工作机制如下:

(1)日常运行机制。乡镇(事处)综合信息指挥室与乡镇(事处)党政督考办公室合署办公,指挥室主任负责全面统筹指挥室相关工作,牵头对重大多跨问题类事件进行研判处置,每周至少召开一次联席会议,研究部署重大事项,并定期组织开展应急演练,专职副主任负责指挥室日常运行管理工作,落实24小时值班制度。每周安排一名班子成员担任值班领导,负责统筹协调处理当日事件。

(2)战时联动机制。围绕治安防控、案件协查、矛盾排查、应急处突等,将辖区派出所、消防站、资源规划所、市场监管所、综合执法队等力量,统一纳入突发事件预警处理工作体系,落实联合值班备勤,实现联动联合。遇有紧急情况,所有应急力量立即进入战时状态,由党政主要领导带班指挥,即启动应急预案,确保指挥有力、快速响应、反应迅速、协同高效。

（3）工作责任机制。设置 4＋X 岗位，即综合协调岗、信息研判岗、流转督办岗、督查考评岗和应急机动岗。对上，负责做好与县委办、县府办、县社会治理中心等单位的沟通对接、任务承接；对下，负责信息收集、研判预警、分流交办、指挥调度、反馈督办和绩效评估。

（4）信息归集机制。坚持统一管理、分工负责、动态更新原则，线上线下同步对政府数据、市场数据、社会数据、群体数据等全量归集，线上依托"基层智治大脑"，及时归集数据，线下由四平台模块联络员、网格员每日实时、定时收集上报各类信息数据，并归集至基层治理综合应用，确保信息归集"全覆盖、无遗漏"，逐步实现数据信息全量归集。

（5）预警分析机制。聚焦重大项目全生命周期管理、有针对性地开展矛盾纠纷排查化解、重点人员（场所）风险管控等，分析研判辖区风险趋势动向，预测预警预防重大风险隐患，并将苗头性、倾向性问题，第一时间交办四平台模块和村社网格落实防范措施。

（6）闭环管理机制。坚持"一个口子进，一个口子出"，任务、事件统一由指挥室承接交办，按照"信息受理—分流交办—执行处置—日常督办—信息反馈—评价回访—督查考核"进行全周期闭环管理。一般事件，按照规范要求分类分级进行分流交办；疑难事件，由值班领导分析研判后进行分流交办，"重大多跨"事件，由指挥室主任牵头开展会商研判、交办落实。乡镇（办事处）无法解决的，及时上报区社会治理中心提级办理。

（7）首问责任机制。按照"首次接单、全程跟踪、负责到底"的要求，值班领导和值班干部为当日线上线下疑难事项的首问责任人，职责范围内的事项，首问责任人应按规定和流程及时规范处置；职责范围外的事项，快速研判交办，跟进处置进度；重大突发事件，立即上报指挥室主任。如事件处置不力造成严重后果的，按照有关规定追究责任。

（8）考核评价机制。采取全面与专项相结合的方式，对四平台模块成员、村社干部、网格员工作进行定期督查考核，形成绩效评价结果，作为年度综合考核依据。依托"基层智治大脑"建立重大活动和突发案(事)件处置运行线上台账，在重大活动和突发案(事)件处置结束后，及时会同有关平台模块进行复盘，形成重大事件处置案例库和预案库，做到"一事一复盘、一事一总结"。

(9)能力提升机制。建立四平台模块、村社干部、网格员轮岗机制和常态培训机制，推动全员参与事件协同流转、风险分析研判等工作，确保常规业务应会尽会，提升全员"两勤两专"(腿勤、脑勤和专业技术能力、专业科学精神)能力。

(10)保密管理机制。加强保密管理工作，定期对四平台模块干部、村社干部、网格员开展保密教育，视情签订保密协议。严格遵守保密纪律，禁止向外泄露任何有关指挥室的数据信息，未经授权不得随意复制、拍摄、摘抄、转发任何相关信息。

三、深化基层网格建设

衢州市坚持县抓乡延伸到村、乡抓村延伸到网格、村抓网格延伸到党员，发挥村(社)组织主体作用，扫除治理盲点，有效提升网格快响激活能力，构建了全方位、无死角的基层网格体系架构，如图6.6所示。

(一)科学界定网格职责

1.网格主要职责

加强政治引领，大力宣传党的创新理论和路线方针政策，引导广大群众听党话跟党走；源头信息采集，全面掌握网格内人口、家庭、单位等基础信息，及时了解社情民意；矛盾前端化解，发现调处矛盾纠纷，维护和谐邻里关系；风险感知报告，加强风险隐患排查，及时报告情况；服务凝聚群众，经常联系走访群众，帮助解决困难诉求；承接协同事项，立足网格职能，协助做好上级交办任务；应急快响处置，对自然灾害、群体性事件、安全生产

平时 / 战时

农村网格

划分标准：农村网格一般以自然村落、村民小组或者一定数量住户为基本单元划分，户数控制在300~500户

- 网格长：村两委
- 网格指导员：联村干部、党员骨干、村民代表
- 专职网格员：村两委、党员骨干、村民代表
- 民警
- 医务
- ＋ N ＋：部门下沉力量，各类社会力量（民兵连、志愿者、数据……）
- 微网格员：村民小组长、村民代表或有威望的党员
- 信息员：懂微信的党员或村民代表
- 保障员：年轻有力量、热心志愿活动的党员村民或志愿者

社区网格

划分标准：社区网格一般以居民小区或住宅小区、若干楼栋、街面为基本单元划分，户数控制在150户左右，人数不超过500人

- 网格长：社区干部
- 网格指导员：社区干部、乡镇街道下沉或外聘人员
- 专职网格员：社区干部、乡镇街道下沉或外聘人员
- 民警
- 医务
- ＋ N ＋：红色物业联盟力量、各类社会力量（民兵连、志愿者、数据……）
- 微网格员：楼栋长、有威望的党员或退休干部、热心党员
- 信息员：懂微信的党员或村民代表
- 保障员：年轻有力量、热心志愿活动的党员村民或志愿者

专属网格

划分标准：沿街商铺、专业市场、大型商超原则上以市场主体100~150个、人员以200~300人为基本单元划分；学校、医院、在建工地一般按照管理主体为基本单元划分

- 网格长：乡镇派驻干部
- 网格指导员：行业主管（监督）部门干部
- 专职网格员：市场主体代表（管理员）或外聘人员
- 民警
- 医务
- ＋ N ＋：部门下沉力量、各类社会力量（民兵连、志愿者、数据……）
- 微网格员：市场主体代表（管理员）
- 信息员：市场主体联络员
- 保障员：部门下沉力量

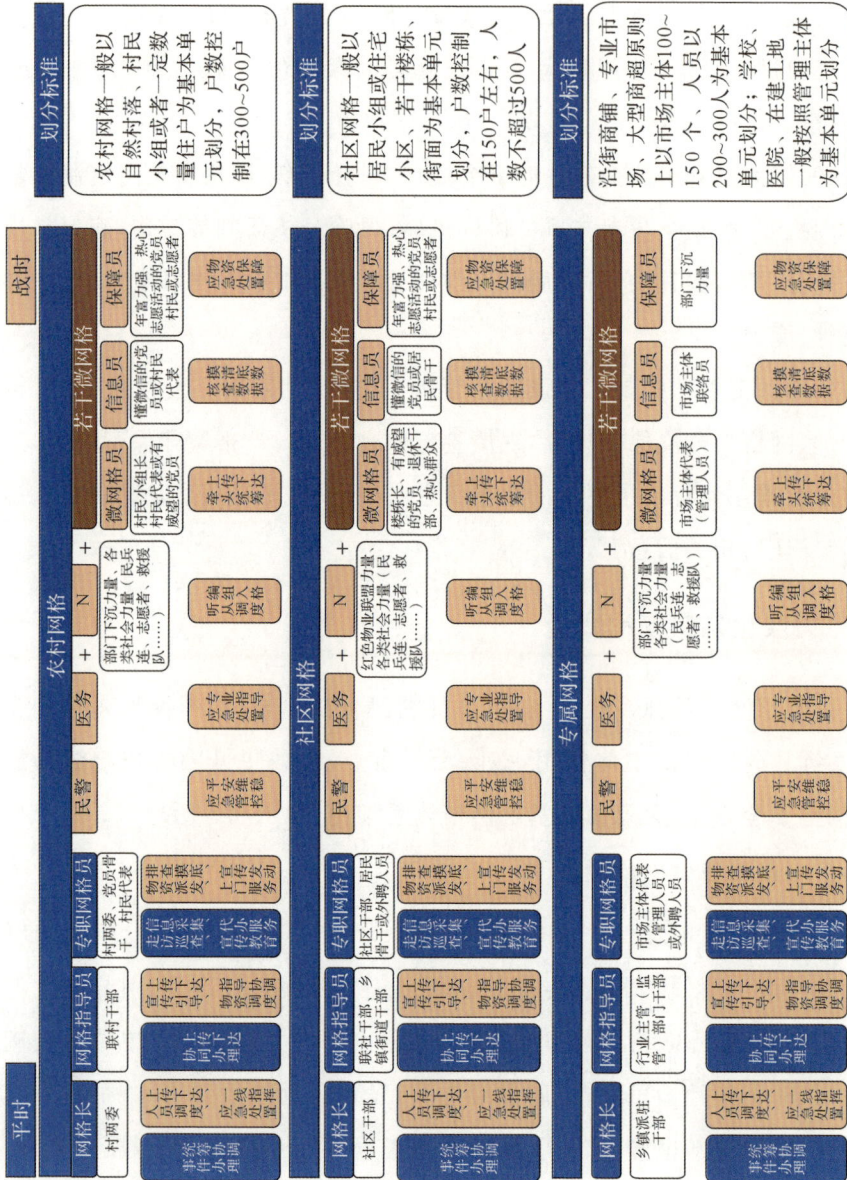

图 6.6 网格工作体系架构

事故等突发事件，第一时间发现报告、协同处置；做好疫情防控，严格落实常态化防控要求，协助守好小门。

2.村(社)网格

网格长对网格工作负总责，统筹协调各类网格人员、各项事务；专职网格员具体落实网格工作，做好日常走访、信息采集等事项；兼职网格员协助网格长和专职网格员开展工作，参与网格治理；网格指导员负责指导、协调、参与所在网格工作，常态化走访联系。

3.专属网格

专属网格成员主要负责摸清底数、发现问题、隐患排查、问题整改、应急处置、宣传服务等。

(1)网格长作为第一责任人，统筹网格资源力量开展各项网格工作，定期开展研判会商，遇到紧急事件及网格层级无法处置的事件要及时上报。

(2)专属网格员负责网格内基础信息采集和动态信息更新，对重点人员、重点场所、重要风险点位开展日常巡查，发现问题第一时间上报网格长。

(3)网格指导员负责专业指导，并督促、协调、参与各项网格工作。

4.微网格

微网格成员主要职责是数据核查、发现问题、应急处置。

(1)微网格长主要职责是上情下达、牵头统筹、外联内聚，牵头统筹"微网格"资源力量开展各项工作，做好政策民情的上传下达，引导工作小组入户开展工作。(2)民情联络员平时主要职责是摸清底数、核查数据，负责摸清"微网格"内各方面情况，做好常住人口数字化底账及动态更新，配合"微网格长"做好数据核查；战时要转换为应急保障队员，参与战时响应，同微网格长、社会志愿者组团作战。(3)社会志愿者主要职责是战时快速集结，协助民情联络员做好物资分配、应急处置等工作。

（二）常态推进风险隐患处置

各乡镇（街道）要把发现矛盾纠纷隐患作为网格员日常的重要任务，将该项工作的开展情况直接与网格考核进行挂钩，积极推动网格开展矛盾纠纷大排查、大起底、大化解工作。一是全面排查摸底。围绕重点人、重点事、重点物，对网格内的矛盾纠纷、风险隐患进行全面摸底，按照"应报尽报"原则，全数录入"掌上治理"。二是要立足全量化解。对网格上报的一般问题，按照网格事件处置流程逐级流转处置，对网格发现上报的特殊敏感、历史遗留、处置难度大的疑难事件，巡查过程中存在异动、较难管控的重点人员，存在风险隐患一时难以整改的重点场所等，要落实清单化管理，进行清单销号。

风格"必报"清单见表 6-1。

表 6.1　网格"必报"信息清单

网格类型	序号	必报信息内容	备注
农村网格"八必报"	1	矛盾纠纷必报	邻里纠纷、界址纠纷等
	2	重大事（案）件必报	重大刑事案件、重大交通事故、火灾、重大公共安全性事件、群体性事件等
	3	重点人员异常情况必报	精神障碍患者、社区矫正人员、刑满释放人员、吸毒人员、A4人员、涉稳对象、重病卧床老年人、孤寡空巢老人、留守儿童、重点青少年、残疾人、宗教人员、待业人员等
	4	违法违规行为必报	非法采砂、非法采矿、非法加油、非法倾倒固废垃圾、聚众赌博、农房违建、乱搭乱建等
	5	安全隐患必报	道路交通隐患、野外用火、危房等
	6	影响人居环境问题必报	环境污染、公共设施损坏等
	7	常住人口、出租房屋、流动人员情况变动必报	人员来村返村、出租房屋情况变动等
	8	群众反映问题必报	群众投诉、爆料、需求

续表

网格类型	序号	必报信息内容	备注
社区网格"八必报"	1	矛盾纠纷必报	邻里纠纷、物业纠纷等
	2	重大事(案)件必报	重大刑事案件、重大交通事故、火灾、重大公共安全性事件、群体性事件等
	3	重点人员异常情况必报	精神障碍患者、社区矫正人员、刑满释放人员、吸毒人员、A4人员、涉稳对象、重病卧床老年人、孤寡空巢老人、留守儿童、重点青少年、残疾人、宗教人员、待业人员等
	4	违法违规行为必报	违章停车、占道经营等
	5	安全隐患必报	老旧管线、断头雨水管线、燃气设施设备、市政消火栓、老旧住宅电梯设备等
	6	市容市貌问题必报	路面破损、广告牌破损、公共设施缺损、偷排污水、偷倒垃圾、脏乱差臭等
	7	常住人员、出租房屋、流动人员情况变动必报	搬家、入户、出租房屋情况变动等
	8	群众反映问题必报	群众投诉、爆料、需求
专属网格"八必报"	1	矛盾纠纷必报	消费纠纷、欠薪纠纷等
	2	重大事(案)件必报	重大刑事案件、火灾、重大公共安全性事件、群体性事件等
	3	重点人员异常情况必报	精神障碍患者、社区矫正人员、刑满释放人员、吸毒人员、A4人员、残疾人、宗教人员、待业人员等
	4	安全隐患必报	沿街商铺及相对独立的园区、专业市场、大型商超、企业、学校、医院、在建工地等场所
	5	影响市容市貌问题必报	路面破损、广告牌破损、公共设施缺损、偷排污水、偷倒垃圾等
	6	经营行为不当必报	无证经营、未亮证亮照经营、未明码标价、缺斤少两、销售假冒伪劣商品、虚假夸大宣传等
	7	文明创建问题必报	店门前乱搭乱挂、乱设乱立广告牌、私自拉线充电、出店经营、店外作业、占道堆放物料等
	8	群众反映问题必报	群众投诉、爆料、需求

(三)网格规范化运行管理

为继续落实网格事件报送和管理、网格星级管理、网格绩效分档考核、"1+1+12+N"培训、"歇业教育""网格事务准入审查"等工作机制。

1.需全员参与事件报送

事件报办流程处置如图6.7所示。(1)镇村干部、网格员全员参与事件报送,辖区内矛盾纠纷、隐患问题、重大案(事)件等通过"掌上治理"即知即报、应报尽报。(2)结合"周二无会日",以村为单位,当日研究需解决的重大多跨事件,每周二由驻村干部通过"掌上治理"上报。(3)线下已办结事件,应在24小时内通过"掌上治理"补录,确保辖区内各类事件线上留痕,形成闭环。

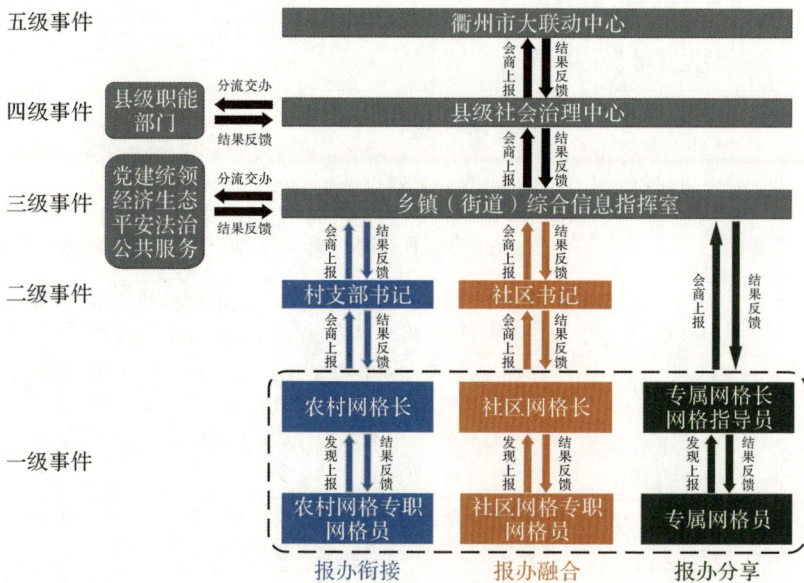

图6.7 基层治理事件报办处置流程

2.全面提升事件处置质量

（1）报送要求：新增事件描述应包含时间、地点、人物、起因、经过，补录事件应包含处置结果。（2）附件要求：尽可能采集现场照片，并作为附件上传。（3）办理要求：事件受理人要及时更新进度，处置完成后第一时间通过"掌上治理"办结；事件发起人应在事件办结后2小时内完成对事件评价。（4）挂起要求：重大疑难事件可申请挂起，挂起事件需经综合信息指挥室主任审核后方可操作。

（四）健全平战转换机制

平时依托网格长、专职（属）网格员、兼职网格员、网格指导员及相关专业部门力量建立常态化网格服务管理团队，乡镇（街道）负责统一登记，落实捆绑责任。战时由乡镇（街道）牵头整合专业部门力量、联户党员、村民小组长、村民代表、楼道（栋）长、物业（置业）公司工作人员、企业（单位、场所）工作人员、志愿者等力量，以网格为单元建立若干应急小分队，并以村（社）为单位进行编组造册，相关业务部门做好指导培训（见图6.8）。明确网格平战工作清单，平时做好隐患信息排查、开展政策宣传、收集社情民意、协助矛盾调解等工作，战时围绕疫情防控、应急抢险等工作开展组团作战、统一行动。

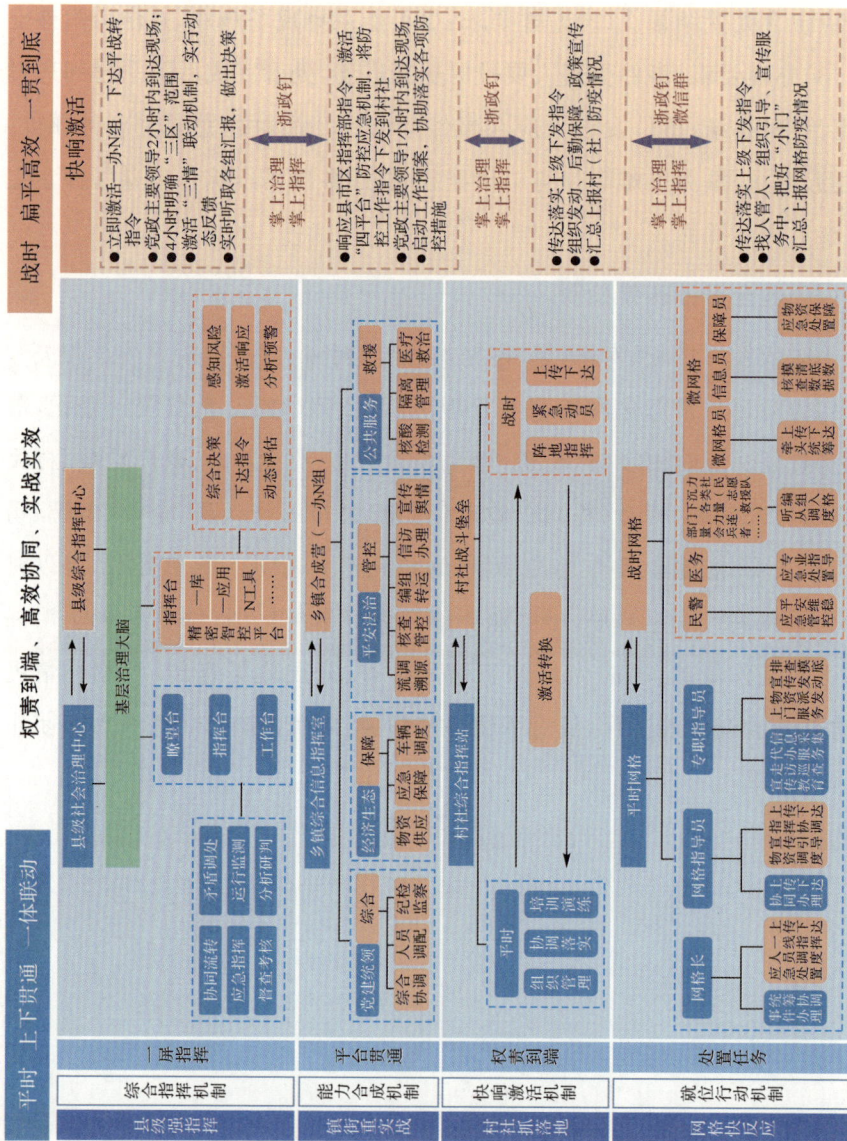

图 6.8 "141" 体系平战转换流程

第二节　贯通"162"与"141"体系

衢州市在数字化改革背景下贯彻落实中央、浙江省委决策部署,推动基层治理系统性重塑,减负赋能基层,增强基层政治功能,积极加快推进"162"体系与"141"体系衔接贯通。

一、推动应用贯通

根据数字化改革重大应用"一本账",统筹基层所需所能,梳理编制延伸到乡镇(街道)及以下层面的应用清单、事项清单。高标准承接浙江省级重大应用,以一体化智能化公共数据平台为支撑,通过业务协同和数据共享服务网关,加快完成与浙江省平台测试环境联调,实现浙江省级重大应用与衢州基层治理综合应用的技术贯通,争取发挥重大应用更大效能。强化技术支撑,提升服务基层治理领域的智能化能力,完成市县两级数据共享和业务协同网关统建,实现与浙江省级网关互联互通,支撑省市重大应用接入基层治理系统,实现基层治理系统多跨综合应用。

(一)实施乡镇(街道)分类管理

根据不同乡镇(街道)的地理区位、人口规模、资源禀赋、产业特点和经济社会发展水平,全面推行乡镇(街道)分类管理模式。按照经济型、生态型、复合型乡镇和城区型、城郊型街道5种类型,明确不同类型乡镇(街道)的功能定位和发展重点,探索建立差异化的政策资源分配机制和工作目标考核机制,以精准赋权赋能推动乡镇(街道)高质量发展。

(二)推动应用分层贯通

浙江省六大系统需与"141"体系衔接贯通的应用,按照贯通层级和贯通方式分为以下三类:(1)一贯到底类应用。直接贯通至村社网格,此类应用需要任务下发和事件上报,同时需要在县乡两级层面做数据回流,便于日后分析研判。(2)指令覆盖类应用。需要将应急指令同时下达县、乡、村、网格,便于各级第一时间做出响应、巡查问题、解决问题等。(3)分拨流转类应用。先由县级社会治理中心进行分拨流转,需县级部门办理的,则流转至县级部门;需县乡联动办理的,则流转至部门、乡镇(街道),或流转至村社网格。

衢州市将基层治理综合应用(原基层治理四平台)设为全市统建的业务协同平台,建立党建统领、经济生态、平安法治、巩固服务四条跑道门户街面,4 个已贯通浙江省重大试点应用(七张问题清单、防汛防台在线、e 行在线、社区矫正)分别接入各自跑道(见表 6.2),围绕贯通四个重点应用共 15 个业务点,分别在基层治理综合应用 PC 端(基层治理综合应用)、移动端(掌上治理)、大屏端(社会治理中心、智治中心)开展了界面改造。

截至 2022 年 7 月 16 日,全市 6 个县市区 103 个乡镇街道贯通办件情况如下:七张问题清单应用,纳入县级问题蓄水池 552 个,开展问题整改 178 个,问题整改率为 60.67%。浙里社区矫正应用,7 月份走访社区矫正对象 2130 名,走访完成率 86.71%。防汛防台在线应用,贯通以来发现风险隐患 543 个,整改完成率 100%。浙江 e 行在线应用,下发巡查电动自行车销售点 626 个,走访完成率 76.36%。下发巡查电动自行车维修点 493 个,走访完成率 75.25%。下发巡查电动自行车回收点 252 个,走访完成率 79.76%。

表 6.2　基层治理综合应用界面

序号	所属应用	功能清单	PC端用户	移动端用户
1	浙江e行在线	电动自行车、蓄电池销售单位巡察	乡镇、村社	网格
2		电动自行车、蓄电池维修单位巡察		
3		电动自行车、蓄电池回收单位巡察		
4	应急防台防汛	基层防汛防台体系信息维护	乡镇	—
5		村级防汛防台形势图编制更新	乡镇、村社	—
6		防汛防台风险隐患排查整治	乡镇	—
7		防汛防台基层责任人到岗履职	—	乡镇、村社
8		防汛防台应急期间人员转移	—	乡镇、村社
9		应急响应等级信息报送	乡镇	—
10		灾情报送	乡镇、村社、网格	乡镇、村社、网格
11		镇街综合指挥	乡镇	—
12	社区矫正	人员走访下派、反馈	乡镇、村社	网格
13		异常事件上报		
14	七张问题清单	问题整改	乡镇	—
15		问题发现上报		—

(三)建立事项审核机制

按照职责法定、权责一致原则,全面梳理乡镇(街道)的权力清单、政务服务事项清单、"属地管理"事项清单,厘清工作界面,实现清单之外无"属地事项"、列明之外无其他工作责任。坚决防止借助系统下穿打通过程中变相改变乡镇(街道)职责体系。(1)权责法定。下沉乡镇(街道)的职责事项原则上应属于乡镇(街道)法定职责范围内的事项,以及纳入"属地管理"事项责任清单或者党委政府即将明确纳入的事项和交办重大事项。部门有关临时性工作、阶段性工作不列入事项范围。(2)基层需要。下沉乡镇

（街道）的职责事项和村格的任务事项原则上要求是在乡村发生频率较高、乡镇（街道）开展工作需要、基层易发现好操作的事项。（3）分类准入。下沉"141"层级的事项不搞"一刀切"，县级层面根据乡镇（街道）实际确定。规范事项准入流程，按照"先定需求、再定应用、最后定事项"原则，按照梳理贯通需求—确定贯通应用—梳理涉及事项—提出下放事项—确定下放事项—建立准入清单的流程，推进事项准入和贯通工作。

（四）明确业务流程

贯通业务流程分为自上而下和自下而上两个方面，自上而下的统称为"任务"，自下而上的统称为"事件"。（1）任务的流程包括逐级下发（一般任务）、定点下发（巡查走访等）、全员下发（突发灾情等）三类，主要有三个环节：任务发起、任务跟踪、任务执行。（2）事件的流程包括逐级上报（常规问题隐患反映）、点对点上报（重大灾情、涉密信息等）、公开上报（公告通告等）三类，主要有三个环节：事件发起、研判协同、事件处置。

二、优化平台贯通

坚持数据同源、模型同构、全市统筹，依托社会治理中心和"基层治理四平台"，健全县乡两级综合指挥体系，强化对事项贯通流转办理的指挥、协调、督促、评价。从需求贯通、功能贯通、数据贯通三个方面推进基层治理系统建设平台贯通，通过浙江省一体化智能化公共数据平台——市一体化智能化公共数据平台（城市大脑）——县一体化智能化公共数据平台（数据仓）——基层治理"141"系统的贯通路径，推动数据资源下穿，构建公共服务组件。在此基础上，进一步向基层延伸，形成基层"141"系统和"162"系统功能双向贯通。

（一）一体化建设"141"

坚持数据同源、模型同构、全市统筹，一体建设县、乡和村社网格三级工作界面。对照矛盾调处、事件处置、风险研判、应急指挥、执法协调、基层指导 6 大功能,建设县级社会治理中心,对照党建统领、经济生态、综治工作、监管执法、应急管理、公共服务 6 大模块,建设乡镇(街道)"四平台"智治中心,对照党建、富民、治理、服务 4 大场景,建设村社网格"浙智兴村",形成"664"的工作界面。

(二)打造应用支撑体系

通过一体化智能化公共数据平台,建设市级能力开放中心,包含市统一用户组织中心、事件中心(任务中心)、智能辅助中心、一件事模块等,赋予各层级任务分拨、事件受理、风险感知、综合指挥、督办考评的能力,有效支撑"162"体系与"141"体系贯通业务。打通基层治理综合应用与浙政钉2.0 用户体系,基层治理综合应用覆盖浙政钉架构体系的全量用户体系,实现与浙政钉"一人一账号",为县乡村权责事项匹配提供基础数据。推动一件事集成联办,依托浙政钉统一架构,建设"掌上指挥"应用,作为"141"体系协同指挥的掌上工具,用于跨层级、跨部门、跨区域场景的事件协同处置。

(三)推进网关对接

基于业务协同和数据共享服务网关的统一规则和标准,进行省市县三级联合服务调用,实现贯通业务实时互联、协同分拨、快速落地。省级试点应用、基层治理综合应用依托业务协同和数据共享网关实现互联互通,支撑浙江省和基层各个业务应用系统间跨系统、跨部门、跨地域、跨业务、跨层级的访问共享,作为枢纽实现服务调用、注册交互所需要的服务发现、协议转换、流量控制、监控、鉴权、路由、API 托管等能力。地市网关依照浙江省网关建设标准,为本地应用提供接口转发能力,地市网关上线后,按照浙江省网关级联方案,加入网关集群,共享浙江省网关路由数据。

三、深化体制机制贯通

完善贯通事项动态管理和退出机制,做好重大应用的增量开发、迭代升级,强化适配性创新,为基层减负赋能。严格审核机制,形成定应用、定事项、定需求、定模块、定技术和应用贯通确认的"五定一确认"审核流程规范。建立数据共享机制,完善"双向审核、双向推送、双向交换"的数据共享方式,支撑县乡两级探索符合当地实际的创新应用,健全基层重大应用推广机制,实现"一地创新、全市共享"。建立全市统一事件中心,智能归集六大系统向下分派任务数据及下级上报事件。通过接口集成的路径,六大系统拟贯通的综合应用转换为任务集成在基层治理系统,实现支撑各业务应用跨系统、跨部门、跨地域、跨业务、跨层级的访问共享。

(一)推动组织机构模块化运行

迭代升级"基层治理四平台",在浙江省"综治工作、监管执法、应急管理、公共服务"四个功能性平台基础上,对标"两大体系"衔接贯通任务要求,增设党建统领、经济生态等功能模块,形成"4+2"构架,涵盖乡镇(街道)所有业务,进一步提升乡镇(街道)行政执行、为民服务、议事协商、应急管理、平安建设、促进共富等六大能力。推行派驻乡镇干部编制人员"双锁定",锁定部门派驻乡镇(街道)机构的编制数,实行"专编专用"。

(二)科学整合县乡执法力量

1. 全面推进"大综合一体化"行政执法改革

总结推广常山经验,厘清业务主管部门与综合执法部门的监管职责边界,整合现有专业执法队伍,除中央和浙江省规定的专业执法领域外,其他部门原则上不再保留执法队伍,执法事项回归机关或划归综合行政执法部门,实现由"部门执法"向"政府执法"的转变。推行"监管一件事""综合查一次""信用+监管"等执法方式,完善"综合执法+专业执法+联合执法"

多层次立体化执法体系。探索推行县级各执法检验检测机构和法治保障能力等深度整合，一体推进平安法治建设。

2. 推动乡镇（街道）"一支队伍管执法"实战运行

深化"1＋X"执法模式，建立健全片区内统一指挥协调、跨区域巡查等机制，探索推动执法证打通、证据互认改革，打造基层执法协作共同体。

3. 提升基层风险防控能力

（1）健全化早化小矛盾纠纷调处化解机制。全量掌握矛盾纠纷信息，常态化开展矛盾隐患大排查大化解工作。高标准打造乡镇（街道）矛调中心，有条件的可成立特色品牌调解室，组建一支金牌调解队伍。大力推进公安机关进驻乡镇（街道）矛调中心，加强 110 纠纷类警情双向推送，切实预防发生"民转刑"案件。全面推广"清湖模式"，全力打造数字化改革赋能下的新时代"枫桥经验"。

（2）建立健全救早灭小应急处突机制。组建"一专多能、一队多用"的综合性应急救援队伍，完善基层公共安全体系，注重前期预防，突出隐患排查，提升救早灭小能力。

4. 完善立体多维考评体系

（1）派驻干部"四权管理"。对派驻干部实行"锁编制""锁人员""双锁定"，赋予乡镇（街道）党（工）委对派驻干部的指挥协调权、考核管理权、推荐提名权、反向否决权等"四权管理"。

（2）县乡之间"双向互评"。赋予乡镇（街道）对县级部门的考核评价权，考核分占年度综合分的 20％，加大准入下放事项协调配合考核权重，强化捆绑考核，责任共担、绩效挂钩，推动县乡协同。

（3）基层干部"四维考评"。推行"岗位赋分＋模块评分＋组团积分＋专班计分"四维干部考评体系，每名干部按实绩"打分排名"，考评结果与干部年底评优评先、奖金分配直接挂钩，打破条块分割、身份标签、苦乐不均状况。乡镇（街道）将贯通业务纳入相应模块职责，并将贯通业务履职情况作为"四维考评"的模块评分指标。因贯通业务履职不当导致重大事故的，列入反向扣分指标且占50％以上权重比例。

第三节　推进基层智治大脑建设

基层智治大脑是服务浙江省、市、县（市、区）基层治理领域的智慧化能力中心，通过数字化、智能化技术和"县乡一体、条抓块统"基层治理改革双轮驱动，以全量采集感知和数据计算分析共享为基础，综合集成算法模型、经验知识、业务智能模块等资源，形成以数据计算分析、知识集成应用、逻辑推理判断等能力为核心的智能组件，实现基层治理领域的预测性战略目标选择管理和"平战一体"履职赋能增效功能目标，构建基层治理领域全领域感知监测、全方位决策辅助、全省域智慧共享、全过程减负赋能体系，推动基层治理工作从多跨协同处置向预测预警主动干预转变、从经验判断向知识集成转变、从运行监测评估向战略管理能力转变，打造共同富裕的基层智治新路径。

一、大脑功能定位

基层智治大脑作为基层治理系统的重要组成部分，由市级统筹规划，按照基础优先、逐步拓展的思路进行建设，最终形成一网一域一中心的基层智治大脑体系架构。市级统筹建设通用和核心能力，县（市、区）做好集成对接、场景应用落地。迭代《衢州市基层智治大脑建设指南》，出台《衢州市基层智治大脑建设方案》，统筹算法、模型、组件、模块等标准规范和"一本账"机制，以算力换人力，以智能增效能，为基层治理提供能力支撑。通过市级事件中心统一接入全市事件，实现事件跨部门、跨领域、跨层级的汇聚、融合，实现全量事件任务多维度监测、分析和管理。

二、建设目标

依托"变革、技术"两大驱动,逐步提升全量采集感知、知识基层应用、数据计算分析、逻辑推理等四种能力,推动从多跨协同处置向预测预警主动干预、从经验判断向知识集成、从运行监测评估向战略管理能力三大转变,实现基层治理能力和治理体系现代化的核心目标。

(一)推动基层实践跨域融合感知

构建以视频感知、物联感知、舆情感知和人工采集为核心的全时空多维度信息采集感知网,提升基层数据轨迹的及时性、准确性和实效性,实现基层治理领域全方位洞察和无缝覆盖。

(二)推动基层工作知识的沉淀

通过构建面向基层治理领域的通用化的知识库、数据仓、模型库、算法库以及规则和法律库,加快数据集成、知识集成、工具集成、模块集成、生态集成、案例集成,进而产生自主能力,以算力换人力,以智能增效能,全面为基层减负。

(三)赋能基层工作实战实效应用

通过"大脑"支撑基层实战探索,尽快实现大脑实战应用能力向全市输出。以"融合+实战"为路径,在疫情防控、监管执法、信访处置等各项基层工作方面,按照边建设边应用的原则,持续迭代推进"大脑"赋能基层治理指挥、推演、预警和决策支撑能力。

(四)辅助基层工作重大事项决策

通过"大脑",一是强化基层干部对未来的预测、风险的预警,从严从实从细识别和解决基层工作所面临的风险和隐患;二是战略目标选择和管理的能力提升,要运用大脑和算法,提升基层干部在监测、分析、评价方面的能力,在多个目标中快速寻求最优解,达到战略目标。

三、体系机构

衢州市基层智治大脑作为底层支撑,向上赋能市、区(县)、乡镇(街道)各级基层治理应用,并通过浙里办、浙政钉形成用户端。衢州市基层智治大脑主要包含四大层级。最底层以一体化数字资源系统(IRS)为基础,涵盖大脑建设所需的基础设施体系与数据资源体系内容;第二层为六大领域"大脑"通用的感知工具与应用管理模块;第三层为以海量数据与知识为基础,建设知识库、全域感知、模型计算、决策支撑四大核心部件;第四层为智能化基础模型,包含智能搜索、智能推荐、智能交互等。基层智治大脑体系架构见图6.9。

四、建设内容

通过模拟人脑的工作原理,从知觉、记忆、决策、行为四个方面谋划"基层智治大脑"的核心功能部件,具体包括全域感知、综合集成、赋能支撑三大能力域。

(一)全域感知

视觉感知能力:提供视频监控、人像卡口、人脸门禁、高空瞭望等核心功能,构建大脑的"视觉"感知能力。听觉感知能力:提供舆情监测、事件上报、问题举报等核心功能,构建大脑的"听觉"感知能力。触觉感知能力:提供Wi-Fi探针、水侵告警、烟雾告警等核心功能,形成统一物联感知网,构建大脑的"触觉"感知能力。

通过视觉、听觉、触觉等信息的汇聚和融合,实现基层事件的跨域融合感知与洞察。

(二)综合集成

算法模型库:提供计算机视觉、自然语言处理、语音识别、事件智能识

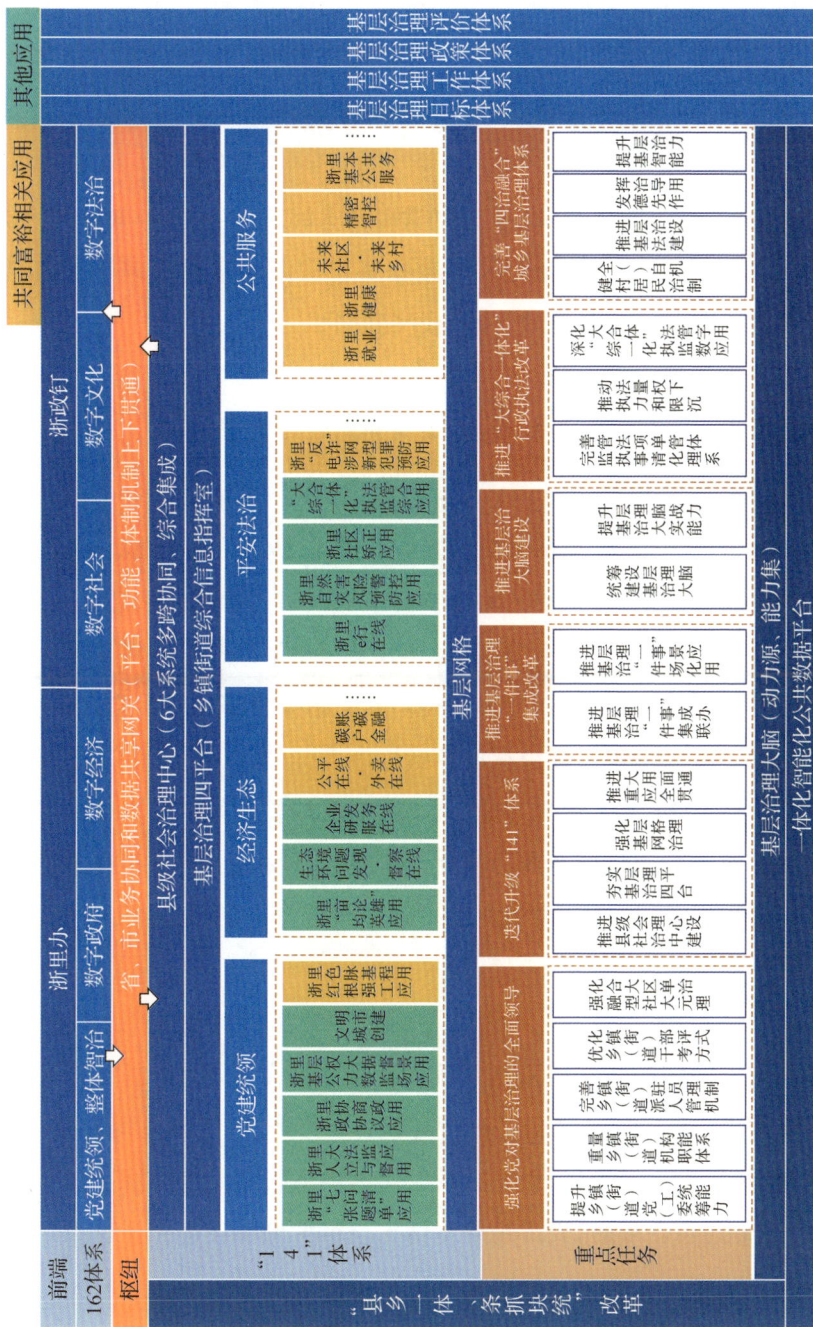

图 6.9 基层智治大脑体系架构

别等算法。

业务模型库:建立仿真决策模型、辅助决策模型、命名实体抽取模型、信息抽取模型、图谱推理模型,语音识别模型、目标检测模型、地址标准化模型。

知识库:借助法律法规、经验案例等知识库信息,实现业务知识的沉淀与积累,通过不断汇聚基层治理领域数据资产和沉淀基层治理业务知识,综合集成基层治理体系各领域算法、模型和知识。

基于数据和算力,通过算法、模型和知识库的综合集成,形成"大脑"的逻辑计算能力,为进一步研判、指挥、推演提供能力支撑。

(三)赋能支撑

统计分析能力:提供指标分析、趋势分析、自助统计等数据分析工具,通过该类工具的使用,可以便捷地从数据中挖掘出有价值的信息。

挖掘研判能力:提供多事归因、评估预测、风险预测等研判类工具,提升使用者对风险的识别与预判能力;提供掌上指挥、应急指挥、指挥调度等核心组件,提升多跨协同、资源调度等指挥能力。

战略管理能力:提供流程优化、能力评估、响应预案等推演组件、帮助基层管理者快速找到目标达成的最优解;提供制度规范、运行机制、政策模拟等战略管理组件,提升基层管理的战略管理能力。

五、建设路径

基层智治大脑作为基层治理系统的重要组成部分,由市级统筹规划,按照基础优先,逐步拓展的思路进行建设。市级统筹建设通用和核心能力,区县做好集成对接工作,做好场景应用落地运行,区县自建的创新能力和场景,符合共性需求的,经市级统筹纳入全市大脑建设进行全市推广。

(一)省级统筹大脑建设规划和能力标准

省级统筹规划基层智治大脑业务和数据标准,做好数据归集、综合研判和评价考核。统筹推进业务流程再造、管理重构、制度重构。迭代六大领域和基层治理系统的业务对接和贯通。完善数据回流,进一步为基层工作集成和赋能提供支撑。构建以应活率、实活率为核心指标的评价体系,为各地市大脑的建设和运行提供指导和考核。

(二)市级统筹建设大脑共性能力

市级统筹规划包括基础设施、感知体系、综合集成和赋能支撑四大能力建设。

基础设施:加强建设衢州市政务云及网络规划。进一步加强弹性计算、图像计算、存储容量、大数据计算和存储、高并发消息分发和网络带宽等基础资源建设,加强国产化适配。

感知体系:迭代完善现有城市大脑的各项视频分析类能力以完善大脑的感知能力,迭代完善市级事件中心以完善事件类信息感知能力,规划建设市级物联网平台以统一接入全市物联网感知设备信息。

综合集成:梳理核心业务模型和指标体系,完善各类基础库、主题库和专题库建设,统一数据归集和治理、统一核心数据模型指标、统一数据可视化工具。完善各类数据的归集和治理,统筹建设知识库,做好知识类目管理、知识的审核及发布,不断完善各领域知识库建设。

赋能支撑:强化智能化辅助、指挥体系和研判决策能力建设。统筹建设智能表单、智能外呼、智能语音等人工智能能力,迭代建设掌上指挥,并进一步在各区县全面推广。

(三)区县落实大脑能力应用

市和各区县社会治理中心、乡镇街综合信息指挥室及其他社会治理部门和平台,在统一业务体系和技术架构下,充分利用大脑的各项支撑能力,做好应用集成,实现基层减负、持续业务创新。

第七章　衢州基层治理改革创新内容：大综合一体化改革

目前中国现行的绝大多数法律法规明确行政执法权的实施主体是县级以上人民政府及部门，乡镇作为最基层的一级政府，缺乏独立行使的资格，不能以自己的名义开展行政检查、行政处罚、行政强制等执法活动。执法权限缺失造成了工作难以展开，面临"执法即违法"的局面。这一局面导致了乡镇政府职责不堪重负，因此要缓解乡镇政府职责与权力、资源不对称等现象，就必须将部分执法权限下放乡镇。衢州市逐步将综合执法、市场监管、资规等职能机构执法权限下放到乡镇，进行"大综合一体化"改革。这一改革举措，缓解了乡镇职责与权力、资源配置的不合理现象。

第一节　改革内容的体系架构

为了解决乡镇执法主体资格缺失、执法能力不足的问题，衢州市以"大综合一体化"改革为契机，通过事权下放、人员下沉，让"条"上的资源沉下去，"块"上的力量统起来，全面增强基层主动权、主导权。主要做法如下。

一、推进行政执法整体改革

(一)建立改革统筹协调机制

建立市县两级综合行政执法改革领导机制,统筹协调解决全市综合行政执法改革中的重大问题。统筹、协调、指挥、监督各执法主体执法活动的具体工作;协调解决执法权限、执法依据等争议,以及案件移送、信息共享、工作配合等履行行政执法职责衔接和配合过程中产生的问题;督促各部门依法监管,避免执法不力、推诿扯皮,实现统筹管理行政执法队伍、指挥行政执法活动、调配使用执法人员及统一行政执法规范、执法保障、执法监督"三统筹三统一"。

(二)打造全覆盖政府监管体系

以"一件事"全过程监管为切入点,依托浙江省"互联网+监管"平台,由各行业监管部门牵头制定跨部门、跨区域、跨层级重点监管计划,由县级社会治理中心汇总审定后发布年度监管方案,确定监管目标、内容和举措,作为统筹组织执法监管活动的依据。县级社会治理中心制定监管跟踪评价规范,将监管计划执行情况、条块联动效率和整体执法监管效能作为年度综合考核的重点内容,全面提升监管行为覆盖率。实施新经济、新业态、新模式包容审慎监管,加强对危化品、安全生产、交通运输、环境保护、食品药品、公共卫生等重点领域监管。依托"12345"热线等信息来源渠道,建立"三不管""多头管"问题线索专项征集机制,统一汇总县级社会治理中心研究交办。

(三)打造全闭环行政执法体系

优化拓展综合行政执法范围,规范部门专业执法事项清单,形成整体执法事项目录,实行迭代更新。整合归并检查活动,减少多头、重复的检查事项,形成检查任务清单,推进"综合查一次"。以数字化实现对审查审批、监督管理、行政检查、行政处罚、行政强制等全环节执法评议。定期不定期开展案件评查，及时发现执法程序、法律适用、自由裁量、文书规范等方面存在的问题，提出指导方案、司法建议或执法监督意见，发挥行政复议、行政诉讼功能，促进严格规范公正文明执法，构建"审批—监管—处罚—监督评价"的"大执法"工作闭环。

二、推进县域行政执法集成改革

（一）打造县级"大综合一体化"改革样板

以县为基本单元，在常山县探索更大范围更大力度的跨部门、跨领域行政执法改革，将行政执法部门执法事项和执法人员编制全部或部分整合划转至重新组建的县综合行政执法局，加挂县综合行政执法队牌子。成立县综合行政执法改革领导小组，领导小组下设办公室，办公室设在县综合行政执法局，推动"多头执法"转向"整体执法"。探索建立县级综合检验检测中心，依托"一站全检"强化对行政执法技术支撑。

（二）强化县级行政执法协调指挥功能

赋予县级社会治理中心对行政执法活动的协调指挥权，建立"常驻＋轮驻"相结合的常态化运行机制，通过业务协同、数据共享、证据互认，实现对行政执法行为的全流程监管。统筹组织研究制定县乡联合执法等年度执法监管计划，制定工作方案、应急预案，确定执法重点，定期通报执法情况。建立行政执法定期会商研究工作制度，及时研究协调处理行政执法中的问题，并对重大、疑难、复杂的行政执法案件进行具体的案例分析；遇到特殊情况，可专题研究部署突发或专项行政执法工作。建立"中心派单"机制，及时交办工作任务，督促各部门依法依规履职尽责，实现跨部门、跨区域、跨层级的一体联动执法。

（三）建立县乡全方位联动执法机制

坚持"谁审批、谁监管，谁主管、谁监管"，业务主管部门落实主体责任，加强源头监管和协调指导,依法履行政策制定、审查审批、批后监管、协调指导等职责,强化事中事后监管,及时将案件线索、初步证据、相关认定等材料移送行政执法部门或乡镇(街道)。对行政执法部门及乡镇(街道)要求出具审批资料、相关认定、专业检测、鉴定意见等证据材料的,业务主管部门及专业技术机构应及时提供。乡镇(街道)在执法过程中发现涉及其他部门管辖的违法行为,应及时报送县级社会治理中心协调派遣相关部门处理,并对及时率和处置率进行考核评价。

三、推进乡镇(街道)"一支队伍管执法"改革

(一)组建乡镇(街道)执法队伍

将基层管理迫切需要且能有效承接、专业技术要求不高、易发现易处置的执法事项,按程序赋予中心镇、较大的乡镇(街道)行使。按照"编随事走、人随编走"原则,合理确定部门执法事项划转所对应的执法人员编制数。在中心镇、较大乡镇(街道)组建乡镇(街道)综合行政执法队,以乡镇(街道)名义依法相对集中行使行政处罚权及相关行政监督检查、行政强制权,实行"一支队伍管执法"。

(二)完善乡镇(街道)"一体化"指挥运行机制

以中心镇、较大乡镇(街道)综合信息指挥室为载体,向上接通县级社会治理中心,横向打通其他乡镇(街道)综合信息指挥室,向下贯通村社全科网格。加强乡镇(街道)综合信息指挥室力量配备,形成发现、交办、处置、反馈、考核、评价全环节全链条的工作闭环。建立乡镇(街道)党政碰头会商等工作机制,明确执法人员调配和其他保障措施,落实信访维稳等风险防范措施。依托村社全科网格、红色物业联盟等,通过网格巡查、线索排查上报、发现和制止违法行为,协助执法办案。

(三)创新构建"1+X"执法模式

按照"综合执法+专业执法+联合执法"的要求,中心镇、较大乡镇(街

道)以外的其他乡镇实行部门派驻力量辐射执法,融入"基层治理四平台"一体运行,由派驻部门开展定期或不定期跨区域巡查、紧急事项响应、"综合查一次"、执法资源共享,构建"1＋X"执法模式。逐步实现县级部门派驻乡镇(街道)机构管辖区域一致,人员集中办公、资源共建共用,统一指挥、联合执法。

四、推进执法队伍规范化建设

(一)健全工作机制

建立协作配合机制、依法行政工作机制、执法保障机制、执法办案机制、日常管理机制、信息化管理机制、执法监督机制和行风效能机制等工作机制。规范执法程序,明确执法流程,制定执法标准,实现队伍管理一体化、执法事项一体化、指挥协调一体化、办案流程一体化、监督保障一体化、信息共享一体化。

(二)落实办公场地

以中心镇、较大乡镇(街道)为单位开展执法办公场地建设,按标准建立执法装备库、罚没物品库、办案询问室、调解接待室、执法指挥室、备勤用房、办事大厅和培训室等业务技术用房和办公用房,开辟党建阵地,队伍管理制度、执法办案流程上墙。

(三)统一标识和配备装备

统一综合行政执法队制式服装,按标准统一业务技术用房、办公用房、执法车辆的标志标识,合理配备行政执法专用车辆等装备,切实保障执法检查、调查取证、快速检测、应急处置等工作需要。

五、推进智慧执法建设

(一)开展线上执法

全面接入浙江省统一行政处罚办案系统,做到全程网上办案。大力推广应用"浙政钉·掌上执法"，实现所有执法事项网上办、掌上办。依托浙江省"互联网＋监管"平台的决策支持模块，加强行政许可、行政检查、行政处罚、行政强制等执法监管数据的归集分析，一体推进线上线下执法监督工作，实现对事前事中事后监管的数字化监督。

（二）探索执法数字化场景应用

探索"信用＋执法监管"场景应用，全面推广非现场执法，挖掘违法线索、固定违法证据，将行政监督、行政检查、行政处罚、行政强制等执法信息关联整合，转化为信用指标、信用积分，纳入"信安分"等信用信息评价体系，为源头管控、治"未"病提供支撑。

六、推进执法能力专业化建设

（一）加强法治保障

严格落实行政执法公示制度、执法全过程记录制度、重大执法决定法制审核制度，全面落实行政执法责任制和问责制，严格规范行政执法自由裁量权的行使。充分利用好乡镇（街道）司法所、法律专家顾问团和上级部门法制力量的审核把关指导作用，提高办案质量，降低败诉风险。建立健全行政执法与刑事司法衔接的长效工作机制及双向案件咨询制度。综合行政执法部门要加强与公安机关、检察院、法院的沟通对接，严格执行案件移送程序和标准，做到行政执法与刑事司法无缝衔接。对以暴力、威胁、逃避等方式阻碍行政执法人员依法执行公务的行为，公安机关应及时处警制止，并依法调查处理。

（二）加强业务培训

建立综合行政执法培训教育体系，编制年度培训工作方案和培训大纲，统一编印综合行政执法典型案例，精准开展执法人员业务培训和法制培训。建立执法人员轮训制度，行业主管部门应当协调综合行政执法人员参加上级业务主管部门组织的行业培训。鼓励、支持符合条件的乡镇(街道)综合行政执法队员参加国家统一法律职业资格考试和相关专业资格考试。按照"应持尽持"的原则,乡镇(街道)符合条件的在编干部应全员取得"浙江省行政执法证"。

(三)加强执法队伍规范化建设

加强执法人员待遇保障,从执法制度建设、执法行为规范、智慧执法应用、执法能力提升、执法基础保障等方面统筹推进综合行政执法队伍规范化建设,树立综合行政执法队伍新形象。

第二节 执法监管的数字应用

衢州市建设"大综合一体化"执法监管数字应用,是综合行政执法改革和法治政府建设的重要内容,鲜明地体现了整体政府的理念,对推动和保障综合执法改革落实落地具有关键意义。2022年1月1日起施行的《浙江省综合行政执法条例》明确规定浙江省政府应当组织建设和管理浙江省统一的数字化行政执法平台,行政执法机关应当全面运用数字化行政执法平台开展执法活动。

一、总体框架

以统一、集成、规范为核心,设计整体架构、梳理业务逻辑、深化数据共享、推进业务协同,基于"一屏两端"构建"行政审批—监管执法—监督评价"的全流程"大执法"闭环,整体按照"1+4+N+2"思路建设。

(一)1个决策模块

为执法指挥机构、执法主体、执法人员的工作系统,根据不同用户角色配置不同业务模块及权限,同时具备决策支持、协同指挥功能,可以智能研判和分析展示综合行政执法改革成效。通过构建一套执法监管业务模型、建设一个执法监管知识库、汇聚一组执法监管专业算法、构建一个执法监管数据仓,建立大综合执法监管数字执法应用"大脑"。

(二)4 个执行模块

为工作人员和执法人员的执法业务系统。具体包括:"协同指挥"模块、"监管检查"模块、"处罚办案"模块、"执法监督"模块。

(三)N 个集成模块

为平台及执行系统的数据、业务支撑系统,同时归集、对接平台外符合标准的相关数据。主要包括:(1)集成执法要素管理;(2)审批监管衔接;(3)风险监测模型;(4)信用分类评价;(5)包容审慎监管;(6)投诉举报处理;(7)基层治理协同;(8)执法证据共享;(9)非现场监测;(10)其他。

(四)2 个体系

即"大综合一体化"执法监管数字应用理论体系和制度规范体系。

二、建设内容

(一)1 个决策模块

(1)建设多场景、多主题的数字驾驶舱,分为"改革成果""重大任务""实时监测"等 3 个板块,全面综合分析监管执法概况和高频事项情况,追踪热点关注问题。"改革成果"展示"金字塔"行政执法结构、"一支队伍管执法"、多跨"综合查一次"、"三高事项"综合执法、行政执法清单、公权力大数据监督等情况;"重大任务"展示执法计划、专项行动、重点事件跟踪、宏观分析预警等情况;"实时监测"展示监管执法概况、热点关注、综合评价分析、高频事项分析等情况。

(2)对接行政执法相关业务模块,通过浙政钉扫码登录(PC 端、移动端),实现浙江省各级执法部门一网接入,集成浙江省各类通用应用场景,开发标准化应用接口,接入个性化应用场景,支持任务、审批、消息、服务等基础功能。

(3)建设完善执法监管数据仓,为上层应用提供高质量数据支撑和一体化数据流转,建设全生命周期运维管理系统,实现数据统一接入、统一标准、统一监控,构建应用全覆盖的数据运行监控指标体系,提升应用业务预警和故障监控能力,保障系统平稳运行。

(二)4 个执行模块

1. 协同指挥模块

通过协同指挥模块,优化执法资源配置,建成全链条闭环协同的指挥运行体系。协同指挥模块按照统分结合建设原则,采取"1+11"的建设模式,由省级建设驾驶舱并确定基本业务逻辑和功能模块,各设区市结合地方实际做好增量开发,实现与乡镇(街道)综合指挥室、县(市、区)指挥中心融合,全面贯通"1612"体系。

(1)构建线上指挥体系,实现执法计划统筹掌控,执法任务转办交办,执法活动统一指挥,任务进度督办等功能。(2)构建线上协同机制,支持执法部门间横向及省市县乡间纵向的执法协同,具体包括综合查一次、执法协助、紧急协同、联合会商、线索移送、争议处置、线上法制审核等。(3)统筹资源调配,通过接入各地执法人员及装备(如执法车辆、视频监控、执法记录仪、无人机、掌上电脑等)情况,实现线上跨区域、跨部门的人员、装备、智能感知设备的统一监管和集中调度指挥、调配,并通过可视化地图呈现,支持非现场执法活动。(4)构建考核评价体系。确定考核标准和考核流程,对协同情况、事件处置情况等进行跟踪归集,考评赋分,提升效能。(5)建设指挥中心,通过可视化大屏查看资源配置、执法协同、事件处置情况等信息。

2. 监管检查模块

(1)开发建设巡查检查任务、乡镇(街道)监管检查功能模块,推进浙江省乡镇(街道)入驻并应用。(2)开发建设"双随机"监管"智联查"功能,对双随机任务依据抽查事项关联的数据信息进行大数据智能预查，为执法人员现场检查提供参考。(3)迭代管理端功能，明确管理人员角色定位，设置权限定位，新增任务督办、在线审核、部门工作绩效分析等功能，优化掌上执法领导端功能。(4)贯通检查与处罚业务，衔接检查与处罚流程，顺畅对接简易处罚、简案快办场景，简化审批及取证过程。(5)优化用户使用界面、简化操作流程，完善信息提醒、文书录入、案由检索、执法定位等智能辅助功能，减少重复录入。

3.处罚办案模块

(1)构建浙江省统一的处罚办案模块，集成综合执法办案模块和专业执法办案模块。通过统一用户体系、统一数据标准、统一业务流程，实现全流程执法数据归集；通过综合执法模块和专业执法个性化改造，满足不同执法领域业务需求。(2)打通办案系统与统一公共支付平台，实现违法处理、罚款缴纳一体化运行。(3)衔接行政执法与行政复议和行政诉讼，实现行政执法与刑事违法案件线上移送。(4)整合现有统一处罚办案系统与综合执法办案系统，迭代打造全新的统一处罚办案模块，根据不同用户角色设计个性化工作台，以文书为核心改造操作界面，增加简案快办、多案由多当事人案件办理、简易处罚查罚一体等功能。(5)推动执法终端的统一化和标准化。

4.执法监督模块

(1)完善执法监督数据驾驶舱，展示浙江省执法监督工作情况，为"大综合一体化"行政执法改革提供决策支持。(2)优化执法问题智能定位功能，提升执法问题定位的全面性和精准性，实现对审批、监管、处罚等行政执法各环节的监督。(3)迭代升级执法效能评价模块，增量开发执法效能评价模型，实现全面、客观、合理评价各执法主体的执法效能。(4)打造多跨协同监督场景，完善执法问题协同处置功能，向各部门及时推送执法问题信息并实现协同处置；开发社会公众监督码，实现群众对执法活动的监督,形成政府层级监督、部门内部监督和社会监督的合力。

(5)按照公权力大数据监督要求,开发纪检监察嵌入式监督模型,同步归集监督数据,实时导入浙江省公权力大数据中心。

(三)N个集成模块

1.权力事项管理模块

(1)优化权力事项管理模块,推进监管事项融合,实现国家事项库和省级事项库融合、监管事项分级分类管理。支持不同监管方式标记、不同层级认领标记。(2)全面推进各模块按权力事项运行。通过权力事项关联,打通各模块的功能;同时,将权力事项在各模块的办件数量、质量指标回流到权力事项模块。(3)优化事项展示界面和统计功能,查看专业执法和综合执法事项清单及实际发生量,支持业务条线、部门、地区等不同维度的查看,可根据用户需求,提供多维度查询、统计、导出事项功能。(4)开发监管执法事项监测功能模块,辅助比对法律责任条款与监管执法事项,督促完善事项清单,加强监管执法事项的动态管理。(5)优化"监管一件事",梳理涉及多个执法部门管辖的监管事项,拓展"监管一件事"数量。

2.执法队伍管理模块

(1)建立行政执法主体信息数据标准,完善执法主体数据库信息,实现执法主体信息完整统一、标准规范。(2)建立执法证件信息数据标准,完善电子执法证件应用,优化执法证件信息在监管检查、处罚办案等相关业务模块中的使用。(3)推进执法证件跨部门跨区域跨层级使用,支持联合执法中简单检查业务的部门间委托。

3.证据共享模块

(1)建立执法取证、固证、存证、用证标准,推进电子化证据规范使用。(2)开发八大类证据取证端,包括移动/WEB取证、智能笔录和远程取证模块,并在IRS上架。(3)运用区块链技术建设统一的证据链,满足存证、固证及证据共享应用。(4)推进取证端在监管检查模块、处罚办案模块的嵌入和应用。(5)归集电子化规范化采集的证据材料,建设证据库。(6)开发网上听证功能。

4.其他集成模块

风险监测模块、信用分级分类模块等其他集成模块通过接入或对接的方式为平台提供支持。

(四)标准和规范建设

1.业务标准

根据综合行政执法改革的要求,对协同、监管、处罚、监督等相关业务进行梳理,统一业务流程、证据标准、制度规范等。

2.技术标准

(1)统一行政执法数据标准,包括监管要素、协同指挥、监管检查、处罚办案、执法监督等数据标准。(2)制定掌上执法终端、执法记录仪、取证终端等执法装备标准。

3.接口标准

建设标准化的执法数据与业务服务支撑体系,基于浙江省大数据局IRS平台,开发统一的执法数据与业务服务标准化组件,统一发布、统一申请、统一应用,为各地各部门统一调用。(1)数据服务类组件,包括执法主体、执法人员、监管对象、监管事项等。(2)业务应用类组件,包括监管检查、处罚办案、执法监督、证据共享等。

第三节　乡镇一支队伍管执法

衢州市为进一步突出"一支队伍管执法"的重要作用,以数字化为支撑,多渠道推进行政执法权限和力量向基层延伸和下沉,多措施强化乡镇(街道)的统一指挥和统筹协调职能,从而推动执法权限下放精准化、执法力量资源集约化、执法实战运行一体化及执法过程数字化,全面提升衢州市行政执法法治化、智能化、专业化水平。"大综合一体化"执法监管数字应用架构见图 7.1。

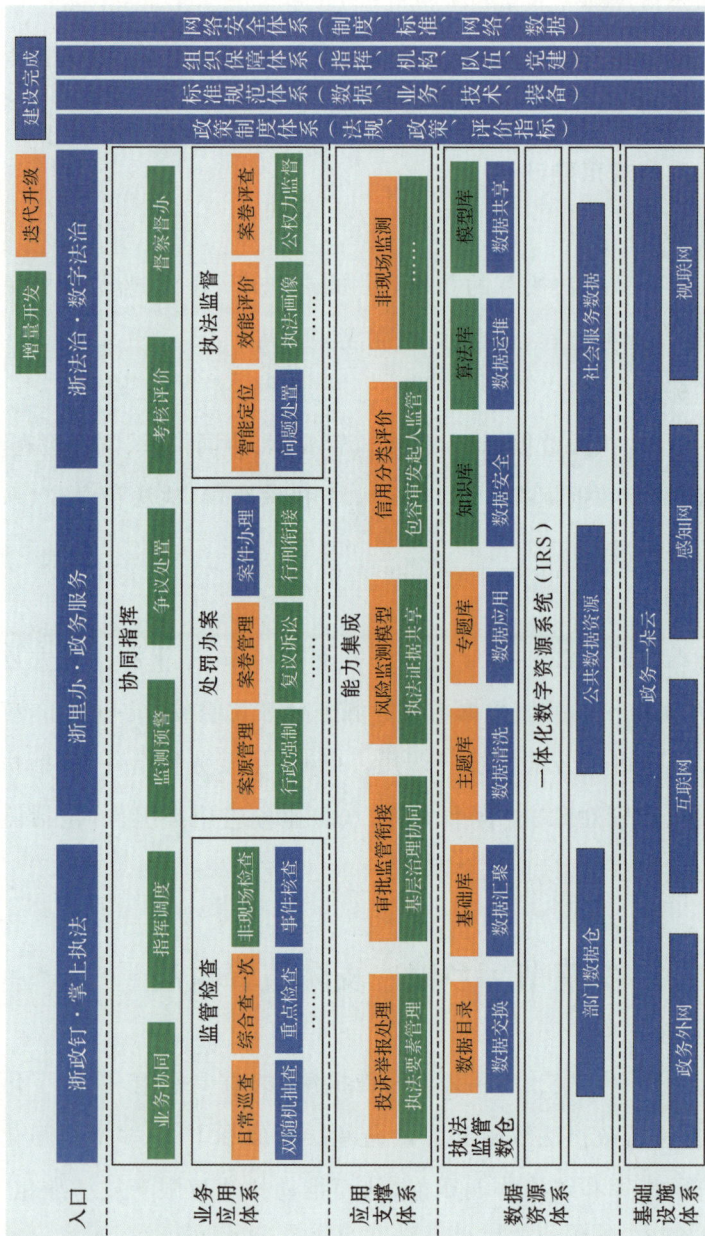

图 7.1 "大综合一体化"执法监管数字应用架构

一、推进执法权限下放精准化

(一)选定赋权对象

对条件较成熟的 35 个中心镇和较大乡镇(街道)，通过依法赋权方式，由乡镇(街道)集中行使综合行政执法、生态环境、自然资源、交通运输、文化旅游、市场监管、农业农村、应急管理等县级部门法定的全部或部分行政处罚权及与之相关的行政检查权、行政强制权，以乡镇(街道)名义开展执法。逐步赋权其他基层管理迫切需要且具备承接能力的乡镇(街道)。

(二)制定赋权标准

充分论证执法事项性质和乡镇(街道)承接能力，细化制定高频率、高综合、高需求、易发现、易处置等标准，并与乡镇(街道)属地责任清单相匹配，形成执法"一件事"整体划转。"高频率"事项指与企业群众日常生产生活关系密切、发生频率较高的执法事项；"高综合"事项指涉及多个部门执法职责，易造成多头重复交叉执法，或者互相推诿导致监管空白的事项；"高需求"事项指基层(特别是乡镇)迫切需要的，但又没有权限行使的执法事项；"易发现"事项指基层执法队员在日常巡查中，通过一般检查手段能够直接发现并判断的执法事项；"易处置"事项指专业技术要求不高、执法程序较简易、执法难度较低的执法事项。

(三)制定赋权清单

市综合行政执法指导办对照浙江省综合行政执法事项统一目录和乡镇(街道)综合行政执法事项指导目录，按照高频率、高综合、高需求、易发现、易处置等标准，梳理必须下放和可放可不放事项。各县(市、区)承接全部必须下放事项，因地制宜选择部分可放可不放事项，形成乡镇(街道)具体实施的行政执法事项目录清单。

(四)规范赋权程序

各县(市、区)乡镇(街道)具体实施的行政执法事项目录清单(报审稿)

经市综合行政执法指导办审核同意后,由县(市、区)政府按照重大行政决策程序规定,将乡镇(街道)具体实施的行政执法事项目录清单向社会公布并组织实施。县(市、区)政府可对已公布乡镇(街道)行政执法事项目录清单实行动态调整,调整程序按照上述要求执行。

二、推进执法力量资源集约化

(一)加强执法队伍建设

在有效整合乡镇(街道)现有站所、分局执法力量和资源的基础上,与部门下放事项相对应,在执法队伍中充实业务精、素质高、能力强的乡镇(街道)干部和部门派驻干部,合理设置岗位职务,通过制度规范、纪律教育、作风整顿等方面的措施,造就一支高素质的乡镇(街道)执法队伍。

(二)深化"1＋X"执法模式

赋权的中心镇(街道)为"1",与其地域相邻、规模适当、联系密切、便于协作的乡镇为"X",县级综合执法部门在作为"1"的赋权乡镇(街道)同步派驻执法队伍,与乡镇(街道)综合行政执法队合署办公。通过统一协调指挥,探索执法证打通、证据互认,整合"1＋X"乡镇(街道)执法力量开展跨区域巡查、应急联动、集中整治等联合执法,分别以赋权乡镇(街道)名义和综合行政执法部门名义做出行政决定,构建基层执法协作共同体。

(三)健全考评机制

进一步强化乡镇(街道)对"一支队伍管执法"的指挥协调、考核管理、推荐提名、反向否决等权限。以聚焦执法主职主业为目标,科学合理设置综合执法人员考评细则,做实做细派驻干部的"四维考评"工作,推动执法派驻人员与乡镇干部一体管理、一体考评。探索"1＋X"乡镇(街道)对执法人员综合评价机制,增强跨区域执法协作性。加强县级部门对派驻人员的协调监督功能。

三、推进执法实战运行一体化

(一)统一指挥协调

以"一中心四平台一网格"为主干,充分发挥好乡镇(街道)综合信息指挥室作用,贯通县、乡、村三级指挥网络,统筹管理辖区内行政执法活动,整合调配使用执法力量,形成发现、交办、处置、反馈、考核评价工作闭环;需要其他执法主体协同的,由乡镇(街道)向县级社会治理中心(县级行政执法协调指挥平台)点兵点将,乡镇(街道)对各单位响应率、处置率和满意率进行评价。

(二)规范日常运行

按照"四有六化"标准,强化执法车辆、装备、场所等保障,统一着装、标志标识,强化执法队伍规范化建设。对照"一图四表八机制",落实乡镇(街道)党政碰头会商,县级行政执法部门与乡镇(街道)案件移送、信息共享等衔接工作机制,健全制度保障,推动"一支队伍管执法"运行体系更加高效协同。

(三)明确监管执法职责

按照"谁审批谁监管、谁主管谁监管"原则,全面界定部门和乡镇(街道)监管执法职责,明确行业主管部门和乡镇(街道)综合行政执法队伍的监管范围、监管方式、实施路径及重点内容。乡镇(街道)综合行政执法队伍以日常巡查为主(固定监管对象的定向检查以外),制定监管规则和监管标准、定向检查等其他监管工作由原主管部门承担,实现"双重监管"。推动"一支队伍管执法"由末端执法向前端监管延伸,探索审批事项、监管事项与执法事项在同层级形成工作闭环。

(四)严格法制审核

落实行政执法"三项制度"、行政处罚裁量基准、执法人员持证上岗等制度,统一执法文书、制定办案指引。充分发挥好执法队内部法制员、司法所、法律专家顾问团和上级部门法制力量审核把关指导作用,运用联合审查机制、委托第三方审核、运用信息化手段审核等形式,建立全流程法制审核制度,提升案件办理质量。探索县级部门兜底乡镇(街道)的审核机制,推动执法办案质量县乡一体同责。

四、推进执法全过程数字化

(一)建立全信息化执法流程

围绕有效承接"162"体系在执法领域落地,依托乡镇(街道)智治中心,整合汇聚投诉举报、执法人员、事件流转、案件办理、监测预警等信息,做到执法信息线上流转、执法任务线上派单、执法过程线上记录、执法案件线上办理、执法结果线上反馈、执法档案线上留存。

(二)推动执法信息数据库建设

按照数字化+网格化的模式,对照执法基础信息采集标准,乡镇(街道)综合行政执法队伍在管辖范围内开展执法监管基础信息大采集。推进数字化档案建设,纸质档案特别是行政执法案卷进行扫描、拍摄、制作图片、导入档案信息查询系统等一系列电子化存储归档管理。配强智能化执法装备。鼓励各乡镇(街道)执法队伍升级现有执法记录仪等数字化单兵装备,逐步配备远程执法、移动执法终端,视频监控和无人机等现代科技装备。加强智能化装备在日常巡查、办案中的运用,探索移动执法信息化应用,执法过程可以在手持移动执法终端上"一站式"办结,实现执法人员"马路办案""移动办案"。

案例 15

衢江区一支队伍管执法"1+X"执法模式

为深入推进"区乡一体、条抓块统"改革,提升基层治理体系和治理能力现代化水平,衢江区在各乡镇(街道)深化"1+X"执法模式,进一步统筹整合基层执法力量,夯实全区"一支队伍管执法"工作,深化了"一支队伍管执法""1+X"执法模式。

(一) 工作目标

积极推进行政执法权限和力量向基层延伸和下沉,强化乡镇(街道)的统一指挥和统筹协调职责,整合现有站队所、执法力量和资源,在站队所驻地设置乡镇(街道)综合行政执法机构,对管辖区域内行使基层治理所需的行政处罚权,形成"横到边、纵到底"的"1+X"执法模式(见图7.2),实现基层一支队伍管执法,从源头上解决执法缺位、多层执法、多头执法等问题,切实提高基层治理能力,推进区域治理现代化建设。

(二) 工作任务

1. 综合执法机构设置

按照精简、统一、提效原则,统筹优化各乡镇(街道)、各部门机构设置和职能配置,设立9支文明、规范、公正的综合行政执法队,负责辖区内综合执法工作,由驻地乡镇主要领导担任队长,辖区乡镇(街道)分管领导、区综合执法局基层中队中队长任副队长,在所管辖乡镇(街道)设立联络员,各部门派驻人员统一办公、统一行动。

2. 综合执法力量整合

第一,明确下沉力量。区综合执法、市场监管、司法行政、自然资源和规划部门,要明确驻派机构编制数,综合执法部门下沉编制不少

```
                              ┌──────────────┐    ┌──────────┐
                    ┌────────→│辐射乡镇通过  │    │驻地乡镇  │
              ┌──────────┐    │电话、浙政钉、│───→│派出执法  │
              │突发事件  │    │掌上指挥等方  │    │力量进行  │──────┐
              └──────────┘    │式发起请求    │    │增援      │      │
                    ↑         └──────────────┘    └──────────┘  ┌──────────────┐
                                                                │检查未发现问题│
┌────────┐ 分析                                                 │或问题及时整改│
│乡镇    │ 研判  ┌──────────┐    ┌──────────────┐               │到位,检查结束│
│综合信息│──────→│联合检查  │───→│各乡镇        │               └──────────────┘
│指挥室  │ 事件  └──────────┘    │制定计划      │──→ 驻地乡镇通过综合
└────────┘ 类型                  └──────────────┘    查一次平台,统筹   ┌──────────────┐
    ↑                                                乡镇和部门力量,   │有问题或者未整│
    │                                                发起联合检查      │改的,依法立案 │
    │                            ┌──────────┐                          │查处          │
    │                    ┌──────→│一级事件  │───→ 使用说服教育、劝     └──────────────┘
    │              ┌──────────┐  └──────────┘     导调节等手段解决,
    │              │执法方案  │                    辐射乡镇直接处置
    │              └──────────┘  ┌──────────┐
    │                    └──────→│二级事件  │───→ 联络员上报  ───→ 驻地乡镇执法队
    │                            └──────────┘     驻地乡镇         组织人员到现场
    │                                                              处置,现场分析
    │                                                              研判,固定证据
    │                                                         ┌──────────┐
    │                                                         │三级事件  │
    │                                                         └──────────┘
    │                                              职责范围内        其他部门职责
    │                                            ┌──────────┐    ┌──────────┐
    └────────────────────────────────────────────│依法查处  │    │移交职能部门│
                                                  └──────────┘    └──────────┘
```

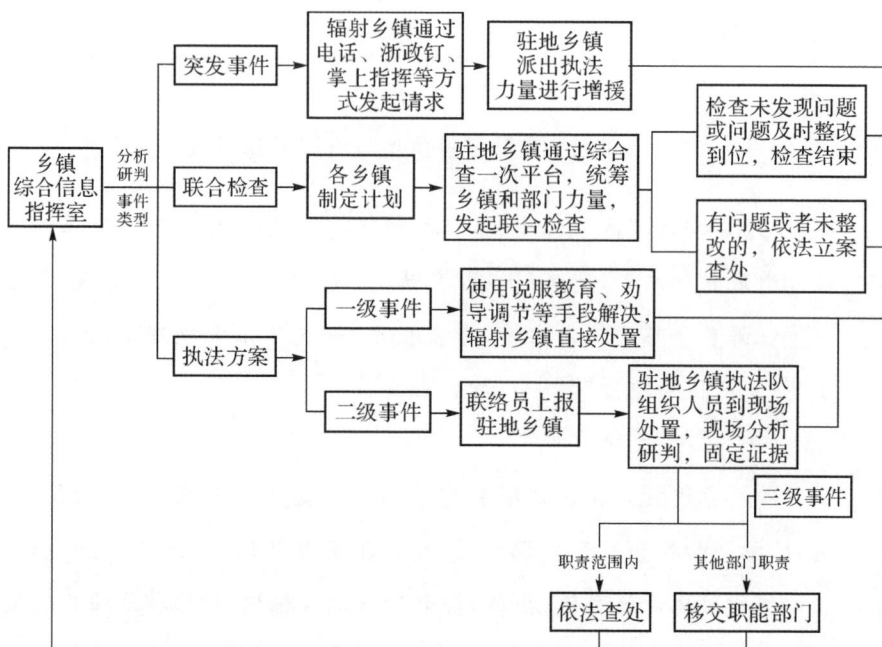

图 7.2 "1＋X"执法联动运行

于综合行政执法编制总数的 60％,市场监管部门下沉力量不少于行政编制总数的 60％,基层司法所政法专项编制 100％核定到基层司法所,自然资源和规划所使用的编制 80％以上用于派驻机构或明确定向使用的乡镇(街道)。其中综合执法部门和市场监管部门统一将力量下沉至中心乡镇的派驻机构,各明确一名人员作为周边辐射乡镇(街道)的联络员,根据需求做好辐射乡镇(街道)业务服务工作。

第二,充实乡镇力量。属地乡镇(街道)要配备执法证的"执法岗"干部 2 名以上,开展执法行动。三是打通人员使用。部门派驻人员全面融入乡镇(街道),全员申领"双主体"执法证。保障派驻人员在做好主职主业的同时,服务乡镇(街道)中心工作。

3.建立健全运行机制

第一,建立健全联动指挥机制。各乡镇(街道)应当坚持协作互

助、优势互补、信息互通、资源共享、证据互认原则,实现小乡吹哨、中心报道、合力出击,进一步集约执法资源,实现一体融合的乡镇执法联动机制。乡镇(街道)综合行政执法队负责管辖区域内具体执法工作,各部门派驻人员接受乡镇(街道)力量难以解决的,可依托掌上指挥平台,建立线上联动指挥机制,实现指挥、处置、反馈和评价闭环管理。

第二,建立健全联合执法机制。辐射乡镇(街道)根据工作需要发起联合执法,驻地乡镇(街道)执法队及时响应,在联合执法检查中,实行"联合执法一起抓,问题处理再分家"机制。辐射乡镇(街道)依托执法网格巡查发现问题并分析研判,以事项的难易、急缓和轻重程度为依据,分三级处置。一级事件:轻微违法行为,使用说服教育、劝导调节等手段可解决的,由辐射乡镇(街道)直接处置并反馈;二级事件:针对劝导调节不能解决的事项,比如需要采取行政处罚、行政强制等手段才能解决的,辐射乡镇(街道)立即通过联络员请求驻地乡镇支援,由驻地乡镇(街道)综合行政执法队组织人员到现场处置,做好现场问题分析研判、证据固定等工作,并统筹相应派驻部门执法队员依法予以立案查处;三级事件:驻地乡镇(街道)执法队现场研判后,属于区级其他部门的执法事项,应当采取录音录像、牌照灯方式及时收集和固定符合真实性、合法性、关联性要求的相关证据材料,并及时移送有关行政执法机关,行政机关可以将其作为执法证据使用。

第三,建立健全"综合查一次"机制。各乡镇(街道)根据自身的特点,制订年度执法计划,并将执法计划报至驻地乡镇(街道),由驻地乡镇(街道)实行统筹,原则上每周安排一次到辐射乡镇(街道)进行执法服务工作。对集镇管理、市场监管、生态环境、应急管理、资源规划、城乡建设等方面的常见、高频违法行为,与乡镇(街道)中心工作紧密关联的,以及其他与人民群众需求密切相关的工作,可开展"综合查一次"联合执法检查。

第四，建立健全协商例会机制。实行月例会制度，每月召开驻地乡镇（街道）与辐射乡镇（街道）的内部工作例会，研究部署本月联合执法的重点事项，通报和交流上月执法工作情况，执法机制的运行情况，重大事项的处理情况，协调、分析、解决联合执法中出现的新情况和新问题。

第五，建立健全争议协调机制。乡镇（街道）之间及行业主管部门与乡镇（街道）之间发生职责争议的，应当对违法行为协同处置。按照统一效能、权责一致，不推诿、不扯皮原则进行协商解决。协商不成的，提请区综合行政执法指导办决定。

第六，建立健全执法保障机制。基层派出所要全力保障综合行政执法工作，参与重大综合行政执法行动，处理阻挠执法、暴力抗法事件，对违反治安管理法律法规，以暴力、威胁等手段阻挠行政执法人员依法执行职务的行为，依法严肃查处；构成犯罪的，依法追究刑事责任。

（三）工作要求

1.加强组织领导

各乡镇（街道）、各部门要认真学习贯彻《浙江省综合行政执法条例》，提高思想认识，把深化"1＋X"执法模式改革、推进"一支队伍管执法"工作纳入重要工作日程，建立健全工作领导小组，细化工作措施，理顺工作机制，进一步提升行政执法效能和力度，切实解决当前行政执法中"乡镇看到管不到、部门管到看不到"的问题。

2.强化协调配合

各乡镇（街道）、各部门要密切配合、协调联动，切实将责任分工落实到位，建立边界清晰、分工合理、权责一致、运行高效的乡镇综合执法管理体制、健全执法力量联动机制，凝聚执法合力，不断探索实用管用的高效运行模式，彻底解决基层执法薄弱和缺乏统一协调管理机制等问题。

3.严肃考核问责

各乡镇(街道)、各部门要严明政治纪律和执法纪律,区综合执法指导办将协同区纪委监委等部门加大监督问责力度,对推诿扯皮、拖沓散漫、滥用权力等违法违纪行为,依法依纪严肃问责,确保乡镇(街道)"1+X"执法模式改革工作顺利完成。

第八章 衢州基层治理改革创新内容:"一件事"改革

衢州市按照"大场景、小切口"理念,梳理推出一批重要、高频、急迫、多跨的基层治理"一件事"集成改革项目,通过数字赋能、流程再造、制度重塑、将若干相关联的治理事项集成为高效联办、闭环转运的"一件事"。并依托"基层治理四平台",推动基层治理"一件事"场景化应用,实现一体化智能化高效办理和闭环处置。

第一节 基层治理"一件事"的建构过程

衢州聚焦县乡职责的"痛点""难点""盲点",按照"大场景、小切口"理念,以 36 个"一件事"集成改革为切入口,推动乡镇找部门办事"一次办、集成办、高效办",逐步实现从社会治理领域向党建统领、经济生态、公共服务等各领域拓展。突出流程再造,推进事项办理最大限度减层级、减环节、减材料,实现乡镇小闭环、县级大闭环快速流转交办。按照"一清单、一流程、一机制、一纪要、一案例""五个一"要求,完善"一件事"工作规范。

一、梳理事项目录清单

从基层群众和企业反映强烈、属地乡镇(街道)难以解决、提升县域整体治理效能的视角出发,以乡镇(街道)"属地管理"事项责任清单为基础,依托浙江政务服务网权力事项库,聚焦城镇管理、矛盾纠纷、生态环境、市场监管、安全生产、治安隐患、自然灾害防治等基层治理领域,将不同职能部门单个的监管、执法等权力事项,集成为跨部门、跨领域、跨层级联办的基层治理"一件事",推动市县部门为基层提供套餐式服务。按照"成熟一批、实施一批"的要求,分步编制基层治理"一件事"目录清单(见表8.1),率先突破高频事项、群众最关切事项,逐步向低频事项延伸拓展。

表 8.1　衢州市基层治理"一件事"目录清单

序号	"一件事"名称	层级	牵头单位	责任单位
1	校园及周边安全防控	承接省级"一件事"	省教育厅	省委政法委、省公安厅、省生态环境厅、省交通运输厅、省水利厅、省文化和旅游厅、省卫生健康委、省应急管理厅、省市场监管局、省消防救援总队、乡镇(街道)
2	殡葬管理	承接省级"一件事"	省民政厅	省发展改革委、省民宗委、省公安厅、省自然资源厅、省建设厅、省卫生健康委、省市场监管局、乡镇(街道)
3	违法用地建设查处	承接省级"一件事"	省自然资源厅	省公安厅、省生态环境厅、省交通运输厅、省水利厅、省农业农村厅、省综合执法办、乡镇(街道)
4	矿产品管理问题处置	承接省级"一件事"	省自然资源厅	省公安厅、省财政厅、省生态环境厅、省交通运输厅、省国资委、乡镇(街道)
5	农村房屋安全使用	承接省级"一件事"	省建设厅	省自然资源厅、省市场监管局、省综合执法办、乡镇(街道)
6	水域监管	承接省级"一件事"	省水利厅	省自然资源厅、省生态环境厅、省建设厅、省交通运输厅、省农业农村厅、省综合执法办、乡镇(街道)
7	私屠滥宰监管执法	承接省级"一件事"	省农业农村厅	省综合执法办、乡镇(街道)
8	非法捕捞监管执法	承接省级"一件事"	省农业农村厅	省公安厅、省市场监管局、省综合执法办、浙江海事局、乡镇(街道)

续表

序号	"一件事"名称	层级	牵头单位	责任单位
9	农业投入品质量安全监管执法	承接省级"一件事"	省农业农村厅	省公安厅、省市场监管局、省综合执法办、乡镇(街道)
10	非法行医查处	承接省级"一件事"	省卫生健康委	省委政法委、省公安厅、省市场监管局、省药监局、乡镇(街道)
11	林业有害生物检疫监管	承接省级"一件事"	省林业局	省交通运输厅、省市场监管局、省广电局、省综合执法办、杭州海关、宁波海关、省电力公司、省通信管理局、省邮政管理局、杭州铁路办事处、乡镇(街道)
12	非法采伐林木监管	承接省级"一件事"	省林业局	省公安厅、省综合执法办、乡镇(街道)
13	沿街店铺消防隐患治理	承接省级"一件事"	省消防救援总队	省公安厅、省司法厅、省建设厅、省应急管理厅、省市场监管局、乡镇(街道)
14	消防通道堵塞治理	承接省级"一件事"	省消防救援总队	省公安厅、省司法厅、省综合执法办、乡镇(街道)
15	平安寄递	承接省级"一件事"	省邮政管理局	省公安厅、省国家安全厅、乡镇(街道)
16	校外培训机构监管	市级已实施"一件事"	市教育局	市市场监管局、市综合执法局、乡镇(街道)
17	校园周边安全防控	市级已实施"一件事"	市教育局	市委政法委、市公安局、市生态环境局、市交通运输局、市水利局、市文旅局、市卫健委、市应急管理局、市市场监管局、市消防救援支队、乡镇(街道)
18	城镇燃气管理	市级已实施"一件事"	市住建局	市公安局、市交通运输局、市应急管理局、市市场监管局、市资规局、市综合执法局、市气象局、市消防救援支队、市发改委、市经信局、乡镇(街道)
19	国有土地违建处置	市级已实施"一件事"	市综合执法局	市资规局、市住建局、市水利局、市交通运输局、乡镇(街道)
20	非法加油处置	市级已实施"一件事"	市市场监管局	市市场监管局、市公安局、市综合执法局、市交通运输局、中石化衢州分公司、乡镇(街道)

序号	"一件事"名称	层级	牵头单位	责任单位
21	无证无照处置	市级已实施"一件事"	市市场监管局	市公安局、市消防救援支队、市生态环境局、市卫健委、市文旅局、市综合执法局、市应急管理局、市资规局、市水利局、市经信局、乡镇（街道）
22	进口冷链食品疫情防控	市级已实施"一件事"	市市场监管局	市卫健委、市交通运输局、市文旅局、市民政局、市经信局、市商务局、市住建局、市教育局、乡镇（街道）
23	"三小一摊"监管	市级已实施"一件事"	市市场监管局	市综合执法局、乡镇（街道）
24	扬尘处置	市级已实施"一件事"	市综合执法局	市生态环境局、市交通运输局、市住建局、市公安局（市交警支队）、乡镇（街道）
25	非法采砂制砂处置	市级已实施"一件事"	市水利局	市综合执法局、市资规局、市生态环境局、市市场监管局、市公安局、市交警支队、市供电公司、乡镇（街道）
26	固体废物处置	市级已实施"一件事"	市生态环境局	市综合执法局、市交警支队、市交通运输局、市住建局、乡镇（街道）
27	欠薪处置	市级已实施"一件事"	市人力社保局	市委宣传部、市法院、市检察院、市住建局、市交通运输局、市水利局、市发改委、市财政局、市公安局、市司法局、市市场监管局、市经信局、市总工会、市审计局、市农业农村局、市城投集团、市交投集团、市人行、市国资委、市商务局、市铁道中心、市电力公司、移动公司衢州分公司、联通公司衢州分公司、电信公司衢州分公司、乡镇（街道）
28	矿产品管理问题处置	市级已实施"一件事"	市资规局	市交通运输局、市水利局、市财政局、市生态环境局、市公安局、市发改委、乡镇（街道）
29	城区噪声处置	市级已实施"一件事"	市综合执法局	市公安局、市生态环境局、市文旅局、街道
30	城区机动车违停治理	市级已实施"一件事"	市公安局（市交警支队）	市综合执法局、街道、社区、物业

续表

序号	"一件事"名称	层级	牵头单位	责任单位
31	道路交通安全隐患处置	市级已实施"一件事"	市公安局（市交警支队）	市交通运输局、乡镇（街道）
32	农民建房服务监管	市级已实施"一件事"	市农业农村局	市资规局、市住建局、市综合执法局、市水利局、市交通运输局、市卫健委、市公安局、乡镇（街道）
33	"农业龙头企业＋产业促富"	市级新增"一件事"	市农业农村局	市资规局、市生态环境局、市市场监管局、市大数据局、市人社局、市民政局、市科技局、市残联、市科协、乡镇（街道）
34	共富培训	市级新增"一件事"	市人力社保局	市经信局、市商务局、市民政局、市财政局、市卫生健康委、市文旅局、市交通局、市邮政管理局、市农业农村局、市教育局、市退役军人事务局、市残联、市国资委、市市场监管局、市住建局、市应急管理局、市总工会
35	政策兑现	市级新增"一件事"	市营商办	市财政局、市审计局、市经信局、市发改委、市市场监管局、市农业农村局、市文旅局、市人社局、市科技局
36	初信初访	市级新增"一件事"	市信访局	市大数据局、市委政法委、市司法局、市民政局、市人社局、市医保局、市卫健委、市应急管理局、乡镇（街道）

二、编制工作运行流程

按照乡镇（街道）内协同和县乡间协同两个层级，形成"一件事"的"发现、受理、交办、处置、反馈、评价"全周期管理闭环的运行流程。以衢江区为例，如图 8.1 所示，乡镇层面，由综合信息指挥室受理交办，相应功能模块具体处置，形成乡镇（街道）内部协同闭环；县级层面，对乡镇层面无法解决的事件，由县级大联动中心受理交办，牵头部门会同协同部门联动处置。

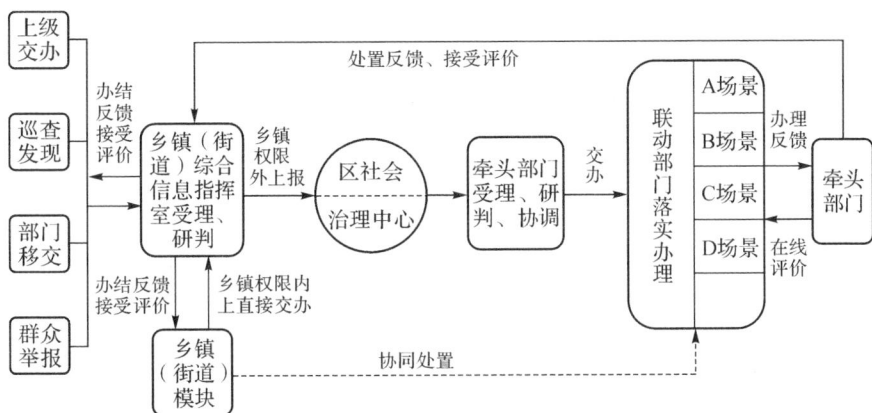

图 8.1 衢江区"基层治理一件事"工作流程

(一)改革背景

"一件事"主要来源于以下方面：聚焦党建统领、经济生态、平安法治、公共服务等四条跑道的全领域业务，围绕散在不同部门的高频、高权重、高需求的办事事项、治理事项；乡镇（街道）"属地管理"事项责任清单中跨部门、跨领域、跨层级的事项；群众端、12345/信访等高频反馈事项。

(二)论证审查

第一，围绕相关基层社会治理存在问题、群众企业需求、实现效果三个维度，细化梳理核心业务，明确"一件事"事件名称、牵头部门，并经过当地"一件事"管理部门审查备案后确定为"一件事"。各行业主管部门就各自领域社会关注的"三高""三跨"问题，围绕问题分析、社会需求、实现效果三个维度，明确"一件事"事件名称、牵头部门和协同关系，采用"V"字形业务协同数据集成模型，拆解优化集成核心业务并形成方案，经当地"一件事"管理部门审查备案后纳入"一件事"清单。

第二，审查备案内容主要包括新增事件的任务定义、任务拆解及牵头协同体系、指标体系、工作体系、政策体系、评价体系等。审查备案内容主要包括新增事件的任务定义、任务拆解及牵头协同体系、指标体系、工作体系、政策体系、评价体系等。

（三）任务拆解

第一，根据数字化改革要求，对"一件事"改革事项梳理业务需求、建立业务协同模型、重构业务数据流程，根据权力事项清单将任务逐层拆解至最小任务项，明确责任单位（牵头部门、协同部门）和任务指标。根据需求确定数据和数源系统，通过业务协调推动数据集成。责任单位分工主要包括：牵头部门统一负责改革事项的任务拆解，确定事项受理、组织协调、联动处置和办结反馈的闭环流程；协同部门根据职责分工，配合牵头部门开展任务拆解，参与涉及本部门的事件办理处置。

第二，任务拆解涉及多个业务主管单位时，可对任务事项进行分解；无法匹配责任部门时，通过县级以上地方政府会同相关部门会商决定。

（四）综合集成

第一，根据业务协同和数据集成流程，依托一体化智能化公共数据平台，集成开发相应功能模块，构建完善用户体系，完成功能权限配置和功能模块组装。第二，依托浙江省统一事项库匹配对应事项，完善属地行政权力事项库，建立执法人员库，完善事项、人员信息并保持动态更新，建立人事匹配机制。

（五）运行方式

（1）事件受理。畅通事件收集渠道，通过群众报料、网格员巡查、行业管理部门监管、12345 举报等多途径收集并上报事件信息；统一事件上报内容和信息格式，包括上报人姓名、手机号、事件标题、事发时间、事发地址、事件描述、视频图片等；建立执行上报事件预受理制度，对受理的事件进行上报流转，对不予受理的事件及时反馈。

（2）流转调度。建立执行事件自动流转制度，归集存储多渠道上报事件，通过人事匹配等手段自动关联牵头部门、处置人员，自动交派任务。建立执行调度指挥制度,通过"掌上指挥""云上协同"等网络联动指挥模块,提供调度资源现状统计、可用调度资源搜索等功能,开展线上线下联动调度指挥。建立执行分析研判制度,动态统计事件发生高频地区、事件数量、办结率、办结时间、事发时段分布情况等数据信息,对事件、场所、人员进行分析研判。

(3)协同处置。①根据事件类型、处置难易程度、处置权限等因素,按事件调度指挥情况进行处置:乡镇层面由综合信息指挥室统一受理交办事项,负责分配处置;区县层面由区县级社会治理中心统一受理交办乡镇(街道)难以解决的疑难复杂事项,牵头部门会同协同部门联动处置。②建立事件办理跟踪反馈机制,对"一件事"功能节点智能分析,按"一件事"业务流程进行全环节跟踪监控。③在"一件事"办理过程中发挥党员的组团服务功能,提供人性化服务。

(4)督办评价。①运用系统数据、现场巡查、第三方评价及无感评价等方式,对部门联办执行情况、事项办理时限情况、咨询投诉及回访处理情况等内容开展综合评价。用户整体评价:事件办结后,用户对事件整体满意度进行评价。乡镇对部门评价:事件交办过程中收到部门反馈后,乡镇综合指挥室对部门处置情况进行评价。部门对部门评价:事件交办过程中收到部门反馈后,责任部门对部门的处置情况进行评价。人员对人员评价:事件交办过程中收到部门反馈后,事件负责人对处置人员的现场处置情况进行评价。②通过大数据分析等手段进行事件预测预警与持续改进工作:对高发和高危事件、地点预测预警;根据事件分类分级、标签,制定执行自动化处置的事件预案规则;对已办结"一件事"综合研判分析,优化现有治理方式,延伸拓展事件场景应用。

三、理清条块职责链条

依据法律法规和部门"三定"规定,按照"一类事项由一个部门统筹、一个事情由一个部门负责"的原则,每件"一件事"分别确定一个牵头部门、若干协同部门,厘清牵头部门、协同部门、乡镇(街道)的职责边界,衔接好关键环节的责任链条,每个环节责任细化到人到岗。牵头部门统一负责事项受理、组织协调、联动处置和办结反馈;协同部门根据职责分工,依法依规进行办理处置。对部门间难以协调或疑难繁杂事项,由县级党委政府召集乡镇(街道)和县级相关部门专题研究,明确责任链条分界点、衔接点,形成"一件事"专题会议纪要。

四、建立协同联动机制

建立处置会商机制,由牵头部门负责召集协同部门、属地乡镇(街道),共同对疑难繁杂事项进行会商研判、协同处置。建立扁平协调机制,对于部门内部涉及多个业务处(科)室的工作,减少决策层级和环节,按照"一个领导分管、一个科室负责"要求,明确分管负责人和牵头承办处科,尽可能地提高决策处置运行效率。建立考核评价机制,通过采取上下结合、双向考评的方式,加强"一件事"全流程运行管理,赋予县级大联动中心、乡镇(街道)综合信息指挥室对"一件事"处置情况考核评价权,赋予牵头部门对协同部门工作成效的考核评价权,督促工作落实。

五、推进事项线上运行

依托"三通一智(治)"智慧衢州平台体系,打造市域统一"一件事"大协同数字化运行平台,推进部门之间数据共享、流程再造、标准统一、事项联办,固化"一件事"的办事流程、业务模块、协同机制等,推动"一件事"全流程线上运行。加强一件事"颗粒化"场景应用,按照事件类型、处置难易程度,实行分类分级处置,推动事件等级与处置力量精准匹配,形成"精准识别、自动流转、即时响应、全程可控"智慧化运行,实现事项快速响应、快速联动、快速处置。

第二节　基层治理"一件事"场景化应用

衢州市依托"基层治理四平台",推动基层治理"一件事"全流程线上运行,探索基层治理"一件事"自主分析和预警功能,完善评估指标,形成基层治理"一件事"场景化应用,构建"精准识别、自动流转、限时响应、全程可控、量化评估"的智治支撑体系,实现一体化智能化高效办理和闭环处置。

一、基于交通领域的场景化应用

案例 16

柯城区机动车违停治理"一件事"

衢州市柯城区以数字化改革为牵引,坚持急用先行,深入推进"城区机动车违停治理一件事",打造"城区机动车违停治理一件事"多跨场景应用,并不断迭代升级,截至 2021 年 11 月,已打通 8 个部门 12 套系统 38 项数据。

（一）案例背景

城区机动车违停日益成为城市治理的顽疾。老百姓反映停车难,据交警部门统计,柯城区日常通行的车辆约 8 万辆,且随着城市的发展,以每年约 10% 的速度递增,城区公共停车位仅有 2 万余个,车位与车辆比为 1 比 4。在衢州市面向社会开展数字化改革需求事项（场景应用）征集活动中,截至 2021 年 5 月 10 日,共征集意见建议 108 条,其中涉及交通、停车问题的有 15 条,占比 13% 以上。车停在马路上由交警部门管,停在人行道上由综合执法部门管,停在小区由物业管,一辆车多头管。而违停治理相关事项涉及市、区、街三级,以及交警、综合执法、编办、大数据局、住建局、金融办、城投公司、电信公司等8个部门和企业。加强违停治理,需向服务端、治理端两端延伸,服务端解决停车难的问题,治理端解决管理主体的问题。

从服务端来看,需要增加车位供给,化解群众停车难题:迭代智慧停车系统,引导车主有序停车。加强违停曝光,开展志愿服务,以自治促自律,提升违停治理的人性化程度。

从治理端来看,需要明确违停治理的责任主体,通过"县乡一体、条抓块统"改革实现"城区机动车违停治理一件事"部门配合、区街块统。需要提高执法效率,依托视野广、巡查准、效率高的智能应用,通过交警巡查＋网格员、群众爆料＋智能巡查与处置,实现执法无死角。需要更智慧的管理决策,通过数据驾驶舱对每天违停信息进行收集,分析出违停频次高、违停数量多的街区并进行重点管控,提高管理的科学性和精细化程度。

柯城区从问题导向出发,运用"任务分解深下去,综合集成升上来"V字开发模型进行事项拆解和综合集成(见图8.2)。

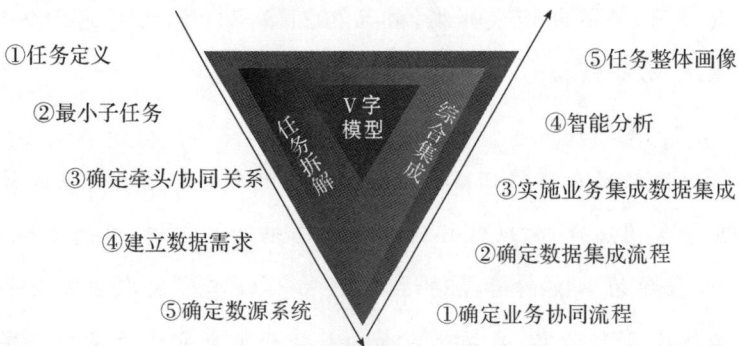

①任务定义　　　　　　　　　　　⑤任务整体画像
②最小子任务　　　　　　　　　　④智能分析
③确定牵头/协同关系　　　　　　　③实施业务集成数据集成
④建立数据需求　　　　　　　　　②确定数据集成流程
⑤确定数源系统　　　　　　　　　①确定业务协同流程

图8.2　柯城区"一件事"核心业务V字拆解

（二）案例做法

1. 任务分解

第一,梳理核心业务。柯城区分析近年来城区机动车违停日益严重的深层次原因、思考解决办法,将违停治理核心业务进行任务树拆解,共拆分为数据支持、停车服务、违停处置、信用评价4个二级目录,并结合政府数字化改革,进一步深入、细化,构建违停治理回路闭环,拆解出14个三级目录和32个四级目录。

第二,确立数据需求。围绕业务流程体系,确定实现机动车违停治理的数据来源,实现"联系",归集停车位信息、违停车主联系电话信息、违停车辆车牌号等信息,数源系统主要为相关部门业务系统,比如"确定违停车主信息"需要用户侧的违停车辆车牌信息数据,及政府侧的违停车主联系电话信息数据。违停车辆车牌信息数据来源于114查询推送、智能监控设备抓拍、浙里办、邻礼通等爆料平台。实现"智慧引导停车",需要归集违停车主联系电话信息数据和附近停车位信息数据,其中违停车主联系电话信息数据来源于公安交通管理平台系统,附近停车位信息数据来源于城投公司的智慧停车管理平台、商业综合体的停车管理系统等。实现"信用评价",需要归集车主违停历史记录、个人征信等数据。

第三,确定数源系统。"确定违停车主信息"数源部门为公安交警部门,数源系统为"公安交通管理综合应用平台"。"智慧引导停车"数源部门为城投公司、交警部门等,数源系统为"智慧停车平台""动态限时停车平台"。获取违章历史记录,实现"优驾容错"数源部门同样来自交警部门的"公安交通管理综合应用平台"和综合执法局的"综合行政执法办案系统",查询"个人征信"的数源部门为银行的"个人信用信息服务平台"及"邻礼通"的"信安分"查询平台,查询违章回溯记录,数源系统为视频综合管理平台、公安天网系统等。

第四，构建多跨协同责任体系。按照任务树拆解，确定市区两级的交警、综合执法、编办、大数据局、住建局、金融办、城投公司、电信公司等8个部门和企业为牵头和协同单位，确定府山街道、荷花街道、双港街道、花园街道、衢化街道、信安街道、黄家街道、白云街道、新新街道等9个城区街道为属地街道。其中，数据支持由区大数据中心牵头，市区两级交警部门、属地街道等协同。停车服务由区交警大队牵头，区大数据中心、属地街道等协同。违停处置由区交警大队牵头，柯城综合执法分局、属地街道等协同。信用评价由区交警大队牵头，区金融办等协同。

2. 综合集成

第一，数据归集。有三种归集方式：一是共享接入，依托一体化智能化公共数据平台，通过自动化接口、定期交换等方式与各数源系统共享信息。二是手工录入，针对数源系统暂时无法满足系统需求的事项，比如违停车辆执法等信息，由执法人员按时间、格式等要求人工录入。三是自动采集，对系统运行中违停次数等参与数据进行自动采集。

第二，数据应用。根据大数据分析，精准增加车位供给，一方面，合理规划车位，在夜间停车难的路段设置黄色"潮汐"车位，停放时间为下午6:30至次日7:30，解决晚上停车难问题。在人员密集的老城区街区划定绿色停车位，限时停车30分钟，满足群众购物、餐饮、接送儿童等临时停车需求。设置夜间停车位，设置路面停车引导指示牌，显示当前道路及就近停车点的车位数量，引导车主停车。在浙江省首创夜间发光车位，解决群众晚上停车难问题。另一方面，突出共建共享，针对小区白天车位多、夜间少，商业综合体白天车位少、夜间多的情况，划定错峰停车位。开放机关企事业单位在非工作时间内的共享车位1000余个，让车位于民，同时创新组建"城市停车联盟"，推出"停车月卡"等服务,推动街道辖区机关企事业单位、商业综合体、居民小区的车位在空闲期间时给群众使用。

第三,系统集成。依托原有的"邻礼通"平台,拓展违停治理模块,按照基础设施层、数据资源层、平台支撑层、业务应用层的整体架构,进行系统集成。其中,基础设施层使用一体化智能化公共数据平台服务提供网络、存储、安全等云资源服务。数据资源层将车主信息基础数据、智慧停车平台数据、违停车辆执法数据归集形成"车辆违停一件事管理"数据库。平台支撑层使用一体化智能化公共数据平台提供的消息、地图、身份认证等统一智能组件。业务应用层包含车辆"违停一件事"事项各应用端违停报料、任务分派、边聊边办、处理反馈等系列场景应用。

(三)案例成效

1. 群众获得感更强

针对改革先行路段,向南湖西路和马站底街区周边住户、商户发放调查问卷共计 447 份,居民满意率从改革前的 33.78% 提升到96.44%。通过"邻礼通"平台,依托红色物业联盟推动群众以志愿服务形式认领"违停治理巷长/路长",增强违停治理的群众自治参与度。

2. 政府执行力更高

一方面,违停处置更快。从 2020 年 7 月启动改革开始,试点街道辖区共处置违停 14895 起,15 分钟处结率达到 85%,平均处置时长缩短 30 分钟。另一方面,违停数量更少。通过"违停一件事"数字化应用中的违停抓拍模块,对各路段违停占比进行智能分析,明确 8 个重点路段和 7 条严管街,采取针对性措施后,试点街道违停量从最初的日均 70 余起减少到当前的日均约 20 起。此外,条块融合得更好,市交警部门主动作为,将力量下沉至街道执法模块和社区网格,实行统一管理、统一评价、统一考核,打破层级壁垒、机制壁垒,消除监管盲区。

3.执法处置更暖

出台"优驾容错"政策,对非营运小型载客汽车连续 6 个月以上未发生交通违法行为的,发生轻微违法行为可予以教育,免予处罚。对 3 个月内累计出现 3 次及以上违停等不文明行为的车主,在其个人诚信积分"信安分"中予以扣分,并在"运动柯城"App 上进行曝光。

4.体制机制更顺

将综合执法局对人行道违停的行政处罚及与之相关的行政强制、行政监督检查职权重新划转回交警部门,减少执法交叉,提高执法效能。实现"一辆车子、一个部门、一管到底"。同时,拟请地方性立法进一步明确背街小巷、无物业管理开放小区、封闭小区违停车辆的执法主体,从根本上解决执法依据问题。

二、基于公共安全的场景化应用

案例 17

龙游县城镇燃气管理"一件事"

2021 年以来,龙游县按照"县乡一体、条抓块统"改革思路,以创新燃气管理模式为核心,以整合瓶装燃气企业和数字化赋能为主要抓手,全力推进城镇燃气管理"一件事"集成改革,逐步形成了跨部门、跨领域、跨层级的高效协同燃气管理新格局。相关经验做法先后被浙江省、市政务信息专报录用,获得时任浙江省常务副省长陈金彪"此经验可推广"和高屹代市长"很好,要在应用中不断总结提高推广,努力提升燃气领域安全水平"的批示肯定。中新网、新蓝网、浙江卫视、《衢州日报》等主流媒体也都给予了报道和推广。龙游燃气数字赋能工作,获得了社会各界的广泛关注和高度评价。

（一）案例背景

1. 开展燃气管理一件事数字化建设,是改革发展的需要

住建部《关于加强瓶装液化石油气安全管理的指导意见》提出,"到 2022 年底,瓶装液化石油气安全专项整治取得积极成效,安全管理制度基本完善,安全事故总量持续下降,较大及以上事故有效遏制,行业整体安全水平明显提高"。2021 年 6 月 24 日,浙江省数字化改革大会推进会上,省委书记袁家军强调,数字化改革是全面深化改革的总抓手,要进一步聚焦数字化改革目标,体系化规范化推进数字化改革,加快取得重大标志性成果。

2. 加快数字化建设应用,也是实际监管的需要

在瓶装燃气方面,目前燃气行业乱象较多,企业违法违规行为频发,存在较大安全隐患。而且由于燃气瓶数量多、分布散、流动性大,实时监管困难,再加上部门之间协同机制不健全、信息共享机制不完善,难以形成监管合力。在管道燃气方面,管道遭受第三方破坏时有发生,管道附近施工缺乏有效监管。日常设备维护、管道巡视、上门安检等业务未全部实现电子台账留痕,日常细化监管较难实现。

3. 推进数字化建设应用,更是百姓用气的需要

开展城镇燃气管理"一件事"数字化应用建设,能有效解决瓶装燃气销售网点不健全,配送服务未能全覆盖的问题,加快推进城乡燃气设施和管网快速建设布局"一张网",实现居民用气便捷化、用气价格透明化,提高用气质量,降低用气成本,全方位保障居民用气。

（二）案例做法

1. 智慧监管,闭环管理

按照燃气管理"一件事"业务协同流程图,通过"县乡一体、条抓块统""一支队伍管执法"等机制完成职能下沉,实现简单违法行为在乡

镇(街道)层面立查立改,依托市县公共数据平台,实现多跨问题大闭环治理,大大缩短处置时限。

2.一码赋能,打造数字化安全保障网

一是"一瓶一码",源头可查。每个气瓶上都印有专属二维码标识,内含气源信息、充装站点信息、配送信息、用气人信息、钢瓶产权信息等,实现溯源管理,有效避免安全漏洞和隐患。二是"一车一码"路径可溯。采用"实时视频＋精准定位"模式,中端层面,在配送货车内安装视频监控和定位装置,实现配送全过程实时可控;末端层面,采用统一标识"小黄车",配备定位装置,喷绘专属二维码,对配送人员、配送路径进行追溯管理,实现"人车合一"。三是"一箱一码"维护可查。为所有投运调压箱建立档案信息,每个调压箱粘贴专属二维码,工作人员扫码即可直接完成调压箱维护内容、压力设定参数、设备工作状况等信息记录和自动上传。督查检查人员也可通过扫码完成检查情况记录,形成"派单—维护—督查"闭环管理,实现调压设备的数据化管理,系统留痕,溯源可查。四是"一人一码"安全可控。规范配送人员管理,配送人员统一保险、统一着装、统一挂牌、统一服务流程,挂牌内含个人信息二维码。在进站充气、配送入户、安全检修等环节,均需亮码操作,严格执行入户安检制度,送气工配送到户、管道燃气上门服务人员需进行入户安全检查,拍照经网络上传并签字确认,实现定人、定点透明化、规范化管理。

3.一图管控,绘制智慧化布点云路径

一是打造气站视频监控图。在瓶装燃气方面,将龙游县全县4个气站及门市供应点的监控视频、语音呼叫接入县燃气管理部门,通过全方位视频监控实现充装操作间实时可控、点位可查,确保气站安全。在管道燃气方面,将天然气接收门站及LNG储备站点的监控视频、语音呼叫接入县燃气管理部门,一旦出现异常情况,可自动开启联锁消防设备,行业主管部门及时介入,同时设置110"一键"报警装置,实现联防联控。二是建设气瓶信息化追溯图。建立瓶装液化气气瓶信息化系统,通过分析气瓶在用、充装、到期、未检等数据,实时掌握气瓶动态。

4.一网支撑,实现智能化预警再升级

一是搭建运维集成管理网。开发建设管网模拟仿真系统,管网信息全立体呈现,管道分布、用户数据等信息一网掌控、智能分析。二是打造人车定位调度网。建设完善的 GIS 系统,通过北斗定位,实现管道燃气服务人员、车辆透明化精准管理。

5.一站服务,推进便捷化端口大提升

一是营造有序经营的市场端。整合县域燃气行业,成立龙游龙燃燃气配送服务有限公司,由龙燃公司负责经营、布点、气源、配送、定价"五统一"。二是规划合理布局供应端。燃气管网覆盖主城区、湖镇镇、溪口镇等区域,全县共设立一个接收门站、一个 LNG 储备站、一个临时点供站,由城南门站负责日常燃气供应,城北储备站作为调峰应急气源,点位合理布局,实现资源优化配置。三是打通群众需求办事端。在瓶装燃气方面,在"浙里办"App 开通"我要用气"权限,系统发布燃气当日定价,企业、商户、群众只要在应用中"一键预约",就可享受订气、换气、上门维修等服务。在管道燃气方面,在浙里办"在线支付"栏目中开通"一城一家"权限,物联表用户可以在燃气充值服务中实现自助充值,查看用气记录。更换普表和研发替代 IC 卡充值的NFC 卡,令用户足不出户就能享受充值服务,提高用户的用气体验,研发打通浙江省水气系统平台与新奥服务系统对接,实现行政服务中心、网上自助办理业务一站式燃气服务,缩短响应时间,方便服务群众,实现"即呼即应"。

（三）案例成效

龙游县燃气领域安全管理服务水平大幅提升，燃气市场活力和竞争力逐步增强，老百姓用气需求得到更快捷、更安全、更全面的保障，燃气行业市场持续健康发展。

龙游县瓶装燃气实名制认证销售已达 100%，企业配送区域实现全县 15 个乡镇（街道）全覆盖，群众用气服务事项可 100%掌上办。管道燃气智慧调度中心已经初步建成，管道燃气服务人员、抢修车辆可实时定位、实时轨迹查询，管道常规巡视、设备维护、入户安检等业务系统全部数字化留痕，实现全方位管理。通过归集城镇燃气"一件事"隐患事件多跨协同处置、"浙里办"App 中"我要用气"、企业业务数据、用户用气及实名认证信息，管道燃气场站、监测、巡视记录、入户安检等信息，建设燃气监管数字驾驶舱。

衢州市已编制印发《瓶装液化石油气数字化应用指南》，形成浙江省瓶装液化石油气数字化应用规范性导则并予以推广。

三、基于环保领域的场景化应用

案例 18

开化县扬尘处置"一件事"

近年来，随着开化县城市化进程的加快，建筑、拆迁、道路等工地数量越来越多，扬尘和道路污染出现"三多一低"现象，治理任务艰巨。

（一）案例背景

近年来，开化县城市化进程不断加速，建筑、拆迁、道路等工地数量越来越多，仅住建领域的在建项目就有 109 个，一尘扰万民，群众呼声高，部门监管难。

一是信访投诉多。根据县 12345 热线统计，2020 年开化县范围内，全年扬尘和道路污染发生量达 200 余起。二是涉及部门多。扬尘综合治理涉及综合执法、住建、交通、交警、生态环境、资源规划、水利等 7 个部门和 15 个乡镇，属于县乡多层级，跨度区间大的一件事。三是涉及法律法规多。扬尘处置涉及《中华人民共和国大气污染防治法》《中华人民共和国固体废物污染环境防治法》《中华人民共和国道路运输条例》《浙江省城市市容和环境卫生管理条例》等 9 部法律法规。四是业务流程繁。在以往的工作中，综合行政执法部门遇到扬尘投诉时，要函告生态环境部门，要求进行扬尘超标检测，又要联系住建局，要求监管部门加强工地管理，如涉及县乡道路则要找交通部门进行执法，拦停违规车辆要找公安交警部门，流程繁杂，违法行为难以快速处置。

问题存在主要的原因在于以下几个方面：一是源头管控不到位。如城区建筑垃圾的处置由综合执法部门审批，但乡镇和农村的建筑垃圾无审批单位，同时开化县土方项目大多无须施工许可，导致源头管控缺失，各类防控措施不到位，相关部门往往是产生了污染再到现场督促整改。二是审批、监管相脱节，部门配合协同不到位。农田整治、河道整治、砂场等易产生扬尘的项目审批后，不及时与交通、生态环境等部门沟通对接，导致扬尘防治措施不到位。三是联合执法机制不完善。扬尘治理涉及多部门、乡镇，各部门在治理过程中，职责边界不清晰，协调机制不完善，有的单位存在推诿扯皮现象。

（二）案例做法

聚焦国家公园城市建设，聚力全国文明城市创建，以环境优化为切口，以数字化改革为引擎，将"扬尘处置"作为"一件事"攻坚。运用 V 字模型，将颗粒度拆解到最小，将业务流程精简到最少。

1. 下行到底，拆解到位

一是细化拆解事项。将"扬尘处置一件事"分解为在建工地、道路等 4 项二级任务，21 项三级任务，63 项四级任务。对涉及的 7 个部门，均设 AB 岗，实现 59 名执法监管人员信息与事项精准匹配。二是确定牵头（协同）关系。梳理部门职责，厘清职责边界，制定扬尘治理协同机制。明确扬尘污染处置由综合执法局总牵头，住建、交通、交警、生态环境、资规、水利依据各自职责，在不同场景中依法行使职责，属地乡镇大执法模块整合力量，做好扬尘污染的处理。三是确定数源系统。将审批端的浙江省城市建设管理领域在线审批系统，监管端的智慧建管、智慧城管系统，执法端的浙江省综合行政执法办案系统、浙江省交通运输行政执法管理与服务平台、环境行政处罚案件办理信息系统、公安交通管理综合应用平台全部接入"基层治理一件事"处置系统。

2. 上行到位，综合集成

一是立足举措集成。按照应减尽减的原则，对业务流程进行再造，编制扬尘处置一件事业务流程图。按照"一件事"理念整合乡镇部门办理流程，形成高效闭环。以某乡镇综合楼项目产业扬尘污染处置为例，改革前举报件在部门间反复流转，至少要经过 5 个步骤，改革后则是通过系统流转，仅需 3 个步骤。二是立足制度集成。按照能优尽优的原则，创新出台了《开化县渣土运输车辆管理办法》《开化县城区建筑垃圾管理办法》。三是立足政策集成。按照当联则联的原则，研究制定了扬尘处置协同机制、"一巡十查"工作机制，推动"综合查一次"。

（三）案例成效

一是智慧监管，源头管控无死角。以工地扬尘智能管控为例，改革前要经过投诉举报—受理交办—现场核实—环保检测—立案查处等 5 个流程,改革后只需扬尘智能监管系统自动监测—降尘设施启动处置—后台监控比对核实 3 个流程,实现了简单扬尘问题依靠科技解决,大大降低了行政成本。2022 年以来,开化县通过智能监管系统源头发现并智能处置扬尘污染 75 起,倒逼企业做好源头防治。

二是快速出击,部门联动聚合力。通过基层治理一件事系统,从发现扬尘问题、处置过程到反馈结果实现全自动流转、全过程留痕、全闭环管理。有效减少现场核实、部门间函来函往、相互推诿扯皮现象。原来需要 7 个部门 7 个工作日,现在由综合执法 1 个部门牵头,1~2 小时就可完成处置。

三是精准处置,处置效率大提升。据统计,扬尘处置一件事系统运行后,复杂的扬尘问题处置时间从原先的 7 天缩短到城区扬尘问题 1~2 小时解决、乡镇扬尘问题半天解决。以综合行政执法局为例,2021 年一季度与往年相比,接群众举报扬尘问题同比下降 60%,实现扬尘类案件办理效率和群众满意率大幅度提高。

四、基于社会治理领域的场景化应用

案例 19

衢江区欠薪处置"一件事"

为解决欠薪处置难题,衢江区编办会同人社、住建、交通、水利、农业农村、市场监管等部门,对"欠薪处置一件事"存在的主要问题运用 V 字开发模型进行事项拆解和综合集成,明确欠薪处置管理责任主体,梳理优化协同机制和业务流程图,在试点乡镇取得了较好的改革成效。

（一）案例背景

近年来，随着社会的转型和经济结构的调整，因欠薪引发的群体性事件，对社会和谐、稳定与发展造成了不良影响。

从欠薪发生的领域看，欠薪问题主要集中于建筑、餐饮等劳动密集型行业。此类行业技术含量低，易受原材料等市场因素影响，企业抵御风险能力差。部分企业投资者存在短期投资行为，恶意欠薪。建筑行业运作不规范，承包人违法分包、转包，建设单位拖欠工程款的现象普遍存在。

从欠薪发生的时间看，具有较强的季节性和规律性。欠薪问题的发案主要在年底至次年初的元旦及春节前，具有比较明显的季节性特征。建筑行业欠薪问题的高发期更为集中，通常发生在每个工程竣工前后，具有比较明显的规律性。

从欠薪处置的难度看，欠薪涉及的是劳动者的基本生存权益，利害关系明显，劳资双方矛盾尖锐，难以调和。一方面，当事人一般都群情激动，抱着不达目的不罢休的心态，疏导教育难度大。另一方面，实际执行难，一些企业经营者欠薪逃匿后所剩财产无几，执行难情况客观存在。

综上分析，梳理"欠薪处置一件事"，重点就是要解决建筑、餐饮等行业欠薪高发的问题，以及欠薪群体性事件发生后跨层级跨部门，处置流程不够高效，协同机制不够健全的难题。

（二）案例做法

从上述问题导向出发，运用"任务分解深下去，综合集成升上来"V字开发模型进行事项拆解和综合集成。

在执法环节上，运用"任务分解深下去，综合集成升上来"V字开发模型进行事项拆解和综合集成。在V字模型下行阶段，一是将事项拆解到最小颗粒度，统计填写欠薪处置"一件事"《区级事项拆解配置表》《街道事项拆解配置表》《人员事项匹配表》《关键节点人员信息表》四张表单。在事项信息方面，拆解出区级部门监管事项 42 项（包括行政检查 20 项、行政处罚 22 项），除廿里镇外其余乡镇监管事项 22 项。在人员信息方面，以廿里镇为例，涉及廿里镇执法人员 2 人。二是确定牵头/协同关系，明确欠薪处置"一件事"总的牵头部门为人力社保部门，同时分场景明确责任，涉及项目欠薪由行业主管部门（如住建、水利、交通、农业农村等部门）进行前期监管及案件调解，涉及企业欠薪由乡镇（街道、办事处）履行属地管理职责，负责日常监管及前期调解，目前除廿里镇外其他案件统一由人力社保部门进行立案查处。三是确定数源系统。目前欠薪处置"一件事"业务流程涉及多个系统，分别为浙江省欠薪联合预警指挥平台、浙江省企业工资支付监管系统、浙江人社工作台、浙江省行政执法监管（互联网＋监管）平台等。

在 V 字模型上行阶段，一是确定业务协同流程。在明确属地街道人员所属模块和部门职责分工的基础上，对应拆分出的场景，相应建立协同机制。二是编制业务协同流程图，围绕欠薪处置的具体实操流程，编制欠薪处置"一件事"业务协同流程图。三是做好事项流程再造。优化"发现受理→调解处置→专班联动→违法查处→反馈信息"的闭环处理机制，从原来由人社部门全程参与办理到现在优先发挥主管部门及属地单位前置调解职责，打通相关联动部门之间项目、企业工资支付信息壁垒，切实推进工资支付保障工作。

（三）案例成效

通过欠薪处置"一件事"综合集成改革，一方面提升处置效率，如2020 年春节期间衢江区利用掌上指挥室当日达成调解案件 13 件，当日案件调解率上升 10％，劳动纠纷化解率达到 98％。另一方面降低欠薪发生率。春节期间衢江区利用部门联动巡查项目 30 余次，下达整改通知单 12 份,排查欠薪隐患 19 起,充分加强事前事中事后监管,扩大信息来源,提前介入监管,防范欠薪发生。

案例 20

衢州市初信初访"一件事"

初信初访"一件事"应用作为党建统领整体智治系统的一项内容,已纳入浙江省数字化改革重大应用"一本账 S1"。初信初访"一件事"主要解决了信访数据不全、调查处理不细、工作责任不实、情报信息不灵等信访突出问题。对初次信访事项进行流程再造、制度重塑,拉长、拓宽、加高初次信访事项的生命周期。

(一)案例背景

经调研,衢州市信访工作存在的突出问题,主要是百万人口越级信访居高不下,新增积案率高位运行,一边在花大力气化解信访积案,一边又源源不断产生新的积案。原因症结主要有四个方面:

一是信访数据不全。对信访矛盾的产生缺乏预见性,相当一部分矛盾纠纷,在进入信访渠道前就已经存在,进入信访渠道后化解难度加大。

二调查处理不细。偏重文本规范、程序办结,忽视实体化解的现象比较突出,尤其是受到办理期限的制约,很多承诺解决的事项没有真正落实,引起矛盾激化。

三是工作责任不实。主要表现在两个方面,一是"领导干部是做好信访工作的主力军"没有落实,信访干部跑断腿、磨破嘴,与领导干部无访可接、无信可批的现象并存。二是预防信访矛盾的责任没有落实,推进项目"大干快上"、遇到困难"推脱顶躲"并存。

四是情报信息不灵。矛盾纠纷排查、重点人员列控漏洞较多,去省去京的现象时有发生。

综上分析,通过数字赋能,解决信访工作中的突出问题,已经非常迫切。

(二)案例做法

从问题导向出发,运用"任务分解深下去,综合集成升上来"V字开发模型进行事项拆解和综合集成。

1. V 字模型下行阶段

一是将事项拆解到最小颗粒度。通过任务分解,梳理出 4 个二级任务项、9 个三级任务项、27 项四级任务项。二是确定牵头/协同关系。明确"初信初访一件事"总的牵头部门为衢州市信访局,作为牵头制定首问首办负责制、信息倒查机制,督促各部门及乡镇村社对初信初访事件进行分级分层分类办理,并对政务服务中的不满意问题及交通事故、败诉案件、安全事故等可能引发信访或群体性事件的问题,进行全量矛盾数据收集。协同部门为各市级部门、乡镇街道落实属地责任,按照"五个一"工作法进行初信初访件的办理和全量矛盾数据的收集。三是确定数源系统。初信初访"一件事"主要涉及的数据来源系统,有浙江省"民呼我为"统一平台、浙江省大救助信息系统、浙江省劳动人事争议调解仲裁信息管理系统、基层治理四平台等。

2. V 字模型上行阶段

一是信息全量归集。对近 10 年来衢州市的信访事项进行了拆分,梳理出 2360 个可能引发信访矛盾或者具有信访先兆的"颗粒",并按来源分成五大类:(1)来源于来电来信和网上信访的苗头性问题。(2)各级各部门实施行政管理和社会服务中的不满意问题。(3)不服司法、审判、执法的问题。(4)已经在网络和自媒体呈现但尚未进入信访渠道的问题。(5)基层矛盾纠纷排查中主动发现的问题。按照获取方式,分成数据同步、数据协同、数据抓取、人工录入 4 种。

二是通过"码上知"全过程参与监督在融合打通"通衢码"和"掌上指挥"应用,信访群众可以通过"通衢码"实时掌握信访事项办理的流程和进度,以及谁在办理等关键信息。办理单位可以通过"掌上指挥",实现信访事项的签批、分派、审核、反馈、评价等,让信访事项承办单位的主要负责人、分管负责人、具体负责人和协同单位在同一个平台上处理信访问题。这是高效高质量处理信访问题,做到"事事有回音、件件有着落、环环可追溯"的关键。

三是信访事项分级分层处理。以浙江省"民呼我为"统一平台为基础,按照"信访事项、社会事项、基层事项"分类办理。同时,构建了预测预警数据模型,智能化研判信访矛盾的风险等级,由不同层级的责任人牵头分级处理。即初次信访事项进入"民呼我为"平台后,通过"码上知",向信访群众发送流转和办理信息。通过预测预警功能,推送给事权单位主要负责人,由主要负责人根据风险程度和复杂程度,分别作出分派(简易问题)、签批(一般问题)、领办(重大问题)、牵头协调(紧急或疑难复杂问题)等处理,相关指令通过"掌上指挥"发送到对应的人员手机端。经办人通过"掌上指挥"组建调查处理小组进行办理,在给出初步处理意见后,由主要负责人审核,完成后在"民呼我为"平台上答复信访人。这解决了"信访问题由信访干部办理""纸面办理""办理签批审核一人包办"等初次信访办理中的堵点痛点问题。该场景是及时解决疑难复杂信访问题的关键。

(三)案例成效

(1)衢州市委副秘书长、信访局局长每月赴浙江省信访局对接初信初访一件事应用,均得到省信访局副局长(分管数改项目)、省平台办副主任的充分肯定。衢州市信访局在浙江省大致排名前二。

(2)2022年5月26日,"初信初访一件事"应用在衢江区正式上线试运行,并分别于5月31日、6月9日、6月29日在柯城区、江山市、龙游县上线试运行。舆情数据、基层治理四平台数据已通过数据集成方式获取，人工录入的全量信息收集功能也已同步上线。该应用总计收集全量信息数据 56614 条，总体开通账号 809 个，主要领导登录次数总计 161 次。信访工作画像和复盘回溯业务功能，已集成浙江省民政厅的低保救助信息、特困对象信息、浙江省人社厅的社保参保信息、失业登记信息、劳动人事争议案件信息、浙江省公安厅的常住人口信息、市事件中心的事件数据、市委网信办的舆情数据、市编办的在编人员信息等多方数据，为预测预警数据分析模型提供数据参考。

（3）已出台制度《关于进一步落实信访办理"五个一工作法"的通知》。已完成《基层基础信息收集机制》《信访工作首问首办责任》《"一把手"信访工作盘点交接》《基层领导干部平台登录情况排名通报制度》《社会矛盾纠纷排查化解机制》《息访承诺反悔追偿机制》等机制的起草工作。

五、基于农村农业领域的场景化应用

案例 21

衢江区农民建房服务监管"一件事"

构建"县乡一体、条抓块统"高效协同治理格局试点工作以来，衢江区编办、农业农村、资规、综合执法、乡镇等部门，对"农民建房服务监管一件事"存在的主要问题运用 V 字开发模型进行事项拆解和综合集成，明确农民建房管理责任主体，梳理优化协同机制和业务流程图，在试点乡镇取得较好改革成效。

（一）案例背景

经调研，农民建房管理主要涉及农业农村、资规、住建、综合执法、乡镇等多个部门,在审批服务和监管执法方面存在部门间协同配合不够等问题,导致农民建房缺乏有效监管,"有新房无新村、有新村无新貌"现象突出,其中三大问题比较突出:

一是农房建设指标紧、排序乱。一方面,每年新增建设用地计划指标有限供给,短期内无法满足所有农民建房需求。另一方面,建房资格排序原则上要求"异地新建无房户、危旧房户最先,子女成家刚性需求优先,住房改善需求最后"的基本顺序确定排序资格,但由于农户申请往往是零散开展,因为申请顺序有先后,实际审批中会发生建房指标已经用完,但刚需农户没排上建房资格的情况。

二是建房审批慢、流程烦。按照传统审批程序,农户申请建房要经历建房申请—村级公示—村级初审—联合踏勘—联席会议—建房公示—办理规划许可证7个环节,加上公示时间往往要耗时3个月,对于农户来说建房审批环节耗时久,流程烦琐,获得感较低。

三是批后监管迟、执法难。在监管环节,一些村干部对于农房违建碍于人情不愿管。乡镇干部因对政策把握有所欠缺,全部上报希望部门解决。部门因人力有限,且监管责任在乡镇,无力监管。在执法环节,针对未批先建、占地抢建等行为,即使相关部门在建房期间发现问题,也下达了停工通知书,但违法者如果继续建房,就会使事件进入较为漫长的立案查处过程,等查清事实移送法院申请强制执行时,房屋往往已经建成,想要再去拆除难度相当大。

综上分析,梳理"农民建房服务监管一件事",重点是要提高审批效率、兼顾排序公平,加强质量监管、确保房屋安全,监管执法过程加强智控赋能、落实人控责任。

(二)案例做法

从问题导向出发,运用"任务分解深下去,综合集成升上来"V字开发模型进行事项拆解和综合集成。

1. V 字模型下行阶段

一是将事项拆解到最小颗粒度。统计填写"农民建房服务监管一件事"《区级事项拆解配置表》《街道事项拆解配置表》《人员事项匹配表》《关键节点人员信息表》四张表单。在事项信息方面,拆解出农民建房审批服务事项 9 项,区级部门监管事项 30 项,乡镇监管事项 19 项(乡镇法定事项 5 项,综合执法部门下沉乡镇事项 14 项)。在人员信息方面,以廿里镇为例,涉及区级部门执法人员 90 人、廿里镇执法人员 42 人。

二是确定牵头/协同关系。明确"农民建房服务监管一件事"总的牵头部门为农业农村部门,审批环节由乡镇开展农村村民住宅用地审核,资规局办理乡村建设规划许可(农民建房),村、乡镇、资规局、农业农村局确定房屋四址(放样),农房按审批要求建成后由资规局办理农房确权登记。同时分场景明确监管环节责任,经过审批的农房监管、执法都由乡镇执行,占用水域、林地、公路建控区违建日常监管以乡镇为主,执法分别由水利、林业、交通部门执行,其他未批先建、占地抢建农房的由农业农村部门负责。

三是确定数源系统。农民建房服务监管业务流程涉及五个系统,分别为房地信息系统、浙江农业执法智能处理系统、浙江省交通运输行政执法管理与服务平台、浙江省统一行政处罚办案系统和浙江省综合行政执法平台。

2. V 字模型上行阶段

(1)提前摸底,建房一年早知道:①用好建房资格库。以莲花镇为例,莲花镇三年建房需求 551 户,已全部入库。衢江区按照"原拆原建即审即批,异地新建无房户、危旧房户最先,子女成家刚性需求优先,住房改善需求最后"的基本顺序确定三年建房计划排序资格,最后以村民代表大会投票形式确定并进行公示。②用好规划用地库。按照

"先规划、后许可、再建设"的原则对莲花镇自然村建房性质进行进一步区分,划分禁建自然村21个,限建自然村104个,适建自然村22个。在"两规合一"的基础上,引导农户集聚建房,提高土地集约利用水平。③用好通用图集库。衢江区准备了3.0版25套建房通用图集,为农户提供免费选择、免费使用、免费修改服务,农户也可在系统里自行上传心仪的建房通用图集。

（2）流程再造,建房一次就批好。在优化流程、减环节、减时长等进行改革创新,把村级公示和初审环节前置,把乡镇环节合并成联合审查。从以前7个环节变为现在3个环节,审批时长从30天缩短至7天。通过房地信息系统数字赋能,现在农户不用出门就能完成建房申请,实现了100%线上办理,建房纸质材料从原来至少需要15份减少为0,充分解决了审批慢、流程烦的问题。除此之外,还加强了工匠管理。明确规定了工匠承接农房工程责任,因其原因致使出现违建的,一次提醒,两次警告,三次出库,失去承包农户建房资格。

（3）数字赋能,建房一码就管好。①健全人控约束机制。从农户角度而言,在发放建房规划许可之前,需缴纳保证金5万元。若建房过程中出现违建行为且拒不整改的,保证金将依据村规民约予以没收。并采用信用管理积分制,在衢江信用智治系统新增该农户的失信记录,按违建情节轻重扣除信用积分,入党、参军、竞选村干部、贷款等方面将受到影响。从干部角度而言,牢牢抓住农房监管责任人,若在责任范围内出现建房违建,干部四维考核将扣除相应分数,同时明确规定若一年内出现违建情形的,根据违建宗数给予相关责任人免职处理,乡镇年度综合考核一票否决。②做强智控监管支撑。一是创新二维码监管。在建房审批完成后系统自动生成二维码,监管责任人和村民都可以扫描二维码查看相关信息。若现场巡查和群众发现违建情况,则可直接在二维码信息展示界面发起违法处置。依托三联工程,农房监管人员由组团联村团长、驻村干部、资规员、联户党员、网格员等6人组成。巡查时扫描二维码点击"我要巡查"按钮，系统自动完成巡查定位并跳转至"干部巡查"界面，填报巡查记录、勾选巡查时间、人员等基础数据。农房监管实现了全程到场、全程留痕、全程评价。二是执法流程全面再造。通过信息化手段，把传统的线下非标准化事件处置模式实现数字赋能、线上办理，从而达到人事匹配、责任到人，推动部门协同、联合处置。接到违建信息后，系统将自动派单至乡镇综合信息指挥室，乡镇权限范围内的事项，直接由乡镇大执法模块接单处置并形成闭环。乡镇权限范围外的事项，由乡镇综合信息指挥室派单至牵头部门，牵头部门交办给协同部门处置，部门完成后反馈乡镇并接受乡镇评价，最后由群众对政府工作进行评价打分，实现了农房违建执法处置"流程化、标准化、科学化、高效化"。

（三）案例成效

通过农民建房服务监管"一件事"综合集成改革，农房审批、监管、执法从原来的18个环节减为11个环节，审批阶段从原来需要提供15份材料，到现在全程线上办理，建房审批时间由原来的30天缩短至7天，农村建房问题信访件显著下降，群众反映良好，改革成效初步显现。

第九章　衢州基层治理改革创新保障

衢州市基层治理创新包括重构县乡权责、大综合一体化改革、"一件事"集成改革、"四治融合"等方面。为进一步加快基层治理改革创新进程，衢州市积极强化组织保障、制度保障及文化保障等相关配套政策，以构建改革创新的良好环境。

第一节　基层治理创新组织保障

基层治理创新不是要求创设新的组织层级，也不是简单地进行地域化的分割管理，而是在原有组织结构基础上，按照有利于资源整合和信息畅通的原则对基层治理基本要素和功能进行划分整合。衢州市为推进基层治理整体性、系统性改革，在市区（县）两级分别成立了领导小组及推进办成员。

一、市级层面

（一）市级组织架构

衢州市在市级层面成立了领导小组与推进办。领导小组由市委书记担任组长，市委副书记、政法委书记担任常务副组长，市委常委、组织部部长，市委常委、常务副市长，市委秘书长、市政协副主席，市政府秘书长担任副组长,成员由市委副秘书长、改革办主任、市政府副秘书长、办公室主任、市委组织部常务副部长、市委宣传部常务副部长、市委政法委常务副书记、市委编办主任、市发改委主任、市经信局局长、市生态环境局党委书记、市综合执法局局长、市大数据局副局长组成。

领导小组下设推进办,推进办设在市委办公室,由市委副书记、政法委书记兼任推进办主任,市委副秘书长、改革办主任负责推进办日常工作,市委副秘书长负责推进办面上统筹,推进办副主任负责驻点指导。

推进办主要任务有:(1)贯彻落实省市两级数字化改革领导小组的工作部署,及时掌握改革的精神要求,统筹协调基层治理系统建设,研究起草涉及改革的重要制度和政策文件。(2)在省级部门的指导下,研究制定并牵头实施基层治理系统建设方案,指导相关市级部门、县(市、区)全面深入开展基层治理系统建设工作,研究解决改革推进过程中的难点堵点问题。(3)完善系统架构,建立健全平台跑道、重大应用、重点项目、数据需求等工作清单,强化多跨协同、综合集成。(4)对系统建设和改革推进情况及时进行分析总结,在实践中不断提炼和丰富理论成果、制度成果。

(二)职责分工

市委办公室(市基层治理系统推进办):主要负责基层治理系统建设的顶层设计、牵头抓总、统筹协调、督促检查工作。统筹推进"县乡一体、条抓块统"改革相关具体事项落实工作。负责改革工作重要会议组织筹备,重要方案等文稿起草。负责宣传、信息、简报等工作,加强理论、制度、实践成果总结提炼。收集梳理改革攻坚过程中存在的问题,及时与上级部门汇报对接,研究起草涉及改革的重要制度和政策文件。

市委组织部:主要负责在基层治理系统建设中更好地发挥党建统领作用等工作,全面推进深化基层管理体制改革,建立人事匹配、事项授权、职责清晰的基层管理机制。深化乡镇(街道)模块化改革,构建党委领导、党政统筹、模块运行、岗位管理的新型乡镇(街道)工作模式。持续深化干部

"四维考评",规范完善派驻干部评价机制,推动考评工作科学化、体系化、规范化。

市委宣传部:主要负责系统谋划数字文化改革体系架构,对标"文艺惠民""文创发展""文脉传承""文明创建""融媒传播"五条跑道,承接贯通省级重大应用和重大试点,打造标志性成果,构建理论制度体系。

市委政法委:主要负责侧重线下做实,健全完善市级社会治理中心,推进"多中心合一",做强运行监测、矛盾调处、协同流转、应急指挥、督查考核、分析研判等六大功能。实体化运行县乡村三级治理平台,规范设置县级社会治理中心,建强乡镇综合信息指挥室,整合村情通、邻礼通等现有应用建设"浙智兴村"。提升组团服务、"三联五包一"挂联机制、"浙里党群心联心"系统等应用实效。科学划分设置网格,完善网格事项准入机制,强化网格事件报办分离机制,建立网格员奖惩动态调整机制,完善网格人员经费、待遇保障。组织开展无脚本演练,确保系统实战实效。

市委改革办:主要负责改革相关具体事项落实工作,协同推进"县乡一体、条抓块统"改革;持续推进"一件事"改革扩面提质,建立"一件事"审核准入制度,建立"一件事"系统归集、线上线下闭环的管理机制。

市委编办:主要负责提出下阶段"162"体系与"141"体系浙江省贯通的应用清单;研究制定推动人员编制向乡镇(街道)倾斜优化的工作方案。

市发改委:主要负责数字社会系统与"141"体系衔接贯通,指导推动基层治理系统中公共服务相关工作。

市经信局、市生态环境局:主要负责数字经济系统、生态文明建设相关应用与"141"体系衔接贯通,指导推动基层治理系统中经济生态相关工作。

市综合执法局:主要负责全市域开展"大综合一体化"行政执法改革,推广常山县行政执法县域集成改革经验,加快形成"1+5"行政执法格局;深化完善乡镇"1+X"执法模式,推动乡镇(街道)"一支队伍管执法"实战运行,加强"1+X"执法联动,强化赋权事项实战实效;优化执法配置,健全执法体制,加强乡镇(街道)法治审查工作,完善运行机制。

市大数据局:主要负责推进"162"体系与"141"体系衔接贯通,依托一体化智能化公共数据平台为"141"体系建设提供数据共享支撑和业务技术指导,总结提炼贯通工作试点经验;研究提出市县基层治理系统大脑建设方案,建成市级基层治理系统大脑,指导县级基层治理系统大脑建设;建立数据归集、分析、处置的工作机制,打造"平台＋大脑＋应用"的高效协同、整体智治的基层治理体系;推进"衢州通"建设。

二、县级层面

(一)县级组织架构

与此同时,衢州市各区县层面也成立了领导小组与推进办。以龙游县为例,领导小组成员由县委书记担任,常务副组长由县委副书记、政法委书记担任,副组长由县委常委、组织部部长,县委常委、常务副县长担任,成员由县委办主任,县府办主任,县委办副主任、改革办专职副主任,县委办副主任,县委组织部常务副部长,县委宣传部常务副部长,县委政法委常务副书记,县委编办主任,县发改局局长,县经信局局长,县农业农村局局长,县司法局局长,县综合行政执法局局长,县营商办主任,县生态环境分局局长,县大数据局副局长、大数据中心主任组成。

领导小组下设推进办,推进办设在县委办公室,由县委副书记兼任推进办主任,县委办副主任、改革办专职副主任负责推进办日常工作,县委办副主任负责推进办面上统筹。推进办主要职责有:(1)贯彻落实省市县数字化改革领导小组的工作部署,及时掌握改革的精神要求,统筹协调基层智治系统建设,研究起草涉及改革的重要制度和政策文件。(2)在省市部门的指导下,研究制定并牵头实施基层智治系统建设方案,指导相关县级部门、乡镇(街道)全面深入开展基层智治系统建设工作,研究解决改革推进过程中的难点堵点问题。(3)完善系统架构,建立健全平台跑道、重大应用、重点项目、数据需求等工作清单,强化多跨协同、综合集成。(4)对系统建设和改革推进情况及时进行分析总结,在实践中不断提炼和丰富理论成果、制度成果。

(二)职责分工

县委办公室(县委改革办、县基层智治系统推进办):主要负责基层智治系统建设的顶层设计、牵头抓总、统筹协调、督促检查工作;统筹推进"县乡一体、条抓块统"改革相关具体事项落实工作;负责持续推进"一件事"改革扩面提质,建立"一件事"审核准入制度,建立"一件事"系统归集、线上线下闭环的管理机制;负责改革工作重要会议组织筹备,重要方案等文稿起草;负责宣传、信息、简报等工作,加强理论、制度、实践成果总结提炼;收集梳理改革攻坚过程中存在的问题,及时与上级部门汇报对接,研究起草涉及改革的重要制度和政策文件。

县政府办公室:主要负责牵头统筹数字政府系统与"141"体系衔接贯通,牵头指导推动基层智治系统中经济生态相关工作。

县委组织部:主要负责在基层智治系统建设中更好发挥党建统领作用等工作,全面推进深化基层管理体制改革,建立人事匹配、事项授权、职责清晰的基层管理机制;深化乡镇(街道)模块化改革,构建党委领导、党政统筹、模块运行、岗位管理的新型乡镇(街道)工作模式;持续深化干部"四维考评",规范完善派驻干部评价机制,推动考评工作科学化、体系化、规范化。

县委宣传部:主要负责系统谋划数字文化改革体系架构,对标"文艺惠民""文创发展""文脉传承""文明创建""融媒传播"五条跑道,承接贯通省市重大应用和重大试点,打造标志性成果,构建理论制度体系。负责牵头推进村(社)德治建设,协助完善"四治融合"城乡基层治理体系建设。

县委政法委:主要负责侧重线下做实,健全完善县级社会治理中心,推进"多中心合一",做强运行监测、矛盾调处、协同流转、应急指挥、督查考核、分析研判等六大功能;实体化运行县乡村三级治理平台,规范设置县级社会治理中心,建强乡镇综合信息指挥室,整合建设"浙智兴村";提升组团服务、"三联五包一"挂联机制、"浙里党群心联心"系统等应用实效;科学划分设置网格,完善网格事项准入机制,强化网格事件报办分离机制,建立网格员奖惩动态调整机制,完善网格人员经费、待遇保障;组织开展无脚本演练,确保系统实战实效。

县委编办:主要负责县级部门向乡镇(街道)贯通事项的审核准入;推进机构编制供给侧结构性改革,优化乡镇(街道)机构设置,建立资源倾斜基层、力量下沉基层的调配机制;完善清单管理制度,构建以"三定"规定为基础,权责清单、政务服务清单、乡镇(街道)"属地管理"事项责任清单为补充的职责管理体系。

县发改局(县委社建委):主要负责数字社会系统与"141"体系衔接贯通,指导推动基层智治系统中与公共服务相关的工作。负责协助推进基层智治系统建设与共同富裕改革相融合,谋划研究推进共富基本单元的治理集成改革。

县经信局、县生态环境分局:主要负责数字经济系统、生态文明建设相关应用与"141"体系衔接贯通,协助推动基层智治系统中经济生态相关工作。

县营商办:主要负责数字政府建设相关应用与"141"体系衔接贯通。

县农业农村局(县委农办):主要负责牵头统筹研究深化"四治融合"城乡基层治理体系建设,指导提升基层智治能力,拓展推广"四治融合"相关应用场景。

县司法局:主要负责牵头基层法治建设,协助完善"四治融合"城乡基层治理体系建设。

县综合执法局:主要负责开展"大综合一体化"行政执法改革,加快形成"1＋5"行政执法格局;深化完善乡镇"1＋X"执法模式,推动乡镇(街道)

"一支队伍管执法"实战运行,加强"1＋X"执法联动,强化赋权事项实战实效;优化执法配置,健全执法体制,加强乡镇(街道)法治审查工作,完善运行机制。

县大数据局(县大数据中心):主要负责推进"162"体系与"141"体系衔接贯通,依托一体化智能化公共数据平台为"141"体系建设提供数据共享支撑和业务技术指导,总结提炼贯通工作试点经验;推进基层智治大脑"一屏两端"及相关智能模块、要素、应用建设;建立数据归集、分析、处置的工作机制,打造"平台＋大脑＋应用"的高效协同、整体智治的基层治理体系;推进"龙游通"迭代升级。

(三)运行机制

建立集中办公机制。县基层智治系统建设推进办抽调人员在县委办实行集中办公,其他各责任部门要强化协同配合,全力保障基层智治系统建设各项工作全面、有序推进,确定一名负责此项工作的分管领导和联络员,强化日常工作沟通和联系,并根据工作需要阶段性纳入推进办集中办公。

建立双周动态机制。强化工作进度动态掌握,各部门、乡镇(街道)每双周上报主要任务推进情况、下步计划和特色亮点工作,并由推进办整理成工作周报呈报市推进办及领导小组组长副组长。

建立工作例会机制。推进办内部双周召开碰头会,县专班层面每月定期召开例会,了解掌握各部门工作进展情况,协调解决改革工作中的重点难点问题,研究制定下阶段工作计划。不定期召开专项分析会,重点就某一领域、某一问题进行专项突破攻坚。每次例会形成工作备忘录。

建立督查评估机制。完善改革评价指标体系,实行双月督查评价,晒进度、晒成效、晒能力,对改革中发现的问题及时交办、督促整改,做到末位约谈、落后表态,营造"比学赶超"的浓厚改革氛围。

第二节 基层治理创新制度保障

合理的制度安排能为创新主体提供激励和保护功能。正如丹尼尔·W.布罗姆利所说,任何一种制度的基本任务就是对个人行为形成一个激励集,通过这些激励,每个人都将受到鼓舞而去从事那些对他们来说是有益处的经济活动,但更为重要的是这些活动对整个社会有益(布罗姆利,2006)。衢州市自改革开放以来一直积极激励创新主体。例如出台《"县乡一体、条抓块统"改革评价体系》、"四维考评"、区乡双向考评等制度,以保障基层创新的动力。由此可见,衢州市基层创新的增长实质在于基层创新系统的有效性,而这种有效性得益于其良好的制度环境。

一、评价制度保障

为系统、科学评价衢州市基层治理创新工作开展情况和风险情况,衢州市坚持定性与定量相结合,构建了一系列改革评价体系。以衢州市《"县乡一体、条抓块统"改革评价体系方案》为例。

(一)评价指标

评价指标体系主要分为定性指标和定量指标两大类并相互融合。

1.定性评价

(1)实效性指标:是否按照时间节点要求完成试点工作方案的各项改革任务,取得预期改革成效。(2)实践性指标:是否形成一套治理体系、制度标准、实践成果。(3)创新性指标:是否突破固有的体制机制,是否破解重难点问题。(4)示范性指标:是否在浙江省具有可借鉴的"领跑"价值。

2.定量评价

(1)经济社会发展指标:①重大项目推进指标(固定资产投资数、推进时效、带动就业、税收)。②营商环境指标(企业开办、"移动办事"便利度、水电气获得等等)。③企业发展指标(企业产值、亩均税收、社会贡献度)。(2)基层治理指标:①矛盾纠纷化解指标(新增信访积案率、初次信访事项化解率、越级走访情况)。②基层治理"四平台"规范化运行和网格建设指标(上报三级事件有效率、按时办结率、办理规范率、网格灵敏度、专项任务响应率、网格巡查率、基数完成率)。③"一支队伍管执法"指标(基层队所建设达标率、案卷评查不合格率、持有执法证件率、行政诉讼败诉率、案件办结率)。④"基层治理一件事"事项指标(事项梳理数据、事项办结的流程环节时限优化程度、事项投诉指标)。(3)群众获得感指标:①企业和群众办事"好差评"数据。②群众对"县乡一体、块抓条统"改革满意率。

(二)参与评价对象

注重改革评价工作的群众参与度以及科学性、真实性,广泛邀请社会各阶层、各方面参与衢州市改革试点工作评价。

(1)城乡群众。在改革评价过程中要充分发挥人民群众的主体作用和主人翁意识,切实增强城乡群众对改革试点工作的认同感。既要广泛邀请普通群众参与改革试点评价,也要主动邀请人大代表、政协委员、群众团体代表等参与改革试点评价。(2)专家学者。邀请与试点工作相关领域内的权威专家学者,从社会科学的角度对试点工作进行科学论证与评价,形成权威评价报告。(3)企业主体。邀请各类企业主体从企业发展经营的角度对试点工作进行评价。(4)各级干部。邀请市、县、乡、村的各级干部,结合自身工作实际,对试点工作进行评价。

(三)评价方式方法

委托第三方评价机构对衢州市试点工作进行评价,评价实施主体应在充分评估、客观科学论证分析的基础上编制试点工作评价报告和改革风险评估报告。

(1)大数据抓取。试点工作形成大数据的,尽可能通过大数据抓取,实现客观评价。(2)实地体验。结合衢州市体验式改革督察模式,邀请普通城乡群众、专家学者、人大代表、政协委员、群众团体代表、各级新闻媒体组建改革观察员团队,对试点工作进行实地体验,并召开恳谈会,交流评价试点工作,形成试点工作实地体验报告。(3)问卷调查:①网络问卷调查。在有关网络媒体平台开展网络问卷调查。②电话问卷调查。依托 CATI 电话系统,针对特定服务对象(调查期内对办理过试点工作相关事项的各类主题)进行电话访问。

(四)改革风险评估

1.风险评估主体与评估实施主体

"县乡一体、条抓块统"改革试点是衢州市委、市政府组织实施的重大改革,由市委、市政府确定承办单位作为评估主体组织实施改革风险评估工作。评估主体可委托第三方评估机构作为评估实施主体,按相关要求开展改革风险评估。

2.风险评估维度

按照鱼骨图分析(见图 9.1),可能引发的四大类风险有:(1)政治风险。群众反对、干群矛盾激化、信任危机等。(2)社会风险。未经法律授权、政府权力边界模糊、制度虚化和失衡等。(3)经济风险。权益主体受损、地区经济活力衰退、区域差距扩大等。(4)技术风险。数据打通受阻、大数据滥用、数据隐私泄露等。

3.风险评估内容

围绕政治风险、社会风险、经济风险、技术风险四个维度,全面分析相关群众和社会公众可能对改革事项的合法性、合规性、合理性、可行性和可控性提出的质疑,研究提出有针对性的风险防控措施。

(1)合法性分析。主要分析改革决策单位是否享有相应的决策权并在权限范围内进行决策,决策内容和程序是否符合有关法律法规和政策规定。

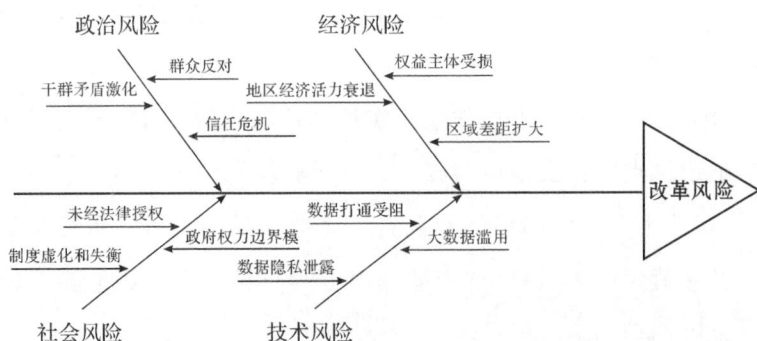

图 9.1 "县乡一体、条抓块统"改革风险评估

（2）合规性分析。主要分析改革事项是否同党章和党的理论、路线、方针、政策相抵触，是否符合党中央重大决策部署要求，是否与国家重大改革方向相一致，是否同上位党内法规和规范性文件相抵触，是否与其他同位党内法规和规范性文件对同一事项的规定相冲突。

（3）合理性分析。主要分析改革事项是否符合广大人民群众的利益；是否会引发不同地区、行业、群体之间的攀比或抵触；拟采取的措施和手段是否必要、适当，是否尽最大可能维护所涉及群众的合法权益；政策调整、利益调节的对象和范围界定是否准确，拟给予的补偿、安置或者救助是否合理公平及时；等等。

（4）可行性分析。主要分析改革事项是否与本地经济社会发展水平相适应，实施是否具备相应的人力物力财力，相关配套措施是否经过科学严谨周密论证，出台时机和条件是否成熟，改革项目各个环节论证是否到位；改革方案是否充分考虑群众的接受程度，是否超出大多数群众的承受能力，是否缺乏群众支持的基础。

（5）可控性分析。主要分析改革事项是否存在安全稳定隐患，是否会引发群体性事件、集体上访、个人极端事件；是否会引发严重负面舆情、恶意炒作及其他影响社会稳定的问题；宣传解释和舆论引导工作是否充分；对可能引发的苗头性、倾向性问题是否有完善的防范化解措施和应急处置预案等。

(五)评价结果运用

通过第三方机构的系统、科学评价试点工作开展情况和风险情况,对下步改革工作开展具有一定的指导意义。

对评价评估中出现的好做法好经验,要进一步总结提炼,继续发扬并深化,为"县乡一体、条抓块统"改革进一步做深做实提供科学依据。

对评价评估中出现的改革问题,特别是改革风险点,要本着允许改革试错的态度,进一步优化改革路径、细化改革举措,加以修正完善。

二、考评制度保障

(一)四维考评

衢州市分步推行乡镇干部"岗位赋分＋模块评分＋组团积分＋专班计分"的"四维"考评机制,将乡镇(街道)在编干部、编外人员、派驻人员统一纳入考评体系。通过定性与定量相结合、动态与静态相结合、考人与考事相结合,有效解决"干与不干、干多干少、干好干坏一个样"的问题,持续激励基层干部担当作为。

1.考评内容

(1)岗位赋分

第一,梳理岗位职责。制定全市统一的乡镇干部岗位目录清单,厘清不同岗位权责,做到分类梳理、合理归类。同时,由乡镇视情况自主选设30～90个岗位,明确各岗位工作职责。第二,因岗设定分值。依据"饱和度、风险度、难易度"三个维度,经乡镇干部集体评议、模块论证、班子评定等环节,分别赋予每个岗位不同分值,如基层党建岗 10 分、项目管理岗 5分、工会主席岗 3 分。第三,全员双向选岗。按照"能岗相适"原则,乡镇在编干部、部门派驻人员和编外用工全部开展"双向选岗"。通过干部个人申报、分管领导综合比选、班子会集体研究,确定选岗结果;选岗不成功或人岗不匹配的,通过二次选岗、组织定岗等方式重新调配,确保"人岗相适、人事相宜"。

(2)模块评分

第一,模块集成运作。根据乡镇规模、人口、类型等不同特点,打破原有条线、科室、人员壁垒,设置党建统领、经济生态、治理执法、便民服务等4个模块。实行部门派驻乡镇机构编制数、派驻人员"双锁定",原则上2年内不得转岗,部门派驻干部全部纳入乡镇模块统一管理。第二,模块综合评分。每个模块由1名乡镇班子成员担任牵头领导,并赋予其对模块内干部的考核权。根据干部在服从模块调配、执行模块任务、工作排名情况等方面实绩进行综合评价,形成"模块表现分、实绩排名分"。第三,模块比拼加分。县乡两级定期组织模块 PK 赛,比谋划、比干劲、比业绩,对模块PK 成效突出的,给予加分,直接与干部个人考评分值挂钩,强化模块内部团队协作意识、争先意识。

(3)组团积分

第一,组团联村下沉。从 2018 年开始,全面推行基层治理"三联工程",即组团联村、两委联格、党员联户。组建由乡镇班子成员、部门派驻指导员和联村干部组成的联村团队,围绕基层治理、项目建设、服务群众等基层工作,每个"周二无会日"参与集中分析研判,解决急难问题。第二,工作捆绑考核。根据乡镇干部组团联村表现进行评分,干部积分实行"三个挂钩":即与村(社)年终考核结果挂钩、与联村干部评议结果挂钩、与网格工作月考结果挂钩,通过捆绑考核推动干部下沉做好入格服务。第三,吸收群众评价。将考评权下放网格、群众。由群众通过"基层治理四平台""村情通"等平台,对事件交办处置情况开展满意度评价,作为组团积分的重要组成部分。

（4）专班计分

第一，重点工作专班攻坚。对重大项目、重点工作及阶段性急难险重任务，组建跨模块、跨层级的工作专班，最大限度地统筹乡镇资源力量，集中力量攻坚。第二，鼓励干部揭榜抢单。专班根据工作需要，由乡镇"点兵点将"，挑选部门专业人员加入。建立"揭榜抢单"工作机制，遇到突击任务时，乡镇发布专班抢单任务，鼓励干部"自荐"报名加入专班。第三，专班实绩量化计分。根据专班工作重要程度和攻坚难度，在总分之外，赋予1～20分的附加分。以专班攻坚成效和干部个人在专班中承担工作任务、实绩表现进行量化打分，优则加分、劣则扣分，推动干部一线攻坚。

（5）线上运行

以数字化改革为引领，依托浙江省统一的机构编制实名制系统，将"四维考评"线上运行纳入党政机关整体智治应用一体谋划，开发全市域一体的"四维考评"线上运行平台。一是信息数据集成化。打通"基层治理四平台""一件事"集成联办、村情通平台，自动关联干部人事、工资统发、机构编制等信息数据，实现人员信息基础数据自动抓取、同步校验、减负提效。二是考评过程自动化。将考评全过程搬到线上。干部选岗赋分情况全程线上公开；"模块评分"和"组团积分"由模块牵头领导和村社干部通过手机端每月星级评定产生；专班计分则根据工作完成情况，每季度一次性计入总分。所有星级评分由系统自动汇总、换算、一键生成、两头排名、即时公示，督考人员工作量减轻60％。三是结果运用多样化。建立"四维考评"数据驾驶舱，依托"四维考评"大数据，开发干部个人综合能力分析、两头人员动态排名、重点任务实时跟踪等功能，进一步考准干部实绩，以数字化全流程跟踪推动重点工作任务落实落地。

2.考评分值与实效性

(1)岗位赋分(20分)

一般干部岗位赋分由分岗定责、双向选择确定、根据乡镇(街道、办事处)人员岗位统一指导目录中岗位及建议分值,由各乡镇自行设置岗位及分值。岗位赋分一年一定,方案必须由 2/3 以上干部同意通过后方可执行。

(2)模块评分(50分)

模块评分由领导评价(10分)、工作实绩(40分)组成。领导评价由模块牵头领导根据干部工作表现进行评分。评价四星及以上的不能超过25%,两星及以下的不能少于 15%。工作实绩采取系数计分。区级层面每季度对各模块进行分档排名,各模块根据每季度全区排名赋予系数。全区排名第一档的系数1.0,第二档的系数0.9,第三档的系数0.8。模块内根据干部业务表现再分梯队,第一梯队即模块系数得分,第二梯队减2分,第三梯队的减4分。

(3)组团积分(30分)

组团积分由联村得分(20分)、网格评分(5分)、民主评议(5分)组成。联村得分采取系数计分。乡镇每季度根据难易程度、各村工作推进情况进行分档排名,排名第一档的村系数为1.0,第二档的村系数为0.8,第三档的村系数为0.6。网格评分采取捆绑得分,乡镇根据政法线对网格的考核得分进行折算。民主评议由村两委干部、"两代表一委员"及党员群众代表评议打分,最高不超过 5 分。

(4)专班计分(20分)

专班计分由基础分和评价分组成。参与专班的干部先得基础分,分值由系统根据该专班总分的三分之一进行自动折算,评价分在专班工作完成后结算,最高不超过 20 分。

3.考评实效性

"四维考评"激发了全区干部干事创业的内生动力,树立了"以实干论英雄、凭实绩用干部"的工作导向。

(1)科学研判

"四维考评"从"定性"到"定量",将干部日常工作任务颗粒化分解、工作表现可量化赋分,实现同岗位同类别同层次干部的排名比较,由表及里、立体透视,考准考实干部实绩,为精准选人用人提供参考。在乡镇换届中,对新进乡镇领导班子人选的酝酿,"四维考评"横向排名成为重要考量。同时,结合干部年龄、学历、选岗倾向、排名情况等进行深度分析,每季自动生成分析研判报告,推送区委主要领导和组织部部长,实现对干部实时了解、一屏掌控。

(2)实时预警

"四维考评"从"静态考评"到"动态跟踪",实现对干部日常表现的即时预警,对排名趋势明显下降的干部及时进行谈话提醒,对于表现优秀的在职级晋升、提拔使用方面予以倾斜,形成考评闭环。2020年以来,全区共有52名在"四维考评"中表现突出的乡镇干部得到提拔,44名干部进一步任用,104名干部获得职级晋升;68名干部因考评成绩下滑被所在乡镇党委提醒教育。

(3)激励争先

"四维考评"从"伯乐相马"到"赛场选马",实现了干部之间的自主竞争、良性竞争,每季度发布英雄榜、青云榜、加油榜,让干部及时掌握自身情况、所处位置,浓厚互学互比氛围,激励干部扛重活、争先干。如总投资400亿元的浙江时代锂电材料项目涉及廿里镇103户农户560.18亩土地征迁,该镇5天完成房屋面积及人口核对,7天完成土地现状勘测和分户测量,19天实现100%签约,一名年轻镇干部主动担当征迁"急先锋",位列二季度青云榜第一名。

（二）区乡双向考评

衢州市为认真落实中央和省区市关于加强区乡统筹、构建简约高效的基层管理体制和持续解决形式主义突出问题为基层减负的工作部署，紧紧围绕加快推进基层治理体系和治理能力现代化建设要求，创新体制机制，持续为基层减负松绑，着力破解制约乡镇（街道）发展和影响基层社会治理的突出问题，切实增强乡镇（街道）统筹协调能力和管理服务水平，为激励基层不断创新，积极开展区乡双向考核评价。整合精简部门对乡镇（街道）业务的考评，由县（市、区）党委政府统一考评乡镇（街道）的工作实绩，制定考评项目清单，严格审批管理，减少考评频次，减少考评内容，减轻基层负担。赋予乡镇（街道）对部门的考核评价权，重点考评"属地管理"事项责任清单落实、组团服务村（社）、人员力量下沉和集成联办"一件事"等工作情况，分值原则上不低于部门年终综合考评分的 10％。下面以龙游县为例具体来分析。

1. 考评内容与对象

（1）县委县政府对乡镇（街道）的年度综合考评内容包括综合指标、中心工作、专项工作和加减分类工作，具体考评指标每年由县督考办根据省市考评指标体系确定，并按照乡镇（街道）职责和区位特点，分经济型、复合型、生态型 3 类建立差异化考核评价体系。各考评牵头部门按照简洁、可操作的原则对应考评指标制定相应细则。

严格控制"一票否决"事项，除党风廉政建设、平安建设、节能减排、安全生产与消防等工作实行"一票否决"外，未经县委、县政府批准不得以任何形式对乡镇（街道）设置"一票否决"事项。

（2）建立由乡镇（街道）党（工）委牵头，自下而上的考核评价制度。乡镇（街道）对县级部门主要考评县乡挂联"一组团"、县乡协同"一件事"、县乡运行"一体化"三大方面内容，考核对象按照"固定＋动态＋自选"进行确定。

①县乡挂联"一组团"主要考评县级部门服务联系村(社)和挂联乡镇(街道)情况。考核对象固定为本乡镇(街道)组团联村(社)成员所在的县级部门,以及《关于调整县级领导分片联系乡镇(街道)和县机关部门(单位)挂钩联系乡镇(街道)的通知》(县委办〔2019〕3号)所确定的联系部门。其他有特殊贡献需要纳入非挂联乡镇(街道)考评的,由非挂联乡镇(街道)书面说明原因,经审核同意后纳入考评赋分。

②县乡协同"一件事"的考核对象根据县委县政府年度中心工作中需要县乡协同落实的,以及"属地管理"事项中乡镇(街道)发生频率高、涉及部门多、协调难度大、群众最期盼的重大事项确定,由乡镇(街道)对县级部门反向考评,实行乡镇(街道)和部门"捆绑考核",考评事项每年动态调整,具体由县督考办和县委编办确定。2020年度重点考核基层便民服务点建设、脱贫攻坚和消薄、农村生活污水提标改造、农村饮用水达标提标、全域土地综合整治、生态环境综合整治、道路交通安全管理、欠薪防范和处置、防灾减灾、项目(工业、农业、文旅、服务业)决策咨询及建设服务等10个方面工作内容所对应的有关牵头部门。

③县乡运行"一体化"主要考评县级部门力量下沉、重心下移、资源下倾等情况。考评对象主要为综合执法局、市场监管局、资源规划局、林业水利局、人力社保局、司法局等6个在乡镇(街道)设有派驻机构或派驻人员的县级部门。此外,乡镇(街道)也可以结合自身需要,有针对性地在"属地管理"事项清单中的牵头部门中(综合执法局、市场监管局、资源规划局、林业水利局、人力社保局等5个部门不重复纳入)选取部分部门就履行"属地管理"事项责任、县乡联动配合、全员培训提能等内容由进行考核评价。

区乡挂联"一组团"考评由区委办提供考评结果、区委编办协助配合,区乡协同"一件事"和县乡运行"一体化"考评由区委编办提供考评结果,考评结果分别提供区督考办汇总。乡镇(街道)对区级部门的考评原则上按季度实施,各阶段得分综合后按比例纳入年度综合考核,其中区乡挂联"一组团"考评覆盖所有区级部门,纳入区委区政府年度综合考核共性工作赋分(窗口单位为5分,除评议单位外的其他单位为8分);区乡协同"一件事"和区乡运行"一体化"按照4∶6的权重(派驻部门除外)折算纳入专项工作赋分(最高分为5分)。乡镇(街道)对部门考评排名最后一名的,其主要领导由区委组织部进行约谈;连续2年排名末位的,取消年度评优评先资格;基层反映确实存在较多问题的,予以组织调整。

2.考评分值和方式

(1)县委县政府对乡镇(街道)的年度综合考核评分由各考核牵头部门按照指标分值和考核细则进行分项考核,乡镇(街道)最终分值为各项考核项目累计分值。

(2)乡镇(街道)对县级部门的考核评价总分设置为300分,县乡挂联"一组团"、县乡协同"一件事"、县乡运行"一体化"各占100分,指标及分值分解如表9.1所示。具体考评方式为:①县乡挂联"一组团"考评由乡镇(街道)按照《组团(挂联)工作考核评价表》(见表9.2)内容和标准对相关部门进行评分。②县乡协同"一件事"考评由乡镇(街道)从确定的年度重点考核工作内容中选取6项工作,并按照《县乡协同"一件事"考核评价表》(见表9.3)内容和标准进行评分,事件得分即为对应牵头部门得分。③县乡运行"一体化"考评由乡镇(街道)按照《县乡运行"一体化"考核评价表》(如表9.4所示)内容和标准进行评分。其中,6个派驻部门为固定必考对象,"属地管理"事项牵头部门由乡镇(街道)自行确定(个数一般控制在6个)。④乡镇(街道)在"一组团""一件事""一体化"3项考核原则上分为3档对相关部门进行评分,每档部门个数控制在1/3左右,各档之间分差原则上不低于15%,不保底。部门得分均取有关乡镇(街道)评分的平均分。

表9.1　县乡双向考评指标和分值

序号	项目及分值	考评指标	分值	考核对象
1	县乡挂联"一组团"（100分）	日常挂联到位情况	15	挂联部门组团联村成员所在部门
		为乡镇（街道）和村（社）解决实际问题情况	60	
		组团（挂联履职情况（联系服务服务群众、协助推进重点工作、基层组织建设、网格管理等）	25	
2	县乡协同"一件事"（100分） A.基层便民服务点建设 B.脱贫攻坚和消薄 C.农村生活污水达标提标改造 D.农村饮用水达标整合整治 E.全域土地综合整治 F.生态环境综合管理 G.道路交通安全管理 H.欠薪防范和处置 I.防灾减灾 J.项目（工业）决策咨询及建设服务 K.项目（农业）决策咨询及建设服务 L.项目（文旅业）决策咨询及建设服务 M.项目（服务业）决策咨询及建设服务	履职意识	15	A.营商办 B.农业农村局 C.住建局 D.林业水利局 E.资源规划局 F.生态环境分局 G.公安局 H.人力社保局 I.应急管理局 J.经信局 K.农业农村局 L.文广旅体局 M.发改局
		政策、制度可操作性	15	
		业务（技术）水平	15	
		沟通和信息共享	15	
		要求和困难的反馈响应	20	
		职责和流程	20	
	人员力量下沉（30分）	派驻人员总数情况	3	
		派驻人员编内人员情况	3	
		派驻人员调整频率	4	

续表

序号	项目及分值	考评指标		分值	考核对象
2	县乡协同"一件事"（100分）	人员力量下沉（30分）	派驻人员同一乡镇工作期限	4	
			保障人员指挥协调权、派驻人员服从模块统筹安排	5	
			保障人员提名推荐权、派驻人员调整或中层任免书面征求乡镇（街道）意见	5	
			保障人员向否决权、及时调整工作表现差、群众满意度低的派驻人员	6	
3	县乡运行"一体化"（100分）	规范属地管理（30分）	部门根据属地管理事项责任主动履职服务基层	6	A. 必考部门：综合执法局、市场监管局、资源规划局、林业水利局、人力社保局、司法局
			属地管理事项牵头部门主动协调配合部门履行职责	6	
			部门在工作中是否存在随意交转嫁工作任务、工作责任任的情况	6	
			部门工作职责下放前听取基层意见、明确职责边界情况	6	
			部门擅自要求基层设置机构、挂牌、配备专人专岗情况	6	
		县乡联动配合（30分）	日常开展工作对接情况	4	B. 选考部门：发改局、公安经信局、教育局、住建局、交局、民政局、文广旅体局、卫生局、农业农村局、应急管理局、生态环境分局等
			协助乡镇（街道）做好政策标准和业务流程梳理	6	
			部门条专干预乡镇（街道）工作统筹安排情况	8	
			基层上报无权限处置或需部门协助配合的事项，部门响应情况、履职情况	8	
			借用人员时长情况	4	
		全员培训提能（10分）	组织开展乡镇（街道）干部及协辅人员业务培训	4	
			基层干部对培训效果的反响	6	

表 9.2　县乡挂联"组团"考核评价

部门	日常组团（挂联）（15分）	为乡镇（街道）和村（社）解决实际问题（60分）	组团（挂联）履职情况（25分）			得分
组团联村部门 A						
组团联村部门 B						
……						
挂钩联系部门 A						
挂钩联系部门 B						
……						

表 9.3　县乡挂联"一件事"考核评价

考评项目	评分标准	分值	事件	事件	事件	事件	事件	事件	"一事件"选择范围
工作推进中的履职意识（15分）	官僚作风严重,推卸责任	1～5 分							A. 基层便民服务点建设
	官僚作风比较严重,存在责任推诿的现象	6～10 分							B. 脱贫攻坚和消薄
	主动履职,出现问题能够承担责任	10～15 分							C. 农村生活污水提标改造
制定有关政策和制度的可操作性（15分）	缺乏调研,操作性差,实施意义又不大且增加基层工作负担	1～5 分							D. 农村饮用水达标提标
	有可操作性且有一定实施效果,但不够规范,合理或内容不够公平公正	6～10 分							E. 全域土地综合整治
	从实际出发进行充分调研,可行性高,可操作性强,政策和制度具有重要指导意义,组织实施有力	10～15 分							

续表

考评项目	评分标准	分值	事件：	事件：	事件：	事件：	事件：	事件：	"一事件"选择范围
该工作推进中的业务（技术）水平（15分）	整体业务（技术）水平偏低，严重影响工作质量和进度	1～5分							F.生态环境综合整治
	整体业务（技术）水平一般，工作质量有待提高	6～10分							G.道路交通安全管理
	业务（技术）水平高，工作指导有力，工作推进迅速、顺利	10～15分							H.欠薪防范和处置
工作推进中沟通和信息共享（15分）	不注重沟通，工作中相关信息没有主动共享	1～5分							I.防灾减灾
	有一定沟通，但不主动、不全面，在要求下才能提供相关信息	6～10分							J.项目（工业）决策咨询及建设服务
	主动进行信息交流、协调能力强，与基层关系融洽	15～20分							K.项目（农业）决策咨询及建设服务
对基层提出要求和反映困难的反馈响应（20分）	对问题和困难反应速度慢，对工作重视，导致工作效率和质量低	1～7分							L.项目（文旅）决策咨询及建设服务
	能较快反应，但效率有待提高	8～14分							M.项目（服务业）决策咨询及建设服务
	反应迅速，工作效率高且能够及时吸收基层提出的改进工作的意见建议	15～20分							
在工作推进中职责和流程（20分）	职责不清，流程频琐，决策效率低，给基层增加较大工作量	1～7分							
	职责有待进一步优化	8～14分							
	职责明确，流程清晰，同时能够从基层角度不断优化相关职责和流程	15～20分							

表 9.4　县乡运行"一体化"考核评价

考核项目	考评内容	分值	评分标准	综合执法局	市场监管局	资源规划局	林业水利局	人力社保局	司法局	其他局
人员力量下沉（30分）	派驻人员总数情况	3	未达到锁定控制数的得0分							—
	派驻编内人员情况	3	比上季度减少的得0分							—
	派驻人员调整频率	4	超过1年/次的得0分							—
	派驻人员同一乡镇工作期限	4	不足两年的得0分							—
	保障指挥协调权、派驻人员服从模块化统筹安排	5	好（5分）、一般（3分）、差（0分）							
	保障提名推荐权、派驻人员调整或中层任免书面征求意见	5	好（5分）、一般（3分）、差（0分）							
	保障反向否决权、及时调整工作表现差、群众满意度低的派驻人员	6	好（5分）、一般（3分）、差（0分）							—
规范属地管理（30分）	日常工作中部门根据属地管理事项责任主动履职服务基层	6	好（5分）、一般（3分）、差（0分）							
	属地管理事项牵头部门主动协调配合部门履行职责	6	好（5分）、一般（3分）、差（0分）							
	部门在工作中是否存在随意转嫁工作任务、工作责任的情况	2	好（5分）、一般（3分）、差（0分）好（5分）、一般（3分）、差（0分）							

续表

考核项目	考评内容	分值	评评标准	综合执法局	市场监管局	资源规划局	水利局	林业局	人力社保局	司法局	其他局
规范属地管理（30分）	部门工作职责下放前听取基层意见，明确职责边界情况	8	好（5分）、一般（3分）、差（0分）								
	部门擅自要求基层设置机构挂牌、配备专人专岗情况	8	好（5分）、一般（3分）、差（0分）								
	日常开展工作对接情况	8	不足1次/年的得0分								
	协助乡镇（街道）做好政策标准和业务梳理	4	好（8分）、一般（4分）、差（0分）								
	部门干预乡镇（街道）工作统筹安排情况	4	好（8分）、一般（4分）、差（0分）								
县乡联动配合（30分）	基层上报无权限处置或需部门配合的事项，部门响应情况，履职情况	6	好（8分）、一般（4分）、差（0分）								
	借用人员时长情况		超过6个月的得0分								
	组织开展乡镇（街道）干部及辅助人员业务培训		不足1次/年的得0分								
	基层干部对培训效果的反响		好（6分）、一般（3分）、差（0分）								

3.考评结果运用

县乡挂联"一组团"考评由县委办提供考评结果、县委编办协助配合，县乡协同"一件事"和县乡运行"一体化"考评由县委编办提供考评结果，考评结果分别交由县督考办汇总。乡镇（街道）对县级部门的考评原则上按季度实施，各阶段得分综合后按比例纳入年度综合考核，其中县乡挂联"一组团"考评覆盖所有县级部门，纳入县委县政府年度综合考核共性工作赋分（窗口单位为5分，除评议单位外的其他单位为8分）；县乡协同"一件事"和县乡运行"一体化"按照4∶6的权重（派驻部门除外）折算纳入专项工作赋分（最高分为5分）。乡镇（街道）对部门考评排名最后一名的，其主要领导由县委组织部进行约谈；连续2年排名末位的，取消年度评优评先资格；基层反映确实存在较多问题的，予以组织调整。

第三节　基层治理创新文化保障

衢州市作为浙江省基层治理创新改革的试点城市，是基层治理创新聚集的高地，在过去的几十年的发展中，孕育并形成了独特的基层治理创新文化。这一独特文化氛围包括：鼓励创新的学习氛围，宽容失败的开放态度及有利于激励创新的制度设计。

一、创新文化的定义与特征

（一）创新文化的定义

表9.5汇总了部分学者关于创新文化的定义，综合而言：创新文化作为一个体系，一般包括价值观念、制度体系、文化环境和科技创新等，其中，创新的价值观念是创新文化的核心要义，具体表现为变革意识、超越精神、宽容失败。创新文化在激发人去营造创新文化中具有潜移默化的功能，通过塑造人的创新价值观念来指导人们投入创新实践。其次，创新文化是一

种行为文化,是社会整体文化的一个侧面,它通过改变人的价值观念和行为规范来引导创新过程。它作为环境因素,影响或制约创新过程,又作为一种渗透到创新主体的潜在因素,影响创新者的行为和表达。

表 9.5　创新文化的定义 ①

学者	创新文化的定义
金吾伦(2005)	创新文化是指与创新相关的文化形态、有利于创新的文化氛围。将创新文化分为内在的观念文化和外在的制度文化
罗孝高(2007)	创新文化主要是指对创新活动具有牵引、导向作用的文化,是各种创新活动所赖以进行的文化幻想
陈依元(2007)	创新文化包括主体创新文化、制度创新文化、环境创新文化三个层次的内涵。
查英青(2007)	创新文化就是有利于创新的一种环境氛围
陈宇宙(2010)	创新文化是由创新思想、创新观念、创新制度和创新行为等或隐或显多种因素组成的物质与精神存在的综合形态
王平聚、曾国屏(2015)	创新文化是指促使可支配资源和力量得以进行重新组合的理想、价值观和信念

(二)创新文化的特征

第一,重视人本,彰显个性。党的十九大报告中突出强调"以人民为中心"的发展思想,人民主体论可以说是习近平新时代中国特色社会主义思想的灵魂所在,也是新时代创新文化的核心所在。亲民和惠民的思想是中国自古以来就崇尚的,人民群众是历史和文化的创造者,创新文化与人民的创造性互相依托、互为支撑,对于真正具有创新文化的社会环境而言,敢于进行理性批判的人民群众是必不可少的。新时代创新文化秉持人民观,也是对马克思主义群众观的创新性发展。创新文化从人的需求出发,最终落脚点也是服务于人。创新文化的塑造一般要求创新单位或者创新个体注重思维上的多样性,创新活动只有在自发性行为的条件下才会达到最佳效果。创新文化重视人本,彰显个性,尽可能地尊重人的主体意愿,满足人

---

① 廖顺伟. 重庆市创新文化建设中的政府作用研究[D].乌鲁木齐:新疆农业大学,2021.

的需求,鼓励交流与合作。

第二,崇尚超越,革新容错。创新文化的关键词在于创新,创新的过程是追求真理和创造价值的过程,这种创造,在某种意义上可以理解为在已有知识上的不断积累和重新组合,从而催化出新的知识、技术和产品。创新文化不是对已有经验的简单抄袭和重复,而是对于成果的扬弃过程。从中国发展的进程中,可以看到科技创新的不断涌现,这是创新实质的最佳体现。追求卓越的创新过程必然会存在失败和风险,如果没有革新容错的价值观念,创新者就会产生畏难情绪,不愿承担失败风险,那么创新行为就会难以开展。创新文化崇尚超越,鼓励革新,包容失败,勇于重来。

第三,与时俱进,注重战略。创新文化是一种继往开来的文化,一方面要总结经验方法,吸收有益因素;另一方面要开拓新的领域,填补新的空白。新时代,创新文化更加需要推陈出新,与时俱进,依托创新创造出新的价值。同时,创新文化又提倡从战略高度出发,以往的传统竞争更加注重市场的竞争,创新文化所领导的竞争则更加注重全面塑造核心竞争力来引导创新活动,更加富有挑战性和前瞻性。

二、创新文化建设路径

政府创新文化是为适应内外环境变化而形成的以创新为核心,对创新具有牵引、导向作用的新型文化。创新文化有助于政府取得创新成果和提高创新效率。提升政府创新文化水平,不仅需要政府自身的重视,也需要社会各界共同努力,营造激励创新的公平竞争环境,形成政府创新的良好文化氛围(王建军,2018)。

(一)弘扬创新精神,营造创新氛围

一是建立协作机制,做好创新政策的统筹协调。政府有关部门应加强科技、经济、教育、社会等方面的政策、规划和改革举措的统筹协调和有效衔接,组织开展创新政策清理,及时废止有违创新规律、阻碍新兴产业和新

兴业态发展的政策等。二是注重传统文化的继承与创新。通过深化对中华民族传统文化的研究,挖掘民族文化的创新基因,发扬符合时代发展要求的优良传统,同时要注重吸收国内外的优秀文化成果,把综合辩证的思维与现代分析手段结合起来,发展新时代的创新文化。三是坚持正确宣传导向,营造宽松的创新舆论环境。应大力宣传拥有自主创新、城市品牌和核心技术的政府,传播创新型人才的先进事迹,弘扬传统文化中有价值的内涵,并消解特权文化、意识形态等因素对创新文化的制约和负面影响,不断培育、优化创新价值观、习俗惯例、社会心态,形成鼓励冒险、宽容失败、尊重个性、尊重人才的政府创新氛围。

(二)深化创新体制机制改革,激发创新活力

一是深化政府改革,通过简政放权,发挥市场以及社会组织的作用,让企业以及社会组织成为技术创新决策、研发投入、科研组织和成果转化的主体。二是深化高校、科研院所管理体制改革,鼓励政府主动与高校、科研院所开展多种形式的产学研合作。三是发挥金融创新对技术创新的助推作用,综合运用各类金融工具协同支持政府创新发展。四是完善成果转化激励政策,充分体现智力劳动价值的分配导向。

(三)培育以创新为核心的政府价值观

一是梳理提炼创新价值观。以创新为核心的价值观是政府开展创新活动的动力源泉。首先,要全员参与,采取自上而下、自下而上的多次研讨确定。其次,要结合自身情况,围绕数字技术、管理等创新特点进行分析总结,提炼出具有自身特色的创新价值观。最后,要对提炼出的创新价值观进行准确、详细的阐释,避免歧义,便于广大政府员工学习掌握。二是政府高层领导以身作则,积极践行创新价值观。高层领导者在政府创新文化建设中起着至关重要的作用,其事业心和责任感、人生追求、价值取向、创新精神等综合反映出政府文化的诉求和导向。政府高层领导者通过自己的行动向全体成员灌输政府的创新价值观念,可以使倡导和培植的政府创新文化更好更快地落到实处。三是利用多种方式宣传,让工作人员对创新价值观实现从认知到认同。

(四)建立完善激励创新的政府管理机制

一是建立激励创新的工作机制和组织机制。设立创新专职部门,负责创新工作的评价考核、制度制定、创新培训和创新成果保护等工作。二是建立科学有效的创新考核评价体系。这是对创新成果进行考核奖励的基础,要体现公平性和客观性。三是搭建工作人员内部创新平台。可以围绕政府相关服务方向搭建内部创新平台,鼓励政府员工内部自由选择创新,降低创新风险,发现创新机会。四是健全创新激励方式,从物质奖励、非物质激励两个方面加强和完善,激发创新的内在动力。

(五)建立创新导向的人才培养选拔体系

政府要始终坚持创新导向的用人观,不断发现、培养和使用好创新人才,充分发挥创新人才资源优势,推进政府创新发展。政府创新人才的开发是一个系统工程,其中包括人才观念、人才选拔、人才评价、人才培训、人才使用和人才激励等各个环节。政府的创新人才工作要营造不唯书、不唯上、不迷信权威、不畏惧权势、坚持独立思考的创新氛围。

三、衢州市创新文化建设路径

(一)营造互动学习比拼的氛围

基层治理创新文化引领和内驱作用的发挥,必须以基层治理创新主体为载体。基层治理创新体系中,衢州市充分调动了各创新主体间创新的主动性,推动各区县互相学习好经验、好做法,鼓励各地不断创新方式、改进工作、提升治理。例如衢州市在《全市基层治理系统建设现场推进会》中举行了多次现场观摩会活动,由市领导带领各市级部门以及区县代表参观具有代表性的创新成果,推动各政府部门之间的相互学习及互动,具体活动方案如案例 22 所示。除了这样自上而下的推动,衢州市还积极鼓励其他地方政府部门前来交流和讨论。例如安徽省全椒县、湖北省赤壁市、河南省信阳市、安徽省怀宁县、浙江省社科院等其他政府部门都前往衢江区探讨基层治理创新心得体会等。

其次,衢州市还着力营造"比学赶超"的良好氛围。例如衢州市在 2022 年 5 月 31 日举行争创浙江省"最佳应用"比拼晾晒专家点评活动,18 个来自全市不同系统、区块的应用同台竞技。通过这样的比拼模式不断加强政府部门之间、政府与高校等这些国防科技工业创新主体之间的联系。

案例 22

衢州市争创全省"最佳应用"比拼晾晒专家点评活动方案

(一)参加对象

1.评审团成员(共 24 人)

(1)省级数字化改革有关专家(7 人);(2)市数改办主任、常务副主任、副主任,市级各推进办专职副主任(12 人);(3)部分改革观察员,企业、群众代表(5 人)。

2.其他参会人员(79 人)

(1)演示汇报应用牵头单位分管领导,分管改革工作的县(市、区)领导(18 人);(2)市级机关有关单位分管领导(60 人)(除市级各推进办牵头单位、18 个项目汇报牵头单位外)。

(二)活动议程

(1)18 个单位分别进行演示汇报(各 6 分钟,共约 120 分钟);(2)每个应用汇报完毕后,评审团成员对应用进行评分;(3)公布应用综合得分和排名结果;(4)省级数字化改革专家对部分应用进行点评,并就衢州数字化改革工作提出意见建议(各 5 分钟,约 25 分钟)。

(三)评分规则

评价总分为 100 分,分别从重要性(25 分)、突破性(25 分)、实效性(25 分)、示范性(25 分)对各应用进行综合点评打分。

(二)落实宽容失败的开放态度

衢州市对于创新失败呈现宽容的态度,认为失败是最好的学习机会。首先,破除了基层治理创新上存在的"只许成功,不许失败"的老观念,大力营造鼓励创新、宽容失败的创新文化的环境和氛围。在中国传统民族的文化中,实际上是讳言失败的。尽管有"失败是成功之母",有"失败是一笔财富",有"失败是必须交的一笔'学费'"等说法,但更多的是"成者王侯败者寇"。特别是在基层治理层面,失败会带来社会不稳定、治理成本大等负面效应。这不仅阻碍了创新精神,而且助长了政绩造假与失败原因的隐匿。中国基层治理创新存在一个"怪现象"即"报喜不报忧",治理创新几乎都是成功的,没有相关失败经验的总结与探讨,实际上这是不真实的。衢州市主动破除这种老观念,营造宽容失败的创新文化环境和氛围,例如江山市出台了关于干部容错纠错机制的相关文件,该文件提出宽容失败、允许试错、有错必改,特别是要为勇于改革创新者撑腰,倡导"为敢于担当者担当"精神,为争先创优者鼓劲。

其次,要努力建立健全并完善宽容失败的机制和制度。在这方面,衢州市人民政府印发《衢州市加快转型升级提高自主创新能力实施方案(2009—2012)》的通知中明确提出要"发展创新文化,营造鼓励创新、宽容失败的创新环境"。该方案的施行,必将为衢州市营造"宽容失败、允许失败"的人文环境和文化氛围做出更大的贡献;同时,也必将为衢州市政府部门和企事业单位逐步完善宽容失败的机制和制度提供应有的法律依据。

最后,要善待失败者。宽容失败,允许失败,还不够,还要善待失败者。

善待失败者，就是应继续鼓励他们积极大胆地继续开创新的基层治理模式，并提供各种有利机会和便利条件，促使他们有信心和决心取得新的创新成果。衢州市《关于进一步加强新时代乡镇（街道）干部管理考评的实施意见》指出容错免责，鼓励担当干事。对把宽容失败作为一种精神，同敢为人先、敢冒风险、敢于创新、勇于竞争的精神并提，并大力倡导，同时这对你、我、他，对整个社会都提出了更新更高的要求。唯此，基层治理创新才会出现千帆竞发、万马奔腾的盛世局面。

（三）激励创新的制度设计

制度是为确保其科技创新活动的顺利实施所制定的所有规则和制度的总和。规章制度实质上就是机构在创新的组织和管理过程中硬性管理的重要组成部分和主要外在表现。随着改革创新的推进，衢州市制定并积累了一系列的规章制度，用以激励地方政府的基层治理创新。衢州市在激励机制及制度等方面与传统政府部门有所不同，建立了以激励创新为中心的政府文化。

首先，衢州市统筹运用督查、晾晒、评价、考核机制，组织开展综合评估，注重跟踪问效，树立先进典型，强化激励措施。构建"不敢慢也不能慢"的工作推进机制，加强对县乡改革的统筹指导和督促，对游离观望、推进进度不快、变相打折扣的，通过约谈、通报等方法督促推进，并开展"比、晾、晒"推动工作提质增效。例如，2021年衢州召开全市数字化改革推进会暨典型应用PK赛，来自5个市级部门和6个县（市）区"一把手"以"短视频＋PPT"的形式，针对多跨场景应用做了演示交流。11个场景应用登台亮相，围绕需求导向、问题导向、效果导向、未来导向，聚焦打造最佳应用、比拼是否实用、管用、好用，展示理论、制度、实践"三大成果"。通过"一把手"通过亲身体验、换位思考的模式，更能有效发现问题、分析问题、解决问题，确保改革经得起实战检验、取得实效，从而加快打造数字化改革"硬核"成果①。

其次，衢州市还坚持"共性＋个性"的创新机制，积极鼓励各地改革创新。因为每个区县、每个乡镇、每个村社的干部状况、乡风民俗、面临的问题差异较大，所以要坚持"共性＋个性""刚性＋柔性"，共性部分主要体现框架原则、目标要求、普遍性事项标准，做到体系化、制度化、规范化、标准化、可复制化；也要给县乡村弹性空间，在共性标准前提下，各地立足实际、因地制宜，进行创新探索、彰显个性，最后系统集成。

在激励政策方面，衢州市有着奖励创新的文化。通过创新政策供给，梳理并完善产业政策、财政政策、金融政策、要素政策等政策工具，进一步丰富政策工具箱，强化差别化的政策激励，把资源和政策集中到想干事、能干事、干成事的地区和部门。

---

① 打造最佳应用比拼三大成果衢州县（市、区）、市级部门"一把手"现场 pk，https：//zj. zjol. com. cn/news. html？ id＝1726116.

第十章 衢州基层治理改革创新传播

基层治理改革创新传播对更好地发挥基层治理创新的作用,提升基层治理水平具有重大意义。新媒体时代为衢州市改革创新成果的传播提供了机遇和手段,提高了传播效率。了解衢州市基层治理创新的传播过程及传播策略,对于发挥传播优势、提升传播效果、激发基层治理创新的内生活力具有重要的意义。

第一节 创新传播的过程

衢州市基层治理创新传播过程是传播主体、媒介、受众围绕基层治理创新信息开展的一系列互动,对传播过程的了解有助于提高衢州市基层治理创新的传播效率。

一、传播过程的总体认识

在创新传播过程中,基层治理的信息是一个复杂的系统,涉及政治、经济、文化的各个方面,这需要传播者对这个信息系统进行分析研究,对各类信息进行分级分类,判断哪些是敏感信息、哪些是重要信息、哪些是辅助信息、哪些是一般信息,针对不同级别的信息研究确定采用传播方式、传播媒介、传播频率。

一个完整的创新信息传播过程,应该包括基层治理创新内涵、创新个性、创新识别、创新定位、创新沟通、创新展现、创新文化等要素。基层治理创新的传播要从它的各个要素开始,并把所传达的信息整合起来,传递一致性的信息,让受众群体认知、认同城市,并对创新产生积极的联想,而后形成一个良好的创新形象。要做到基层治理创新传播的所有信息都能支持、强化衢州市的基层创新形象定位,无论何时何地、在何种媒体上进行创新形象的传播,都要注意保持信息的一致性,主要诉求点和信息点要和城市创新形象定位和信息策略相符合。

在基层治理创新信息传播过程中,反馈具有很重要的意义。反馈是指信息接收者对信息传播做出的反应,并将这种反应送回到信息传播者和传播媒介那里。创新信息的传播者通过反馈信息了解到受众对创新信息的需求、愿望、态度等情况,也能根据反馈信息调节创新信息传播的内容,及时改进创新信息的传播策略。反馈构成了创新信息传播的双向交流。

创新信息传播过程中的噪声来自主观和客观两个方面。来自客观的噪声主要是指创新传播者在创新传播过程中受到外界虚假信息的干扰,扰乱视听,做出了不够精确的创新定位。创新传播者也会由自身对目标市场的错误判断导致收集的传播信息与创新关联度较低,或者由自身学识、经验等素质因素的障碍形成与传播目标不一致的噪声,这些统称为主观噪声。基层创新的受众在接受创新信息时同样会受到主观和客观因素的影响,主观上可能会缘于个人经验、身份地位、经济收入和文化水平等因素形成阻碍创新信息接收的噪声,客观上受到基层治理创新本身特性、信息传播形式、媒介或者其他城市信息的影响,造成接收信息的干扰。

二、传播过程的主要内容

(一)传播主体

创新传播的主体,就是创新传播活动的发起人和传播内容的发出者,处于创新信息传播链条的第一个环节。在基层治理创新传播中，传播主体往往以组织的形式出现。稳定而有力的组织保障有利于基层治理创新传播的顺利进行和维护巩固，因此对于每个进行基层治理创新的具体政府而言，其传播主体的组织模式和功能发挥对于创新传播整体都具有十分重要的战略意义。基层治理创新是一个复杂的体系，仅仅依靠公共部门或私营企业任何一方的力量都难以实现创新品牌化的有效运作。衢州市基层治理创新的运营主体也就是创新的传播主体，可以划分为政府、企业、社会公众、社会组织四种类型。

政府是创新传播的主导力量。首先，作为一个城市整体利益的代表者，政府要兼顾城市的经济、政治、社会、生态等各方面的利益，政府进行创新传播的目的是提升城市的竞争力，促进城市的发展，从而获得市民和上级政府的支持。因此，政府是创新传播运作的核心力量。其次，政府在创新传播中担负着"把关人"的角色，控制着信息传播的流向、流量和传播的重点。政府在创新传播中的主要工作是收集整理信息、加工制作信息、确定传播对象、确定传播媒介方案、设计传播程序、选择传播技巧和收集处理反馈信息。最后，通过打造创新品牌，可以提高政府的决策能力和运行效率，增强获取资源、配置资源和整合资源的能力，进而增强基层公共服务能力，提升基层竞争力，实现基层的全面协调可持续发展。

企业是创新传播的积极力量。企业区别于政府部门的一个方面是它以自身的经济利益为目标进行创新运营，更多的是从市场出发进行投资收益核算，使创新品牌通过运营和传播产生丰厚的利益回报。城市优势产业和名牌企业在进行创新传播时能够产生更为积极的作用，由于他们直接与目标顾客进行接触，运用市场化的手段进行决策，掌握的信息资源也比政府部门更丰富，决策的准确度和效率都要高于政府部门。相对从政府部门公众利益出发的原则，企业从经济利益出发，以投资的形式参与创新的品牌运营和传播，投资效益相对较高，利润较为丰厚，有利于城市经济的发展。

社会公众是创新传播的基础力量。社会公众、市民体现城市的人文气息和文明程度,市民在日常生活中表现出来的素质会给城市的外部消费者留下深刻的印象,体现出城市的创新形象,他们将城市这种形象通过各种途径传播到城市外。因此,社会公众也是创新的一个品牌和名片,其综合素质、道德风貌、文明程度将决定着城市的整体创新建设。

社会组织是创新品牌传播的重要补充力量。社会组织又称第三部门,是指除政府部门和以营利为目的的私营部门之外的组织或部门,包括大学、科研机构、志愿团体、区域经济发展组织、行业协会、社会组织研究会或民间协会等。社会组织由于其非营利的特性,在社会公众心目中处于一种特殊的位置,不以营利为目的,同时又承担公共部门的某些功能和责任,因此,由他们进行创新传播更有利于减少传播过程中的社会阻力。

(二)传播媒介

传播媒介位于创新的传播主体和传播受众之间,有特殊而重要的中介功能。一方面,传播主体通过它将创新的相关信息传递给受众。另一方面,它自身的形象信息也随着创新的信息一同传播,并且受到传播受众的信息反馈影响。在当今传媒发达的时代,创新传播的条件更加成熟,衢州市基层治理创新传播有着多种传播媒介,主要借助以下几种渠道。

1.电视

它是视觉文化的主要传播渠道之一,它灵活多变、表现手段多、表现空间丰富、普及率高,对于增强创新传播的广度和深度具有重要的意义。它形声兼备,生动形象,受众广泛,选择电视做城市创新广告较为合适,效果较好。具体投放时,浙江省级电视台和衢州市电视台是投放的主要平台,中央电视台也会选择性投放。但不一定采取连续性媒体策略,也可以采用间歇性策略。例如,中央电视台对衢州市"南孔圣地　衢州有礼"城市宣传片进行了定时段播放①,浙江卫视就数字化改革之道专题对时任衢州市委书记汤飞帆进行了专访②。

2.互联网

作为发展最为迅猛的新兴媒体,互联网传播对象面广、信息量大,表现手段丰富多彩,内容种类繁多,具有较强的互动性、趣味性与亲和力,传播时不受时空限制,受众可随时进入,发布的信息还可以及时更正、完善,而且它的受众群体大都是创新宣传的主力对象。因此,衢州市各级政府在互联网上做好本政府基层治理的宣传网站与专题网页,系统宣传基层治理创新的各方面信息与突出优势特征,并及时更新、完善。另外,还在一些大的门户网站的基层治理栏目里建立本城市的专题宣传网页,同时建立大量的搜索引擎,以增加浏览量,扩大影响力。

3.平面媒体

传统的平面媒体同样是创新传播的重要载体。报纸作为资格最老、历史最悠久的传统媒体,信息量大,报道深入,可收藏性强,有强大的采访能力,而且在很大程度上是网络媒体的重要消息来源。衢州市不仅通过报纸对衢州市基层治理创新进行报道,还出版各类书籍、画册等成果,直接为受众提供基层治理创新的基本情况。

4.其他媒介

首先,值得一提的是户外广告。户外广告是视觉形象的组成部分,一种不可忽视的形象传播媒体。樊传果认为,户外广告要取得最好的传播效果,应该重点放置在两个区域:一是"首要印象区",二是"光环效应区"。前者指城市的机场、车站、码头等能给外来人群以第一印象的地方,后者是指在城市的中心商务区、古城区等有特色的地方。在这些特色地看到基层治

① 2019,你每天都可在央视看到"衢州"啦,https://wapv3.qz123.com/Share/HtmlShare/App/pages/SingleNews.html? ResourceGUID=13aa9a9a-76fc-4718-bbe7-1edb69681a29.

② 数字化改革之道——浙江卫视专访衢州市委书记汤飞帆,http://www.qz.gov.cn/art/2021/12/28/art_1229051297_6226.html.

理创新的户外广告,能够将受众心目中的美好基层形象光环放大,从而大大加深受众对城市形象的记忆。其次,新兴电子媒体也可以用于进行基层治理创新的对外传播,如楼宇电视、移动电视、数字化信息亭、酒店视频点播系统等。这些新兴媒体从传统媒体发展而来,具有承载城市对外创新传播的很大潜力。

(三)传播受众

受众是创新信息传播的对象或信宿,是传播过程得以存在的前提,是媒介的积极主动的接近者和反馈信源,在创新传播过程中占有极为重要的地位。作为城市创新传播的目标对象,受众包括内部公众和外部公众两个部分,在此基础上进行的传播分为对内传播和对外传播。

内部公众是具有一定数量的群体类型,并且具有易于描述的特征和感知能力,他们是衢州市目前的居住者和政府机构内部的所有工作人员。基层治理创新的对内传播的目的在于明晰基层治理定位,增强市民的认同感,提升市民的自豪感,促使市民与政府共同为建设基层治理创新而做出贡献。

外部公众泛指政府所面对的"广大社会公众",包括投资者、来访者、国内外其他地方政府、社会组织和社会成员。基层治理创新传播所面对的社会公众在其构成上极其复杂,涉及不同的群体、组织和个人,这些群体、组织和个人既是以某种利益关系为基础结合在一起的社会公众,同时又是不同的利益群体,他们既有共同的社会利益、共同的需求、共同的问题和共同的背景等方面的一致性,又各自在观念、态度及利益等方面有差异性。他们对基层创新往往有不同的态度,表达出不同的意见。可见,外部公众不是一个孤立的社会群体,而是与基层建设发展密切相关。也就是说,基层治理的培育、运作、发展离不开一定的公众环境,这个公众环境就是基层创新中必须面对的"社会关系和社会舆论的总和"。基层创新对外传播的目标在于促使外部公众对城市基层治理形成从只知其名到完整的认知,造就期望的联想,促进创新品牌偏好,累积、强化、形成品牌拉力、提升原有的品牌影响力,进而达到基层治理发展战略的目标。衢州市基层治理创新传播者以受众需求为出发点和立足点,关注受众的利益维护并满足其知情权。根据受众的个人差异不同年龄层次、职业身份、地域范围、文化背景,有针对性地进行分众化传播,分析受众参与创新传播过程的目的,增强导向服务功能,发挥先导功能,在较高层次上提供服务,提高受众的参与意识,有效地进行创新传播。

综上所述,衢州市基层治理创新信息传播的过程是一个"接力赛",创新传播者通过对创新的定位,形成传播信息系统,并且选择合适的传播媒介将信息传播出去。然后,传播媒介基于自身形象传播的基础,对创新信息进行整合,并对传播策略进行选择和应用,进一步将信息传播给受众,传播受众接受到来自传播媒介的创新信息,经过认知和理解的过程,再将对创新的总体印象、态度或感受等信息反馈给传播者或传播媒介。最后,传播者和传播媒介根据传播受众的反馈调整信息内容或者策略组合,再开始新一轮的信息传播。从总体上来说,基层治理创新信息传播过程就是这样一个不断循环、周而复始的过程。创新传播主体不断地对创新信息进行传播—改进—再传播,最终达到使更多受众认知、了解、记忆创新信息并产生好感进而促进地方政府不断创新的目的。

第二节 创新传播的策略

在基层治理外部竞争压力与基层谋求自身长远发展及提升公民满意度的强大内生动力的共同作用下,衢州市采取了一系列创新传播策略,实现基层治理创新的持续性以及传播效果的最大化。

一、利益共同体传播策略

利益共同体策略就是激发并促成创新传播过程中政府与公众之间的

密切关联,重视和鼓励公众在创新传播中的过程参与和决策参与。在基层治理创新过程中,政府与个体和组织联结成为现实或潜在、直接或间接的受益方和风险担当者,因此形成利益共同体关系。互为利益共同体体现了基层治理创新的传播与相关群体和组织形成以公共利益为轴心的利益攸关关系。

基层治理创新传播的利益共同体策略的动机和逻辑是,将基层治理创新以精神和物质双重赋权的方式植入相关群体和组织,形成鲜明的价值承诺,通过利益共同体影响、利益共同体参与和利益共同体共同治理,使其对基层治理创新产生动态、稳固的内在卷入(involvement)关系。这种基于赋权形成的基层治理创新与群体和组织的卷入关系,包括感知卷入、情感卷入、意愿卷入和行动卷入等,形成一个庞大的基于多元参与的传播共同体。因此,利益共同体策略实现的是一个多层次、多主体的基层治理创新传播的社会网络。

首先,是激起利益相关者的自豪感与认同感。当前,衢州市提出"城市是我家,建设靠大家""衢州有礼"等城市建设理念,就是基于认同性的利益攸关策略。在衢州市基层治理创新过程中,衢州将有礼有机融入市域社会治理各环节,以有礼平台打造有礼之治,创新打造"红色物业联盟＋有礼小区＋邻礼通"三位一体的小区治理新模式,高位创成全国文明城市。衢州市将南孔文化"有礼"品牌内化于心、外化于形,营造浓厚的德治氛围,助力"有礼之治"。

其次,是鼓励和激发利益共同体在衢州市基层治理创新传播中的有意识作为。如果说自豪感与认同感属于潜意识的自在行为,那么鼓励、激发利益相关群体在基层治理创新传播中的作为则属于自为行为,即激发相关群体的主体意识和在维护优化基层治理创新形象方面的责任感,并努力使自己的主观作为通过人际传播、组织传播、群体传播甚至大众传播等传播途径扩大基层治理创新的知晓度与美誉度。再次,利益共同体还包括党政机构、企业、事业团体等组织机构,重要机构的入驻或落户是衢州市基层治理创新的名片,例如衢州市公安、法院等多部门入驻社会治理中心。

二、论坛与会议传播策略

衢州市创新传播有一套以刺激、激发目标群体和组织的需求为中心的服务体系。这套服务体系通过组合性的组织传播、群体传播等扩散方式,提高基层治理的凝聚力、吸引力和辐射力,使目标群体对衢州市基层治理形象产生特定偏好。主要途径与手段为会议及论坛宣传策略。

通过举办会议和论坛等方式来宣传衢州市基层治理创新成果。衢州市为"中国之治"的基层之治提供更多衢州标准、衢州方案、衢州样本并举行多次论坛。例如,新时代"枫桥经验"衢州论坛,与会领导、专家学者就市域社会治理衢州实践、法院与社会治理现代化、新时代"枫桥经验"理论等主题展开研讨。中国法学会副会长张文显指出,本次论坛交流了经验,开展了对话,深化了认识,凝聚了共识,探索了新路,达到了预期的目标。这是一次学习推广"枫桥经验"的盛会,一次创新发掘"枫桥经验"的盛会,一次推进基层社会治理现代化的高端论坛。衢州以承办本次论坛为契机,把各位领导和专家的真知灼见转化为打造"枫桥经验"升级版的务实举措[1]。其次,衢州市还召开了"县乡一体、条抓块统"改革与基层治理现代化理论研讨会,此次研讨会旨在希望通过邀请相关领域领导、专家,以研讨的形式,进一步总结衢州改革经验,提炼制度性成果,推进改革试点工作向纵深推进,为浙江省甚至全国基层治理现代化建设提供更多地衢州经验、衢州样板。论坛等展会营销已经成为当前衢州市基层治理创新传播的较为成熟的、体制化的传播营销方式。由于展会一般是在相对固定的时间里连续举办,因此既能积累和释放展会本身的传播效应,也能使举办城市从累积

---

[1]　新时期"枫桥经验"衢州论坛在我区举行,http://jrqj.zjol.com.cn/html/2018－09/04/content_205017.htm.

效应中获益。

三、竞赛比拼传播策略

衢州市政府通过"观摩＋比拼"等方式,营造比学赶超氛围,从而达到创新主体间创新成果的传播。通过竞赛比拼的模式,全面提升各基层政府的创新能力,持续营造创新的浓厚氛围,在建设四省边际共同富裕示范区和四省边际中心城市中展现衢州基层治理的经验。例如,常山县为做好县级金钉子党组织,创建"拉练比拼"擂台赛(三联工程篇),各乡镇(街道)围绕做实做细三联工程,推进三联工程迭代升级,三联工程下步工作打算等内容召开乡镇层面擂台赛。第一阶段实行现场观摩;第二阶段各村党支部书记以 PPT 晾晒等方式同台竞技,生动展现本村的好经验、好做法,并同步进行宣传推送。如紫港街道为筹办擂台赛,前往开化县杨林镇、芹阳办事处进行实地观摩,同时拍摄本街道关于三联工程短板的视频,倒逼推动整改落实。全县 14 个乡镇(街道)均已完成擂台赛比拼,发布在慢城通上的宣传稿件 14 篇。衢江区组织开展乡镇基层治理综合信息指挥业务大比武活动。全区 21 个乡镇(街道、办事处)综合信息员围绕全科网格、"基层治理四平台"、乡镇综合信息指挥室建设等方面工作进行现场演讲。衢州市还举办了"141"体系平战衔接实操"大比拼"活动及全市数字化改革推进会暨典型应用 PK 赛。通过不同主题、不同模式的比拼,不仅可以让基层政府对外宣传自己的创新模式,还能让各基层意识到自身的不足,互相学习交流,共同创新。

四、媒体传播策略

由于大众传媒具有聚焦与扩散传播效应,以及具有联系社会、监视环境、传承文明、娱乐大众和社会动员等功能,因此,大众传媒策略在很多研究和实践中被视为基层治理创新传播的重要策略之一。媒体传播主要包括如下具体策略。

(一)媒体整合传播策略

媒体整合传播策略就是充分利用各种媒介形态的传播特点,以合适的内容产品组合实现最佳传播效果。它主要是对传播渠道和内容产品的整合,传播产品系统化、传播过程序列化、传播主旨一体化、传播形式差异化是其要求。多元信息环境中的个体对待信息由饥渴转向疲劳,对以不同方式呈现的信息内容的认知及信度表现出接受差异,因此需要对媒体传播内容进行整合。衢州市基层治理创新的内容整合传播是指在统一的目标和理念统领下,整合内容,根据受众的阅听习惯和传播规律,研究体现媒介传播优长的产品形态,保持内容各要素的理念、诉求、风格的统一性,使这些统一的信息反复刺激公众的视觉和听觉,不断加深对衢州市基层治理创新的初体验,形成对衢州市整体多元、个性鲜明的印象和评价。

(二)对外传播策略

处于基层治理改革浪潮中的衢州市,需要以衢州市以外为目标接受群体。由于信息的溢出效应和受众的空间迁移,以衢州市以外为目标受众的城市形象传播生成两个传媒场域:一是国内(含本地)传播,二是对外传播。这是因为,其一,即便是本城市区域内也会有大量来自其他地区的受众,他们对本地信息的接收及留下的印象,连同他们的二次传播构成对外传播的重要信源。其二,在信息全球循环的媒介环境中,外部区域媒体也成了衢州市基层治理创新对外传播的主要策略之一。衢州市部分对外传播清单如表10.1所示。

衢州市基层治理创新拓展内外联动的媒体运作思路,建立现代传播体系。在多元信息环境中,任何单一的媒介,即便是具有垄断性传播优势的主导媒介也不是全能的。内外联动的大体思路是,通过"走出去""请进来"与"走进去"的渐进、组合手段,以"软实力+巧实力"借力发力,最大限度地实现有效覆盖与有效接收。除新闻性信息对外传播外,纪录片、影视剧、文学作品和音乐作品在基层治理创新扩散中瞬时的晕轮效应和持续的名片效应也很值得关注。

表 10.1　衢州市基层治理创新对外传媒宣传部分清单(2002 年)

单位	内容
龙游县	在深化基层管理体制改革试点工作推进中,县委编办创新构建"三比三看一评估"机构编制质效评估新体系相关经验做法,在中央编办主办的期刊《中国机构编制》2022 年第 5 期专栏刊载
	在深化基层机构编制供给侧结构性改革中,县委编办开展基层教育编制资源配置优化相关经验做法,在省委编办主办的期刊《浙江机构与编制》2022 年第 1 期专栏刊载
江山市	5 月,《中国机构编制》发表《因需设岗岗上设职——江山市推行特岗专员制度深化基层管理体制改革》
	5 月 29 日,《浙江日报》刊发《江山"小门智控"助力基层防疫》
	5 月 21 日,《衢州市社会建设工作简报》刊发《江山市"接地气、冒热气、树正气"让幸福养老延伸山区每个角落》
	5 月 7 日,法治网刊发《"讲"好网格故事"评"出治理实效》;5 月 16 日,新华网刊发《"讲"好网格故事"评"出治理实效》
柯城区	5 月 13 日,柯城迭代升级"邻里通"推出数字民情档案并被《浙江日报》报道
	6 月 21 日,"邻里通"应用在《浙江日报》省党代会代表热议栏目刊发
	5 月 16 日,柯城区初信初访一件事应用被《浙江日报》报道
	3 月 31 日,衢州柯城起草的地方标准 DB3308/102－2022《居民碳账户——生活垃圾资源回收碳减排工作规范》正式发布,被新华网报道
开化县	1 月 17 日,《"阳光惠农"让资金补助用到实处》获浙江省纪委省监委网站宣传报道,推广"阳光惠农"监督应用经验做法
	5 月 17 日,《数字赋能织密生态警务防护网》获人民公安报宣传报道,介绍源警通应用做法
	5 月 20 日,大综合一体化行政执法改革《创新"环公园融治理"治理模式》获平安浙江网、《浙江法治网》宣传报道
	6 月 14 日,《国家林业和草原局国家公园管理局简报》第 43 期刊发《浙江开化应用数字化场景助力兴林富农》

五、多地复用传播策略

衢州市积极鼓励基层"探索＋提炼"，推广基层治理创新经验。鼓励各乡镇(街道)在探索过程中不断总结提炼，形成一批可借鉴、可复制的经验做法。例如,常山县何家乡"至少办一件"推广的做法在全县层面进行推广。为加快推进数字化改革成果在基层的实战实用，衢州市以"一地创新、全省共享"为目标，探索形成了衢州创新应用在外地复用及衢州市内创新应用在全市复用两条复用传播路径，并制定工作流程，确保创新项目复用高效，防止低水平重复建设，保障机制运行顺畅。

(一)复用类型

第一,推广其他地市可复用的衢州创新项目。将符合基层首创、具有地域特色，经多轮迭代升级、完善成熟,在成功纳入浙江省数字化改革重大应用"一本账S1"三张清单后,积极向省级部门对接争取,按省级部门要求提供通用版本,向浙江省推广复用。

第二,在全市复用的衢州创新项目。纳入全市"一地创新、全省共享"一本账的应用。由市级部门组织专家智库认真研析全域复用价值,形成全域复用预估报告。市"6＋1"推进办凭所属的复用项目预估报告,进行统筹部署、一体推进,制定印发项目全域复用实施方案,各县(市、区)按实施方案进行立项审批,推进本地化开发建设。

(二)复用流程

1.申报阶段

根据项目类型及内容,由市数改办牵头组织开展摸排申报。各申报主体要坚持以用户为中心,围绕管用实用好用,提高群众和企业认可度、获得感等目标,积极申报项目,报送至市"6＋1"推进办,经市"6＋1"推进办审核后报市数改办备案。

2.认定阶段

市级部门负责项目申报。市大数据局科学制定数字化改革项目"一地创新、全省共享"认定标准。市"6＋1"推进办按认定标准，开展本系统创新项目的审核，形成本系统内"一地创新、全省共享"的推荐项目清单。市数改办、市智慧办牵头组织市"6＋1"推进办、专家智库(包括理论专家、电子政务项目专家、改革观察员等)、技术支撑等召开评审会议，根据评价体系，形成认定意见。经评审会议同意后，将复用项目纳入市级"一地创新、全省共享"一本账，并公开发布。市数改办按照"生成制""选代制"要求，对纳入市级"一本账"的项目进行实时动态管理。

3.实施阶段

市"6＋1"推进办按照市级"一地创新、全省共享"一本账，统筹管理本系统内的项目推广复用，分批次、按时序推进，全过程指导、监督；市级部门负责具体实施，要谋划制订具体工作方案，严格按协议指导项目建设单位有力有序、高质高效推进项目落地见效。应用项目主体尽快完成项目立项审批、资金申请，按要求组建工作专班、细化建设方案。依法依规进行政府采购后开展项目建设。

4.验收阶段

项目建设单位完成应用项目建设后，按照应用交付规范，向实施主体提交项目验收申请。项目实施主体会同市大数据局组织开展验收，验收通过的应用在全市统一的应用市场上架。

5.评估阶段

市智慧办会同市发改委等有关单位对复用推广项目评价、督查，系统总结各项目全面推广、落地运行、效用发挥、地方评价等方面情况，并形成书面报告，提交评审会议进行集中审议。对于评价结果优秀的，给予相应财政资金激励，项目建设单位两年内可优先参与招投标。对于评价结果较差的，纳入招投标"黑名单"，视情况给予通报曝晒。

6.产权保护

按照"谁投资、谁所有、谁上架、谁收益"的原则,严格保护产权。应用权属是国有资产,应提交应用源代码、确认相应成果和产权,项目主体承担建设费用,各地使用单位承担运维费用。

六、上级政府肯定传播策略

政府肯定是一种具有中国特色的行政与政治现象。纵向的政府肯定是传达行政指令的过程,模糊的宏观目标经过批示变得清晰与可操作,同时行政官员也可通过肯定塑造权威。政府肯定具有权威性、灵活性与时效性,尽管其并非正式的政务公文,但确实以制度化的方式发挥着非制度化的作用。近年来,在衢州市推动基层治理现代化过程中,衢州市政府通过自下而上的请求让基层治理信息双向互通,在下级的请示与上级的肯定互动中,组织高层将权力与权威下放到基层政权。表10.2展示了2022年衢州市基层治理创新得到政府肯定的部分清单。

表 10.2　衢州市基层治理创新省政府肯定部分清单(2022 年)

县(市、区)	案例名称
江山市	农村供水智慧管护做法得到省领导批示肯定
	5 月 27 日,省领导在中国气象报发表文章,提出建立发展"网格＋气象"基层气象防灾减灾工作新模式
柯城区	5 月 25 日,《衢州柯城斗潭未来社区以"有礼"文化推动社区有机更新的做法和启示》获时任省领导批示
	6 月 23 日,《衢州市着力打造新时代数字"三民工程"全面提升现代社区治理效能》获省领导批示
开化县	3 月 17 日,《基层建议从三方面完善疫情防控系统》在《浙江政务信息(每日要情)第 48 期》获省领导批示
	4 月 1 日,《开化县深入实施"包区清楼、包网入户"行动筑牢疫情防控铜墙铁壁》介绍"一线先锋"平战转换应用在《浙江政务信息》刊发,获得省领导圈阅批示

续表

县(市、区)	案例名称
开化县	4月6日,《开化县下好精神富裕先行棋铸就文明之城》在《浙江宣传》(工作信息)第29期获省领导批示
	5月12日,《开化数字生态警务为野生动物撑起"保护伞"》在《浙江省公安厅政治工作》第88期获得省领导对钱江源国家公园生态保护集成应用项目的重要批示
龙游县	8月3日,龙游县詹家镇网络队伍四维考评办法得到市领导批示肯定
常山县	7月1日,常山县创新实施"新三公"模式,精打细算过好"紧日子",获市领导批示肯定
	7月11日,常山县新昌乡达塘村"早上好"兴村治村模式,受省委领导肯定

第十一章　衢州基层治理改革创新绩效

当前,衢州市基层治理改革经过一段时间的推进实施,已取得实质性进展和阶段性成效,正在谋划下一阶段的改革思路和方案。在这关键的承上启下的时间节点,亟须对前期基层治理改革工作进行客观评估,为衢州市构建"县乡一体、条抓块统"高效协同治理格局,打造县域整体智治浙江省标杆提供科学支撑,也为浙江省推进基层治理改革提供可借鉴的经验启示。

第一节　基层治理改革创新绩效指标体系

按照基层治理改革创新绩效指标体系的具体内涵,开展合理可行的绩效测评程序,对指标数据的处理、赋分、来源等测评细节做进一步的细化说明和约束,保障改革创新绩效的科学性、严谨性、可行性。同时在测评的基础上,对得分情况做简要的分析阐述,为下一步的改革重点指明方向。

一、指标选取的依据

基层社会治理的特征。基层社会治理从治理层级上看属于国家治理体系的基础环节。第一,基层社会治理的治理主体是多元的。第二,纵向来看,基层社会治理包含时间维度的发展规划,需要长时间持续推进,是一个动态概念。第三,横向来看,基层社会治理是一个空间概念,具有特定的空间范围,并且在空间上包含区县、镇街、村社等多级组织、城乡联动。第四,基层社会治理在内容上覆盖各个方面,要求建立横向同级部门之间甚至跨区域、跨层级政府之间合作治理机制,并且构建政府与社会协同共治的机制。第五,基层社会治理的实现通常需要科技支撑手段。

整体性治理理论。整体性治理理论强调以公民需求为治理导向,以信息技术为治理手段,以整合、协调、信任作为主要治理机制,重视整体的、协同的决策方式及数字化工具的使用。2013 年,党的十八届三中全会确立了推进国家治理体系和治理能力现代化的目标,明确规定了治理在中国的主题和发展方向,引领了国内治理研究的转向。党的十八大以来,社会治理的重心向基层转移,基层治理的实践探索与创新高度活跃。衢州基层治理改革的重要思想就是整体性政府思想,因此在指标的具体设计中以整体性治理理论为重要理论依据。

政府创新理论。政府创新可以归纳为五个方面:一是管理方式的创新,全面深化行政体制改革,实行简政放权;二是管理体制的创新,以服务社会为重心的政府管理职能取代以推行政令为重心的政府管理职能;三是管理机构的创新,精简的机构和高素质公务员取代臃肿的机构和低素质公务员;四是管理理念的创新,"民本位"的民主理念取代"官本位"的官僚思想;五是管理职能的创新,以服务职能为重心取代以行政职能为重心。

二、指标设计的原则

指标体系的维度确立重点参考了《中共中央、国务院关于加强基层治理体系和治理能力现代化建设的意见》和衢州以往的政府工作报告、历年全会公报、深化改革委员会会议等材料，提炼出主要评价维度，并根据以下四个原则对四个维度的内容进一步细化。

（一）目标导向性原则

根据基层治理改革创新的具体目标，深化基层治理改革创新，推进基层治理体系的现代化，实现基层治理的社会化、法治化、智能化、专业化，并围绕改革目标展开。

（二）系统完善性原则

指标设计要周密、客观、合理，要能涵盖被评价对象的重要改革绩效，同时为了提高评价的科学性、准确性，可以建立多级评价指标体系，比如在指标体系中引入权重进行平衡结果，使评价结果更具客观性、准确性。

（三）可量化原则

把握指标的信度、效度、难度和区分度。将指标分为预期指标、约束性指标、导向性指标等。尽量设计可以进行量化操作的指标，对于涉及群众满意度之类的软指标，进行先定性后定量的原则进行。

（四）针对性原则

紧扣基层治理改革创新的具体内容，根据改革的不同维度成效、不同主体构建科学的指标评价体系、根据职能、治理效率等进行指标设计。

三、指标体系的内容

构建基层社会治理改革绩效评估模型，首先需要对基层社会治理改革的目标、特征进行辨析，基层社会治理改革的目标决定了绩效评估的价值导向。基层社会治理最终要实现的是基层善治。善治就是使公共利益最大化的公共管理过程，包括合法性、透明性、责任性、法治、回应和有效等要素。在治理主体之间的关系上，善治意味着政府和社会组织、公共部门和私人部门之间的合作紧密化。党的十八大以来,善治的内涵得到了进一步的丰富和扩充。党的十九大提出要提高社会治理社会化、法治化、智能化、专业化水平,党的十九届四中全会在十八大报告基础上强调,要完善党委领导、政府负责、民主协商、社会协同、公众参与、法治保障、科技支撑的社会治理体系。根据这些会议精神可以发现,基层社会善治包括了治理主体、治理内容、治理方式、治理过程和治理结果等多个方面的内容。

(一)多元共治

基层社会是各种利益关系的交汇点、社会矛盾的集聚点、社会建设的着力点,具有复杂性和多样性。党的十九大提出"打造共建共治共享的社会治理格局",党的十九届五中全会进一步将其提升为"完善共建共治共享的社会治理制度",因此在治理主体的考量上要充分发挥基层党组织的领导作用、基层政府的主导作用、基层群众性自治组织的基础作用和社会力量的积极作用。党建引领是中国社会治理体制的要求,也是推进治理体系和治理能力现代化的根本保证,而政府管理是中国式现代化道路的内在要求,符合中国政府职能转变逻辑和社会制度发展的基本规律。另外,社会主体参与是善治的基本要求,反映出各类社会行动者在社会管理和社会服务中的主体性和能动性的发挥程度,体现出社会治理的水平。因此在"多元共治"维度下设党建引领、政府管理、政社共治三个一级指标,党建引领指标用于衡量基层党组织政治功能和组织力,加强党组织对基层各类组织和各项工作的统一领导;政府管理指标用于衡量政府行政执行、为民服务、应急管理等能力;政社共治指标用于衡量基层群众自治和社会力量参与建设,充分体现了政府和社会的互动治理(见表11.1)。

表 11.1　衢州基层治理改革创新绩效多元共治维度内容

维度	一级指标	二级指标
多元共治(0.25)	党建引领(0.4)	组织建设(0.25)
		机构设置(0.25)
		作风建设(0.25)
		群团建设(0.25)
	政府管理(0.3)	行政效率(0.25)
		应急管理(0.25)
		信息公开(0.25)
		廉洁监察(0.25)
	政社共治(0.3)	社会组织(0.5)
		社会参与(0.5)

(二)经济生态

基层社会治理最终的宏观成果要以经济社会环境发展情况来体现。社会经济是提高基层人民生活水平,推动社会主义现代化建设的重要动力。而民生保障是社会成员的生存权利和基本生活需要的制度安排,其完善程度是社会文明的重要标志,与社会治理状况的好坏有着极为密切的关系。良好生态环境是检验地区经济社会高质量发展的重要标准,是衡量经济社会发展程度的重要标尺。因此在"经济生态"维度下设社会经济、民生保障、生态环境三个一级指标。社会经济指标用于衡量宏观经济、收入消费、文化教育、劳动就业等方面的水平。民生保障指标用于衡量医疗卫生、基本保险、社会救助等方面的情况。生态环境指标用于衡量生态保护、环境质量、节能减排等方面的发展(见表 11.2)。

表 11.2　衢州基层治理改革创新绩效经济生态维度内容

维度	一级指标	二级指标
经济生态(0.25)	社会经济(0.4)	经济发展(0.4)
		文化教育(0.3)
		劳动就业(0.3)
	民生保障(0.3)	医疗卫生(0.4)
		基本保险(0.3)
		社会救助(0.3)
	生态环境(0.3)	造林绿化(0.25)
		水雨质量(0.25)
		空气质量(0.25)
		节能减排(0.25)

(三)平安法治

平安法治是基层社会和谐稳定的基本保障,能够有效增强群众的安全感和满意度。平安法治能加强调基层群众工作,着眼于从源头上化解社会矛盾、维护社会稳定、促进社会和谐。同时社会公平也是社会治理状况的一个重要标志,是基层社会平安和谐的重要保障。因此,在"平安法治"维度下设公共安全、法治保障、社会公平三个一级指标。其中公共安全指标用于衡量治安、生产、交通等公共安全等各个领域的情况。法治保障指标用于衡量民主法治程序、实践等方面的建设。社会公平指标用于衡量居民收入、城乡发展机会等方面的水平(见表11.3)。

表 11.3　衢州基层治理改革创新绩效平安法治维度内容

维度	一级指标	二级指标
平安法治(0.25)	公共安全(0.4)	治安安全(0.4)
		生产安全(0.3)
		交通安全(0.3)

续表

维度	一级指标	二级指标
平安法治(0.25)	法治保障(0.3)	信访监督(0.3)
		司法保障(0.4)
		法治实践(0.3)
	社会公平(0.3)	收入公平(0.5)
		乡村发展(0.5)

(四)公共服务

人类生存和发展条件的改善主要靠社会公共服务来实现。社会治理状况的好坏与社会公共服务的数量、质量和公平分配有着密切的关系。公共服务评价维度反映了公共服务供给的数量、质量、可持续情况及居民对公共服务的满意程度评价。《中共中央、国务院关于加强基层治理体系和治理能力现代化建设的意见》指出,公共服务的建设要着眼于及时、高效回应群众不断增长的美好生活需要,在制度建设、机制建设、设施建设、队伍建设等方面做出系统部署,切实做到居民有需求、基层有服务。因此在"公共服务"维度下设制度建设、机制建设、设施建设、队伍建设四个一级指标。制度建设指标用于衡量基层公共服务的体系、标准、条例等建设。机制建设指标用于衡量基层公共服务流程、能力、治理等建设。设施建设用于衡量基层公共服务的基础设施及依托这些设施提供的服务建设。队伍建设指标用于衡量基层公共服务人员力量,包括培养规划和人才使用等方面(见表11.4)。

表 11.4　衢州基层治理改革创新绩效公管服务维度内容

维度	一级指标	二级指标
公共服务(0.25)	制度建设(0.25)	体系规划(0.5)
		政策完善(0.5)
	机制建设(0.25)	便民服务(0.5)
		便民咨询(0.5)
	设施建设(0.25)	设施投入(0.4)
		设施水平(0.3)
		数字支撑(0.3)
	队伍建设(0.25)	队伍改革(0.5)
		队伍提升(0.5)

四、指标权重的确定

结合衢州基层治理改革理论前沿和已有评价实践,经集体讨论和专家打分,对指标进行赋权。

思路:采用专家打分的方式确定指标权重。专家针对具体指标根据重要性(重要性最高 5 分,最低 1 分)进行打分,指标权重的计算方法为:

$$a_j = \sum_{i=1}^{n} \frac{a_{ij}}{\sum_{i=1}^{n} \sum_{mj=1}^{} a_{ij}}$$

其中 j 是指第 j 个指标,i 是指第 i 个专家,n 是指专家数目,m 是指指标数目,a_{ij} 是指第 i 个专家对第 j 个指标的打分。

第二节　衢州基层治理改革创新绩效测评

按照基层治理改革创新绩效指标体系的具体内涵,开展合理可行的绩效测评程序,对指标数据的处理、赋分、来源等测评细节做进一步的细化说明和约束,保障测评改革创新绩效的科学性、严谨性、可行性。同时在测评的基础上,对得分情况做了简要的分析阐述,为下一步的改革重点指明方向。

一、绩效测评的流程

(一)标准化处理

收集到定量数据后采用最大值标准化对指标进行量纲处理。对于正指标,某时间点的指标量纲处理值等于该指标原始值除以所有考察时间中该指标的最大值,具体计算方法为:

$$S_{jt} = \frac{x_{jt}}{M_j}$$

其中 j 是指第 j 个指标,t 是指第 t 个时间点,S_{jt} 是指第 t 个时间段的第 j 个指标的标准值,x_{jt} 是指第 t 个时间段的第 j 个指标的原始值,M_j 是指所有时间点中第 j 个指标的最大值。

对于逆指标,某指标量纲处理值等于 1 减去某时间点的指标量纲处理值除以所有考察时间中该指标的最大值,具体计算方法为:

$$S_{jt} = 1 - \frac{x_{jt}}{M_j}$$

其中 j 是指第 j 个指标,t 是指第 t 个时间点,S_{jt} 是指第 t 个时间段的第 j 个指标的标准值,x_{jt} 是指第 t 个时间段的第 j 个指标的原始值,M_j 是指所有时间点中第 j 个指标的最大值。

(二)数据计算

通过赋值计算得到初级数据。

(1)赋值计算——比例制或 1 分制数据按实际得分赋值。

(2)标准化——为使定量数据与定性数据客观、统一地反映基层治理改革的差异,对定量数据进行采用标准化处理,对定性打分数据按照位序计分法,将最高得分设计为 1 分,按相应排序对其他数据进行换算,得到统一标准后的分数。

(3)加权计算——将各级指标内的每个指标得分,按权重计算后求和,构成相应指标得分,类推至一级指标求和,得出基层治理改革创新的总得分。具体如下:

①计算每个三级指标的得分和相应的权重,计算出二级指标的得分,再计算每个二级指标的得分和相应的权重,计算一级指标的最终得分。

②依据 A 步骤中得出的绝对得分,转换成百分制,即该绝对得分/满分×100 进行 100 分制转化。

二、绩效测评数据来源

衢州基层治理改革创新绩效数据来源见表 11.5。

表 11.5　衢州基层治理改革创新绩效数据来源

三级指标	数据来源
落实"三会一课"组织生活制度	媒体报道
落实好党员教育和民主评议	媒体报道
合理配置党支部分工职责	媒体报道
严格落实好换届改选工作	媒体报道
定期进行党风廉政建设自查	媒体报道
纪检委督促整改问题个数(项)	衢州市纪委市监委网站
组团联社、部门联格、党员联户	媒体报道
无会日定期开展组团服务	媒体报道
政务服务事项实现"掌上办"比例	媒体报道
重大隐患挂牌督办数量(件)	衢州市应急管理局
主动公开行政规范性文件总数量(件)	衢州市政府信息公开工作报告
政府信息公开申请予以公开率	衢州市政府信息公开工作报告

续表

三级指标	数据来源
检察院受理移送审查起诉职务犯罪数（人）	衢州市检察院
每万人注册社会团体单位数（个）	衢州市民政局
志愿汇注册志愿者率	志愿衢州
人均生产总值（元）	衢州市统计年鉴
财政收入（亿元）	衢州市统计公报
社会消费品零售总额（亿元）	衢州市统计公报
进出口总额（亿元）	衢州市统计公报
常住人口（万人）	衢州市统计年鉴
人均可支配收入（元）	衢州市统计年鉴
学前教育入园率	衢州市统计公报
普通高校在校生（人）	衢州市统计公报
每万人公共图书馆面积（平方米）	衢州市统计公报
城镇新增就业人数（万人）	衢州市统计公报
城镇登记失业率	衢州市统计公报
每万人卫生机构病床床位（张）	衢州市统计公报
每万人卫生技术人员（人）	衢州市统计公报
正常缴费企业退休人员基本养老金月均水平（元）	衢州市统计公报
基本养老保险参加率	衢州市统计公报
低保资金（含各类补贴）支出（亿元）	衢州市统计公报
低保标准与人均可支配收入比	衢州市统计公报
最低生活保障标准（元）	衢州市统计公报
义务植树数量（万株）	衢州市统计公报
建成区绿化覆盖率	衢州市统计公报
地表水监测断面达标率	衢州市统计公报
酸雨率	衢州市统计公报
空气质量优良天数比例	衢州市统计公报

续表

三级指标	数据来源
单位工业增加值能耗下降比例	衢州市统计公报
节能环保支出(亿元)	衢州市统计公报
每万人刑事案件立案率(件)	衢州市统计公报
每万人工矿商贸领域事故发生率(起)	衢州市统计公报
每万人道路交通领域事故发生率(起)	衢州市统计公报
检察院处置各类信访案件数量(件)	衢州市统计公报
行政审议案件数(件)	衢州市统计公报
省级民主法治村(社区)建设数量(个)	衢州市统计公报
城乡居民人均可支配收入比	衢州市统计公报
创建省级美丽乡村示范乡镇数量(个)	衢州市统计公报
创建省级特色精品村数量(个)	衢州市统计公报
"千万农民素质提升工程"培训人数(万人)	衢州市统计公报
基层服务管理条例	媒体报道
基层服务业发展政策	媒体报道
政务服务市域通办	媒体报道
政府服务热线月均来电量(个)	衢州市统计局
人均一般公共服务支出(万元)	衢州市统计年鉴
城市燃气普及率	衢州市统计公报
社会矛盾调整中心覆盖率	媒体报道
基层治理服务平台	媒体报道
数字经济核心产业增加值(亿元)	衢州市统计公报
行政执法队伍改革推进文件数(件)	媒体报道
干部队伍能力提升培训	媒体报道

三、基层治理改革创新的成效

衢州市基层治理改革创新的绩效在逐年升高,2020 年较 2019 年提高了 6 分,2021 年较 2020 年提高了 9.79 分,反映出衢州市基层治理改革近三年取得的进步,尤其是在 2021 年取得了大幅进展(见图 11.1)。

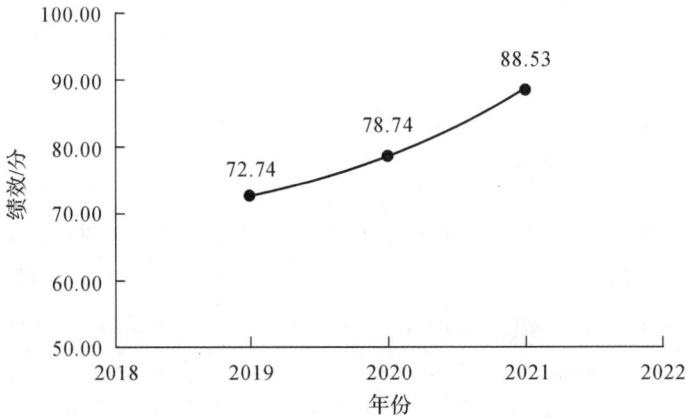

图 11.1　衢州基层治理改革创新的绩效

在衢州市基层治理改革的四个维度上,所有的指标总体上均处于上升的趋势。横向比较来说,公共服务是所有维度中表现最为突出的,所有的指数均在 80 分以上且保持了较快速的增长,主要得益于衢州在基层公共服务制度、设施、队伍等方面的建设。而平安法治是相对较为欠缺的一环,未来衢州市还需要在社会治安、法治保障等方面进一步加强。

从时间维度上来说,多元共治维度的分数逐渐增长,在 2020 年有小幅上升,而在 2021 年由于纪律监督、信息公开、社会参与等方面的成绩突出,2021 年分数得到了大幅提高;经济生态的分数在 2019、2020 年基本保持稳定,在 2021 年主要是因为经济发展、生态环境的进步,分数也有了较大的上升;平安法治在三年内也有明显的进步,公共安全、法治保障和社会公平都带动了其分数的提高,但还存在一定的上升空间,需要在下一步的工作中着重提升;公共服务的基础较好,在 2019 年就得到了 82.52 分,近年来由于公共服务投入的加大、服务便民和数字化支撑的加强,分数也有明显的上涨(见图 11.2)。

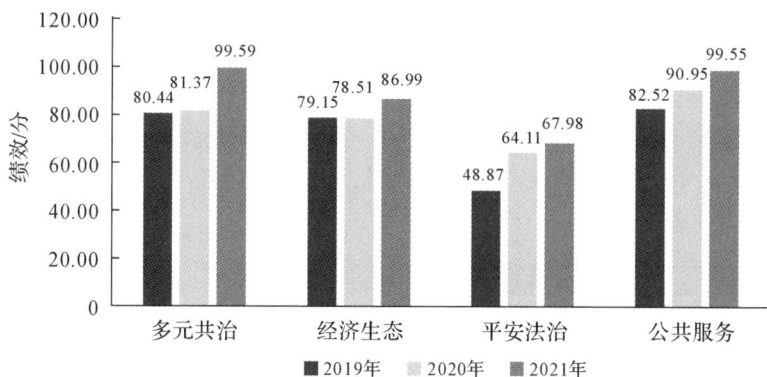

图 11.2　衢州基层治理改革创新分维度绩效

基层治理千头万绪,县乡权责不对等、"看得见、管不着"、治理负担重等问题一直困扰着基层。2020 年 10 月以来,浙江省在 14 个试点县(市、区)部署开展"县乡一体,条抓块统"改革,衢江区成为衢州市唯一的综合试点区。

衢江区厘清县乡权责边界,做到"一张清单明权责",并同步建立了配套的准入、调整和评估机制。在此基础上推出了一批高频多跨的基层治理"一件事"项目,为基层治理减负增效。如威胁水利安全的河道非法采砂事项,过去属地没有执法权,部门难以及时解决,而采砂涉及水利、公安、林业、自然资源和规划等多个部门,需要协调各部门处置,部门间职责不清,难以高效执法。衢州以"事项"为切入口,打破条块壁垒,推动基层治理"一件事"改革,衢江区则进一步明确事项权责,再造事件处置流程,并开发数字化应用系统,一旦发现非法采砂行为,只要乡镇(街道)吹哨,区水利局即负责牵头,其他相关部门协同处理,行政效率大幅提高。通过此机制,当地实现非法采砂和违规制砂动态清零。像非法采砂这样跨领域、跨部门、跨层级的基层治理事项通过"一件事"集成改革,明确落实牵头的部门,大大减轻了属地管理的压力。

同时衢江区也积极推动各类资源下沉,推动执法事项下放,赋予乡镇

（街道）更大的权力，为基层赋权提供制度性的保障，提高乡镇（街道）统筹协调能力，在多个领域完善了基层执法体系。执法事项和配套力量下沉到乡镇（街道），实现了基层行政执法从碎片化向一体化加快转变。

在浙江数字化改革稳步推进的背景下，衢江区也开展了一系列探索，助力整体智治。例如把"县级矛调中心"迭代升级为功能更加齐全的"县级社会治理中心"，将更多基层社会治理功能集成进来，提升其分析研判、决策支持能力。

衢州市各区县改革创新都取得了良好的改革成效，并最终反映了基层社会治理层面基层治理能力得到进一步提升，整体智治的格局正在衢州形成，也让基层的人民群众更具获得感和幸福感。

第十二章 基层治理现代化改革创新方向与建议

　　基层是国家治理体系中最底层的属地管理组织,处于条块管理交汇点上,承担着条线下沉与属地所有的多重管理事务。基层社会治理必须坚持和完善党委领导、政府负责、社会协同、公众参与、法治保障的治理体制。本书以党的十九大与十九届二中、三中、四中、五中全会精神为根本指引,在公共政策、国家治理、系统学、传播学等理论的指导下,运用文献研究法、案例研究法、实地调查法与专家咨询法等方法,对衢州市基层治理创新进行了全景式的呈现和描述。以此为基础,从加强党的领导与建设、增强治理主体合力、明确基层社会治理责任、合理配置治理资源、运用新型治理方式、加快治理机制变革、营造良好治理氛围、提升治理效能等多个不同角度总结了基层治理创新的基本经验。通过阐述衢州市这一个案作为窗口呈现社会治理在基层的创新与实践,一方面具有较强的实践意义,既可以为衢州在推进基层治理创新过程中有效解决新问题与新挑战等提供思路,还能够为浙江省乃至全国相关地区的基层治理创新提供借鉴。另一方面也具有一定的理论意义,有助于从个案实践中归纳总结观点,为推动基层社会治理理论创新提供素材,并为基层治理的理论观点与内容等提供实践注脚。

第一节　基层治理现代化改革创新方向

共担社会责任,共建美好家园,公共事务公共治理已经成为现代社会治理的发展方向和基本特征。社会治理的理想状况应该是党和政府搭建好治理平台,制定好政策与法规,充分运用社会力量、市场力量和科技力量,调动和激发每一个参与主体的积极性,打造利益与责任统一的命运共同体,形成基层治理创新的新格局。

一、进一步激活社会组织,让社会自我运转

推进国家治理体系现代化应该充分发挥社会力量的作用,激励社会力量参与,使国家与社会相互形塑。随着中国社会力量的壮大,众多的社会组织很快从帮助政府、作为政府的合作者,成为国家与社会关系的新的链接方式。它们在被国家形塑的同时,也反向形塑国家。国家通过制度化的手段发挥对社会的塑造功能,同时,社会组织也可以通过正式的或非正式的途径获得国家的认可和支持,甚至进入国家的正式体制。在国家与社会相互形塑的过程中,双方的能力都有所加强:国家变得更靠近社会,其渗透能力和控制能力都有所增强;而社会组织也得到了政府和社会双方面的认同,得以利用自身的双重身份来获得政府体制内外的资源,行动更有效,也更为灵活。长期以来学术界认为国家与社会之间是此消彼长的"零和博弈",事实上,它们之间是相互协作的关系。国家形塑社会的力量和社会对国家的反向爆发力,不仅有力地推动了国家与社会的整合,而且对国家与社会的发展十分必要。

社会治理起步阶段,通过让社会组织参与社会治理和公共服务提供,激发社会组织活力,提升社会组织能力。未来,需要进一步继续支持社会组织的发展,深入改革社会组织登记管理制度,建立社会组织法治秩序,强

化社会组织服务功能和协同作用,促进社会组织健康有序发展,让该特色成为引领社会治理发展的方向。

第一,加强社会组织立法,结合衢州社会组织发展实际,加快立法步伐,明确社会组织功能定位。社会组织功能应该定位为公共服务的提供者、社会政策的执行者、社会主义核心价值观的传播者和践行者、全面推进依法治国的重要推动者、建设和谐社会的有力促进者。衢州市将进一步完善并切实落实已出台的配套政策措施,推动相关政府的职能部门编制出台向社会组织购买服务的指导目录,为社会组织创造更多、更好的发展环境和发展空间;重视社会组织人才断层现象,探索实行社会组织社会工作人才职业机制,实现社工、社区、社会组织"三社联动"。

第二,推进社会组织依法自治,提高社会组织参与社会治理的能力。建立健全以章程为核心的权责明确、运转协调、有效制衡的现代社会组织法人治理机制,推进政社分开,尊重和保障社会组织的法人主体地位,促进社会组织依法自治并独立承担法律责任。激发社会组织活力,提高服务水平,加强信息披露,提高社会组织公信力,促进社会组织规范运行。建立健全社会组织参与社会事务、维护公共利益、救助困难群众、帮教特殊人群、预防违法犯罪的机制和制度化渠道,充分发挥社会组织在立法协商以及对立法中涉及的重大利益调整论证咨询中的重要作用,引导社会组织依法有序参与社会管理和社会法治建设。

第三,继续加大培育发展社会组织的力度,支持和创建一批有影响力的社会组织,并形成一定的品牌。加强宣传力度,加强对各级各部门贯彻落实"两办"文件和相关配套政策文件的督促力度,确立社会组织主体地位。不断完善组织领导,加强社会组织登记管理机构建设,把培育发展社会组织列入党委政府部门重要工作议程,将社会组织纳入地方社会、经济总体发展规划,营造有利于社会组织健康发展的良好环境。开展社会组织特色品牌创建活动,强化社会组织创品牌意识,最大最强一批综合实力强、公信度高、影响力大的社会组织。

第四,构建三级社会组织服务网络。进一步健全并提升发挥各级社会组织服务中心功能作用,实行市县(区)上下联动。建立统一的市级社会组织服务平台信息网络,使社会组织网成为全市社会组织信息发布的窗口,成为社会组织重大活动、接受捐赠使用情况等重大事项、接受政府部门、捐赠人、受益人及社会各方面监督的平台。

二、提高社区治理能力,夯实社会治理基础

社会治理的基础和活力在基层,基层社会治理的重点和难点在社区,提高社区治理能力是社会治理的关键。提高城市社区治理能力需要理顺多元主体之间的关系,培育社区自治功能,创新社区治理方式。

第一,理顺社区各类主体之间的关系。城市社区包括八类主体:社区党组织、居委会、社区工作站、辖区单位、社会组织、业主委员会、物业公司和社区居民。理顺这八类主体的关系,核心就是要建立健全以社区党组织为领导,居民为主体,居委会、社区工作站、辖区单位、社会组织、业主委员会和物业公司共同参与的协商共治模式。一是要明确社区各类社会组织之间的职能界限。全面梳理社区工作清单,全面建立社区党组织职能任务清单、社区服务中心职能事项清单、社区协助政府工作事项清单、社区党务财务居务服务事项公开清单制度,落实政府向社区和社会组织购买公共服务制度。二是要理顺局部关系。厘清业主委员会和居委会之间的职能,联合居委会、业主委员会、物业公司和居民建立小区物业管理多方联动协作机制,提高小区物业治理效率。三是要进一步完善社区党组织对其他各类组织的领导。居委会要自觉接受社区党组织的领导、指导,支持社区议事协商组织、业主委员会、物业公司和社会组织等开展工作,及时协调解决矛盾纠纷,维护各方合法权益。社区议事协商组织、业主委员会、物业公司、社会组织等要主动接受社区党组织的领导,驻区单位要积极配合支持社区

党组织和居委会开展工作。社区工作站要在社区党组织的领导下和居委会的指导帮助下,依法协助政府做好与居民群众利益相关的工作。

第二,进一步培育社区自治功能,把完善自治制度建设和扩大群众参与相结合。在完善自治制度建设方面,要完善社区居委会直选制度、居民代表会议制度和居委会内部治理结构。积极探索小区楼栋(院落)和社会组织自治的立体自治新格局。保障依法成立住宅小区业主大会和业主委员会,规范业主大会运行机制,完善业委会换届办法,健全业主委员会成员常任制和自治服务常态制。

扩大群众参与方向。一是决策方式多元化,通过居民会议、民主评议或民主听证等多种方式,扩大群众参与社区决策范围,以实现对决策过程的监督。二是合理引导群众参与。社区党组织要在培育社区自治功能和扩大群众参与方面进行引导,带动居民参与社会组织活动,动员居民积极参与社会治安综合治理、开展群防群治、调解民间纠纷,鼓励和支持居民协助街道、居委会和社区做好与居民利益有关的各种工作。三是创新组织形式,由社区党组织发起,建立社区"和谐共建理事会"等协商议事组织,推广村级"和谐促进会"社会融合组织,吸引区域内居民委员会、群团组织、经济组织、社会组织、外来人员及社会贤达人士代表自愿参与,形成基层各方面力量共同参与社会治理的合力。

第三,创新社区治理方式,形成协同共治的格局。社区协同共治的核心是要形成以"多元主体、多元平台和多元服务"为基本框架的多元共治社区治理体系。建立多元主体,就是通过整合社区八类主体力量,来共同参与社区治理。充分发挥辖区单位参与社区治理的作用。积极鼓励驻区学校、企业、社区健康服务中心等单位提供文化、物力、设施等方面支持,推动共驻共建、资源共享。建立多元平台,就是通过建立社区民主议事平台、社区民主监督平台和社区矛盾调处平台,为社区治理嫁接资源,疏通渠道。建立社区民主议事平台,就是要建立居民议事制度,成员由社区党组织、居委会、工作站、物业委员会、物业公司、驻社区单位、社会组织、社区居民等方面的代表组织,通过民主协商和民主决策,协调不同利益主体的关系。完善多元服务,就是通过整合社区服务项目,打造"大服务平台"的社区服务新模式,提供个性化和多元选择服务。

三、市场力量:撬动更多资源参与社会治理

社会治理重在协调好利益关系,实践证明市场机制和市场力量是协调利益关系的有效工具。推进社会治理现代化需重视市场机制的作用,让市场机制吸纳社会力量、破解社会治理难题,形成多样化治理模式,努力实现社会共治。衢州基层治理的一个典型特征是善于运用市场思维和市场机制推进基层治理创新,未来需要继续推进市场力量承担社会责任,参与社会治理。

第一,进一步完善政府购买公共服务机制。在推进社会治理现代化过程中,衢州很早就开始尝试通过政府购买服务机制和公益创投机制,支持初创期社会组织发展;通过政府购买服务、项目外包等方式化解社会矛盾、防控社会风险。政府通过购买公共服务,激励社会组织积极参与社会治理是衢州的一大特色,未来需要进一步完善该机制,让社会组织在社会治理过程中发挥更大的作用。

第二,继续深入推进保险等市场机制参与社会管理,创新公共服务方式。最近几年,有些地方政府尝试将社会保险引入基层治理,创立了"保险参与基层治理"的模式,在医疗保障、灾害救助、食品安全等公共治理领域广泛引入保险机制,提升了应对社会风险的能力,推进了社会治理现代化水平。不过,必须指出的是,社会保险等市场机制参与社会治理在衢州乃至全国都仍然是新生事物,需要进一步实验、探索和创新。未来,需要积极深入推进各种形式的市场机制参与社会治理,运用利益导向、商业运作等方式推进社会开放共治。

第三,充分运用各类企业的资源、技术和人才优势。企业作为市场主体,是社会治理市场机制的重要参与者,企业拥有很多社会资源,而且在技术和人才方面也具有优势,要激发企业的社会责任,鼓励它们承担社会治理责任,为社会治理做贡献。当前,衢州各类企业已经开始通过各种平台参与社会治理,未来衢州应当进一步发挥民营经济发达的优势,为企业搭建更为便利可靠的平台,让它们在享受社会服务的基础上,通过各种形式,履行相应的社会责任,发挥它们在社会治理中的重要作用。

四、科技创新:推动基层治理信息化和智能化

随着互联网和大数据技术的发展,信息和科技在社会生活方方面面发挥着越来越重要的作用,在社会治理方面,也在不断创造令人意想不到的奇迹。未来需要更加注重运用现代科技思维和手段分析、解决问题,尤其是要善于运用互联网和大数据技术去做传统人工手段做不了、做不好的事,把社会治理工作提升到新的层次和水平。衢州在这方面已经进行了许多卓有成效的尝试,积累了丰富的经验。随着移动互联网和数据挖掘及处理技术的进一步发展,基层治理信息化和智能化的发展空间会更为广阔,因此,衢州必须紧跟时代步伐,深入推进社会治理信息化的智能化建设。

第一,要全面加强信息化建设。一是加强信息基础建设。建设统一的基层社会综合服务管理信息网络,通过市级信息平台实现统一集中管控。大力推进街道(乡镇)、居村信息化建设,加快完善基层的信息化建设,深入开展智慧社区、智慧村庄试点,鼓励各类基层组织运用信息化手段,促进基层管理的智能化。二是创新信息化治理模式。努力构建及时反映信息、联动解决问题、分析预测趋势、数据驱动决策的基层现代治理模式。努力实现信息反应全面及时准确、同网流转顺畅、多平台交换共享、部门联动处理,切实发挥信息化在助推基层社会治理现代化中的重要作用。结合社会公众行为方式的转变,充分利用微信等公众信息平台,构建"OTO"服务体

验模式,使线下服务向线上延伸。

第二,要建立基层信息资源共享机制,核心是实现"跨部门共享和信息采集共享",方式为建立统一的基层数据采集共享目录体系。"跨部门共享"就是用信息技术把基层社区涉及不同部门的公共信息进行信息化存储和管理,可以较大程度提高存储和管理效率、降低存储和管理成本。由社保、医疗、教育、养老、就业、食品药品安全等民生领域进行跨部门协同应用。共享的数据涵盖社区数据中心、包片联户、电子台账、档案管理、工单管理、智能终端等系统模块,真正做到社区工作"一本账"、服务"一站式"。"信息采集共享"就是实现"多元合一"的信息采集模式,做到一人采集,多人共享,以及一部门录入,多部门共用。

第三,统筹推进三大信息化应用体系,带动基层创新水平提高。要通过信息化建设带动基层创新水平提高,就需要统筹推进基层网格化信息系统、行政服务信息系统和社会化服务信息系统三大系统建设,实现社会信息资源向基层延伸。一是要推进基层网格化信息系统建设。建设市区两级协同信息中心,在区、街道(乡镇)层面分别建立监督指挥大厅负责网格事务派单和流转,做到相关部门横向协同到边,不留死角。建议推出"全民社管"手机软件,让市民成为义务网格员,参与信息数据的采集与更新,与专职网格员共同激活社会治理神经末梢。二是要推进社会化服务信息系统建设。培育由社会组织或民营企业开发的各类互联网应用服务平台,满足群众个性化服务要求。

第二节　基层治理现代化改革创新建议

一、精准把握基层社会治理的重难点问题

习近平总书记指出:"社会治理是一门科学,管得太死,一潭死水不行;

管得太松，波涛汹涌也不行。"①基层社会治理是一项复杂的系统性工程，既要从全面、整体的角度考虑和推进，更要抓住主要矛盾和矛盾的主要方面，精准把握重点和难点问题。从系统的角度来看，基层社会治理的基本问题主要包括：谁来治理？治理什么？如何治理？由此可以衍生出一系列重点和难点问题。第一，在贯彻落实党的领导、发挥基层党委和党组织作用的前提下，基层政府、企业、社会组织与广大民群众在基层社会治理中扮演哪些角色？如何做到不缺位、不错位、不越位？如何形成良性互动的治理主体结构关系？第二，基层社会治理的对象繁杂、内容繁多、任务繁重，如何在"五位一体"总体布局中找到本地区基层社会治理的真正短板与具体问题？如何加强基层党建、保障民生与优化服务？如何回应和满足生态环境治理新要求、以数字经济为代表的新业态监管需求、社会安全防控新诉求等？如何对千头万绪的基层社会治理内容和议题，比如就业、医疗、住房、食品安全、交通拥堵、社会治安、政务服务等按轻重缓急进行排序？这些都直接考验着基层社会治理者的能力和智慧。第三，随着社会进步与科技发展，在基层社会治理过程中如何统筹运用经济、政治、法律、行政、技术、教育、文化等多种手段？如何发挥教育、宣传、引导等方式的作用？如何因地制宜、因时制宜采用对话、沟通、协商、协调等办法？这些问题关系到传统的基层社会管理能否真正转变为基层社会治理。

总之，随着基层社会治理朝着现代化的方向发展，新的问题和挑战将不断涌现。应当树立基层社会治理的问题意识，在直面和解决重点与难点问题的过程中真正处理好政府与市场、政府与社会的关系，有效构建基层社会治理新格局，提升治理体系与治理能力的现代化水平。

二、加快完善基层社会治理的细节与机制

根据传统经验开展的基层社会管理工作往往千篇一律，根据新时代要

---

① 中共中央文献研究室.习近平关于社会主义社会建设论述摘编[M]. 北京:中央文献出版社，2017:125.

求、立足本地实际开展的现代化基层社会治理工作往往各有特点,这些特点表现在不同的治理细节中,并成为判定其是否符合现代化治理的一个基本标准。首先,完善基层党建细节,寻求"党建+"的新生长点。把握基层党建的最终目标,不断提升基层社会治理的精准化、精细化水平,把"党建+"与群众所急、所需、所盼结合起来,真正为群众办实事、解难事、做好事,让群众实实在在感受到获得感和幸福感。其次,完善队伍建设细节,打造"1+N"优秀团队。建设高素质的社区领导班子,加强社区工作人员培训;以党建引领这个"1"为基础,发挥居委会、工作站、社区、股份合作公司、群团组织等多个主体的积极作用。再次,完善公众参与细节,推动基层社会治理"命运共同体"建设。党的十九届四中全会提出,要"建设人人有责、人人尽责、人人享有的社会治理共同体"。可探索和运用团组式、岗位式、项目式、阵地式、主题式、议案式等多样化的基层社会治理公众参与渠道,确保公众参与的持续性与有效性。最后,完善治理技术细节,强化"1+1>2"的治理保障。主要包括如下"四个立足":立足网格化服务管理技术,实现精细化治理;立足数据向上集中与服务向下延伸,优化公共服务;立足网络在线体验与线上议事协商,扩大居民参与范围;立足集成体系开发与智能服务升级,促进智慧社区建设。总之,重视和完善多种多样的治理细节是给基层社会治理"做乘法",有助于推动基层社会治理不断取得高绩效、形成高标准、获得高评价。

在中国的特定语境中,所谓基层社会治理机制是政府与社会合作治理基层公共事务的一种组织协调关系与运行方式,包括从公共需求的识别、整合到公共决策的达成,再到治理主体责任分担和公共服务供给机制的形成(江治强,2015)。从这个角度讲,完善基层社会治理机制需要进行动态构建,可以进一步完善区域化、网格化与智慧化的基层党建机制与基层党建引领机制等;围绕队伍建设细节,可以进一步完善基层工作人员交流、培训与考核机制、多元治理主体协作机制等。围绕公众参与治理技术细节,可以进一步完善公共事务利益表达与民主协商机制、公共需求回应反馈机制、智慧化技术应用与保障机制等。基层社会治理现代化离不开一系列具体机制的设计与运转，这需要各地区结合辖区实际不断探索和归纳，形成良好的治理结构与治理关系，奠定基层社会治理功能有效发挥的基础。

三、实现适度优势向治理效能的加速转化

共建共治共享的社会治理制度，是中国共产党在长期探索中形成的、被实践证明符合国情、符合人民意愿、符合社会治理规律的科学制度，是习近平新时代中国特色社会主义思想的重要内容。基层社会治理制度，必须按照共建共治共享的要求，坚持和完善党委领导、政府负责、民主协商、社会协同、公众参与、法治保障、科技支撑的社会治理体系，建设人人有责、人人尽责、人人享有的社会治理共同体。基层社会治理现代化必须把这一制度优势加速转化为治理效能。首先，就是要遵循将中国特色社会主义制度优势转化为国家治理效能的基本逻辑和要求，既"需要在国家治理体系的入口环节不断实现制度优势因素的整体性累积，也需要积极做好国家治理体系内部的科学管理和有效应用工作，并积极推进国家治理体系出口环节的信息反馈和绩效评估"（胡洪彬，2020）。把基层社会治理"四梁八柱"的制度建立和完善起来，促使基层党委和政府积极履职履责，强化法治和科技保障，提高社会和公众在整个治理环节中的参与度，发挥其批评、监督、评价和建议的作用。其次，就是要引导和鼓励基层地区立足政策要求和本地实际，主动探索行之有效的基层社会治理模式，寻求能够最大限度地将基层社会治理制度优势转化为治理效能的具体做法和机制。在此基础上，还要将相对不足的制度规范建好、建足，将各种已有的制度文本用好、用足。通过自上而下的顶层设计与自下而上的探索创新相结合，促使制度在实践中得到有效维护与执行，从而为基层社会治理现代化奠定最坚实的制度基础。

四、提升基层数字化治理实践创新能力

党的十九届五中全会提出,"加强数字社会、数字政府建设,提升公共服务、社会治理等数字化智能化水平"。随着新一代信息技术对传统社会的持续改造,在数字化带来社会信息资源指数级增长的同时,公众的生活习惯也在逐步转变,各领域的数字化转型成为新常态,为基层治理创新带来了重大机遇。充分利用云计算、大数据、区块链等新技术为基层治理赋能,优化治理流程,提升基层数字化治理能力,将有助于改善人民生活品质,提高社会建设水平,满足人民日益增长的美好生活需要,提升公众的获得感、幸福感和安全感。

提升基层数字化治理能力,是满足公众美好生活需要的重要保障。基层数字化治理有利于基层政务服务智能化,满足公众生活便利性需求;有利于公共服务的精准化、精细化供给,满足公众个性化服务需求;有利于基本公共服务均等化,提升城乡、区域和不同群体的获得感、公平感。提升基层数字化治理实践创新能力,一是从治理理念、行政模式的数字化创新出发,推动基层工作的体制机制改革。各部门以大数据为支撑,将数字化技术、理念融入基层治理的各个领域,推进信息资源整合、工具手段数字化升级、服务流程再造与组织结构变革,用解构与重构的方式实现整个业务系统的数字化改革。二是从基层工作的实践创新出发,推动数字化手段在基层场景化应用,创造性开展多种形式的数字服务工作。鼓励各地结合本区域实际情况,扩大线上服务范围,创新线上服务模式,拓展公众参与治理的方式,提供个性化服务方案。在基层治理实践中不断优化各类数字平台的服务功能,根据需求反馈,完善事项清单,拓展当地特色服务功能,从需求方视角出发创新公众参与方式(刘鹏,2022)。

参考文献

[1]Barber B. Strong Democracy: Participatory Politics for a New Age [M]. Berkeley, Los Angeles and London: University of California Press,2003.

[2]Berry F S, William D B. Innovation and diffusion models in policy research[M]//Theories of the policy process. Christopher M, Paul A S(eds.). New York: Routledge,2018.

[3]Dorothy L, Sylvia S. The role of tacit knowledge in group innovation [J]. California Management Review,1998, 40(3):112-121.

[4]Dunleavy P,Margetts H,Tinkler J, et al. Digital Era Governance: IT Corporations, the State, and E-government[M]. New York: Oxford University Press, 2006.

[5]Ham C,Hill, Michael J, Pollock F. The Policy Process in the Modern Capitalist State[M]. Upper Sadde River Prentice Hall, 1991.

[6]Kenneth E K. A descriptive model of the intra-firm innovation process [J]. The Journal of Business, 1967, 40(4):478-493.

[7]Kettl D F. Sharing Power: Public Governance and Private Markets [M]. Washington, D. C. : Brookings Institution Press, 2011.

[8] Kooiman J. Governance and Governability [M]//The New Public

Governance. New York：Routledge，2010：88-102.

[9]Maraffi M，Newton K，Van Deth J，et al. Social Capital and European Democracy[M]. New York：Routledge，2008.

[10]OECD. The Nature of Innovation and the Evolution of the Productive System， Technology And Productivity—The Challenge For Economic Policy[M]. Paris：OECD，1991：303-314.

[11]Perri 6，Diana L，Kimberly S，et al. Towards Holistic Hovernance： The New Reform Agenda[M]. New York：Palgrave Macmillan，2002.

[12]Perri 6. Housing policy in the risk archipelago：Toward anticipatory and holistic government[J]. Housing Studies，1998，13(3)：347-375.

[13]Rhodes R. The new governance：Governing without government[J]. Political Studies，1996，44(4)：652-667.

[14] Roberts E B. What we've learned：Managing invention and innovation[J]. Research Technology Management，1988，31 (1)：11-29.

[15] Sabatier P A，Weible C M. Theories of the Policy Process[M]. Colorado：Westview Press，2014.

[16]Shue V. State Sprawl：The Regulatory State and Social Life in a Small Chinese City [M]//Urban Spaces in Contemporary China. Deborah D，Richard K，Barry N& Elizabeth J P(eds.). Cambridge：Cambridge University Press，1995.

[17]West M A，Farr J L. Innovation and Creativity at Work：Psychological and Organizational Strategies [M]. Chichester：Wiley，1990.

[18]Wheeler B C. NEBIC：A dynamic capabilities theory for assessing

net-enablement[J]. Information Systems Research，2002，13（2）：
125-146.

[19]彼得斯.政府未来的治理模式[M].吴爱明，夏宏图，译.北京：中国人
民大学出版社，2001.

[20]布罗姆利.经济利益与经济制度：公共政策的理论基础[M].上海：上
海人民出版社，2006.

[21]蔡伟，于英川.二次创新的过程与知识产权保护[J].中国软科学，2000
（4）：29-32.

[22]曹海军，刘少博.新时代"党建＋城市社区治理创新"：趋势、形态与动
力[J].社会科学，2020（3）：12-20.

[23]陈东辉.基层党建引领社会治理创新的探索与路径[J].理论与改革，
2019（3）：181-188.

[24]陈锋.分利秩序与基层治理内卷化：资源输入背景下的乡村治理逻辑
[J].社会，2015，35（3）：95-120.

[25]陈浩天.回应型政治：农户需求与政府服务衔接的国家整合[J].理论
导刊，2014（7）：65-67，106.

[26]陈慧荣，张煜.基层社会协同治理的技术与制度：以上海市 A 区城市
综合治理"大联动"为例[J].公共行政评论，2015，8（1）：100-116，
200-201.

[27]陈家刚.基层治理：转型发展的逻辑与路径[J].学习与探索，2015（2）：
47-55.

[28]陈念平."治理"的话语转向——一个文献综述[J].天津行政学院学
报，2022，24（3）：12-23.

[29]陈水生，叶小梦.调适性治理：治理重心下移背景下城市街区关系的重
塑与优化[J].中国行政管理，2021（11）：13-22.

[30]陈万球，廖慧知.新时代我国数字治理的机制创新探析[J].长沙理工

大学学报(社会科学版),2021,36(5):63-68.

[31]陈伟东,吴恒同.提高效能和扩大参与:城市基层治理体系创新的两个目标[J].社会主义研究,2015(2):107-113.

[32]陈晓运.技术治理:中国城市基层社会治理的新路向[J].国家行政学院学报,2018(6):123-127,191.

[33]陈越良.科学把握新时代基层政权建设新部署新要求[J].社会治理,2021(8):16-19.

[34]丁浩原.以加强基层政权建设为重点推进基层治理[J].新长征(党建版),2022(1):32-33.

[35]丁煌,高峻.基层社会治理现代化实践创新[M].武汉:武汉大学出版社,2021.

[36]丁少英,徐晓玲,刘朱红.在老旧社区微改造中推进基层社会治理创新——越秀区珠光街仰忠社区微改造调研报告[J].探求,2017(5):56-63.

[37]杜鹏.村民自治的转型动力与治理机制——以成都"村民议事会"为例[J].中州学刊,2016(2):68-73.

[38]范逢春.多重逻辑下的制度变迁:十八大以来我国地方治理创新的审视与展望[J].上海行政学院学报,2017,18(2):4-13.

[39]范逢春,谭淋丹.城市基层治理70年:从组织化、失组织化到再组织化[J].上海行政学院学报,2019,20(5):14-23.

[40]范虹珏,沈费伟.基层政府治理的有效性评价:理论框架与案例检验——以江苏省常州市尧塘街道的治理为例[J].前沿,2021(1):55-62,77.

[41]范子娜.政府引导:基层社会治理创新有效实现的外部条件[D].郑州:河南大学,2015.

[42]费孝通.中国绅士[M].北京:中国社会科学出版社,2006.

[43]费月.整体性治理:一种新的治理机制[J].中共浙江省委党校学报,
    2010,30(1):67-72.

[44]高红.城市基层合作治理视域下的社区公共性重构[J].南京社会科
    学,2014(6):88-95.

[45]高松元.论社会管理创新与有限政府的权力规制[J].四川行政学院学
    报,2013(6):18-21.

[46]葛忠明.社会自组织研究的主要进展、存在的问题和重点发展方向
    [J].东岳论丛,2016,37(7):133-140.

[47]宫留记.政府主导下市场化扶贫机制的构建与创新模式研究——基于
    精准扶贫视角[J].中国软科学,2016(5):154-162.

[48]郭风英.体制涅槃:从社会管理到社会治理——基于国家与社会视角
    下的理论探索[J].求实,2016(2):90-96.

[49]郭永航.政府治理创新视域下的区域文化产业发展战略[D].武汉:武
    汉大学,2010.

[50]郭泽德.政务微信助力社会治理创新——以"上海发布"为例[J].电子
    政务,2014(4):76-83.

[51]国际行动援助中国办公室.善治以民众为中心的治理[M].北京:知
    识产权出版社,2007.

[52]何国平.城市形象传播:框架与策略[J].现代传播(中国传媒大学学
    报),2010(8):13-17.

[53]贺建军.基层社会治理:理论进展与创新实践——"新中国70年基层
    社会治理的理论与实践"研讨会综述[J].浙江大学学报(人文社会科
    学版),2020,50(1):239.

[54]胡洪彬.制度优势转化为治理效能:内在机理与实现路径[J].探索,
    2020(6):19-31.

[55]胡宁生,戴祥玉.地方政府治理创新自我推进机制:动力、挑战与重塑

[J].中国行政管理,2016(2):27-32.

[56]胡振光.社区治理的多主体结构形态研究[D].武汉:华中师范大学,2015.

[57]黄建.城市社区治理体制的运行困境与创新之道——基于党建统合的分析视角[J].探索,2018(6):102-108.

[58]黄建军.民生幸福:政府善治的价值导向[J].湖北社会科学,2012(11):36-39.

[59]黄晓春,周黎安."结对竞赛":城市基层治理创新的一种新机制[J].社会,2019,39(5):1-38.

[60]贾玉娇.从社会管理到社会治理:现代国家治理能力提升路径研究[J].吉林大学社会科学学报,2015,55(4):99-107,251.

[61]江必新.构建"四治融合"的基层治理体系[J].人民法治,2018(15):32-37.

[62]江治强.当前基层社会治理机制的建构路径[J].社会治理,2015(2):45-50.

[63]姜胜辉.消解与重构:农村"厕所革命"的体制性障碍与制度化策略——一个治理的分析视角[J].中共宁波市委党校学报,2019,41(6):119-127.

[64]蒋贵凰.企业创新过程解析[J].改革与战略,2008,24(12):191-193,199.

[65]焦豪,李倩,杨季枫.企业技术创新管理:研究现状与关键科学问题[J].管理学报,2022,19(7):947-955.

[66]康雯嘉.城市基层社会"嵌合式治理"研究[D].长春:吉林大学,2021.

[67]拉塞尔.无缝隙政府:公共部门再造指南[M].北京:中国人民大学出版社,2002.

[68]李褚.运用整体性治理理论改进我国安全社区建设的思路与对策研

究[D].北京:首都经济贸易大学,2015.

[69]李恩临,王丛博.社会治理创新实践中政务微信应对舆情危机的策略研究[J].学习与探索,2017(9):51-56.

[70]李华胤.公共服务优先安排视域下农村基层治理体制的重构路径[J].中州学刊,2020(3):92-99.

[71]李健.公益创投政策扩散的制度逻辑与行动策略——基于我国地方政府政策文本的分析[J].南京社会科学,2017(2):91-97.

[72]李柯杏,梁刚.整合营销视角下拼多多"去低端化"品牌传播研究[J].江苏商论,2022(7):3-6,11.

[73]李利文,王磊.公共服务下沉创新:理论框架、实践样态与支撑逻辑[J].新视野,2021(6):36-42.

[74]李向前.走向善治:基层社会管理创新的价值要义[J].人民论坛,2013(8):34-35.

[75]李小园.基于体制机制创新的乡镇政府治理能力提升路径研究——以衢州乡镇模块化运行机制创新为例[J].湖北省社会主义学院学报,2021(1):97-103.

[76]李友梅.我国特大城市基层社会治理创新分析[J].中共中央党校学报,2016,20(2):5-12.

[77]李友梅.中国社会治理的新内涵与新作为[J].社会学研究,2017,32(6):27-34,242.

[78]李增元,李芝兰.新中国成立七十年来的治理重心向农村基层下移及其发展思路[J].农业经济问题,2019(11):82-93.

[79]李忠汉.治理重心下移的"关系梗阻"及"疏通路径"[J].政治学研究,2021(6):75-84,176-177.

[80]廖顺伟.重庆市创新文化建设中的政府作用研究[D].乌鲁木齐:新疆农业大学,2021.

[81]刘成良.行政动员与社会动员:基层社会治理的双层动员结构——基于南京市社区治理创新的实证研究[J].南京农业大学学报(社会科学版),2016,16(3):137-145,160.

[82]刘凤,傅利平,孙兆辉.重心下移如何提升治理效能？——基于城市基层治理结构调适的多案例研究[J].公共管理学报,2019,16(4):24-35,169-170.

[83]刘佳.我国基层社会治理模式创新研究[D].长春:东北师范大学,2015.

[84]刘林.土地整治整体性治理的实现路径[D].杭州:浙江大学,2020.

[85]刘鹏.提升基层数字化治理能力 满足公众美好生活需求[N].中国社会科学报,2022-06-22(6).

[86]卢福营.论农村基层社会治理创新的扩散[J].学习与探索,2014(1):46-52.

[87]罗西瑙.没有政府的治理[M].南昌:江西人民出版社,2001.

[88]罗烜.从"管理"到"治理":执政理念的战略转型[J].吉首大学学报(社会科学版),2014,35(S2):4-7.

[89]马希良.营造宽容失败的创新文化环境[J].发明与创新,2012(8):27-28.

[90]马有才,刘红,王燕.创新型城市建设的路径选择[J].中国集体经济,2013(9):33-35.

[91]缪关永.数字化改革视域下社会治理模式系统重构问题思考——基于浙江衢州市"三通一智(治)"的实践探索[J].四川行政学院学报,2022(2):31-38.

[92]宁洁,韩桥生.以人民为中心:我国国家治理现代化的价值导向[J].江西社会科学,2020,40(6):186-194.

[93]潘博.党建引领城市基层社会治理的运作逻辑与实践路径研究[D].

长春:吉林大学,2020.

[94]裴泽庆,郭从伦.城乡基层治理制度创新和能力建设的四川实践案例研究[M].北京:国家行政管理出版社,2020.

[95]彭杰.整体性治理视角下基层社区公共服务提升研究[D].上海:上海交通大学,2019.

[96]秦上人.基层社会治理创新的制度化——一项多案例研究[D].杭州:浙江大学,2016.

[97]任彬彬,颜克高.官员直播带货:县域政府实现乡村振兴的新探索——基于基层治理创新视角[J].兰州学刊,2021(1):137-151.

[98]任福君,刘萱,马健铨.面向 2035 创新文化建设的进一步思考[J].科技导报,2021,39(21):87-94.

[99]容志.推动城市治理重心下移:历史逻辑、辩证关系与实施路径[J].上海行政学院学报,2018,19(4):49-58.

[100]尚亚辉."善治"理念转化为政府管理方式的路径探析[J].领导科学,2017(21):7-8.

[101]邵光学,刘娟.从"社会管理"到"社会治理"——浅谈中国共产党执政理念的新变化[J].学术论坛,2014,37(2):44-47.

[102]邵心怡.基层治理现代化改革对基层人员管理影响及配套保障机制构建对策研究——以浙江省 W 市为例[J].改革与开放,2022(6):37-43.

[103]申润典,夏德峰.权责一致思路下向基层放权赋权应考量的问题[J].领导科学,2020(24):106-109.

[104]沈迁.基层服务困境及治理体系重构的路径分析——以山东省农村党建示范区为分析对象[J].农林经济管理学报,2021,20(3):411-419.

[105]司林波."小政府"模式在中国的构建[J].经济体制改革,2008(5):

41-44.

[106]孙柏瑛.当代地方治理[M].北京:中国人民大学出版社,2004.

[107]孙广琦.强镇扩权:苏南乡镇治理模式的重构[D].苏州:苏州大学,2014.

[108]汤金金,孙荣.从单向到双向的合作治理及实现路径[J].江西社会科学,2018,38(8):221-230.

[109]唐晓东,王林.政府危机处理的组织架构和预警机制研究[J].经济体制改革,2005(1):161-164.

[110]陶振.社区网格化管理的运行架构及其内生冲突——以上海X区Y街道为例[J].社会主义研究,2015(4):97-103.

[111]汪庆华.中国的"善治"研究:主题、观点和政策主张[J].上海大学学报(社会科学版),2017,34(4):128-140.

[112]王斌通.新时代"枫桥经验"与基层善治体系创新——以新乡贤参与治理为视角[J].国家行政学院学报,2018(4):133-139+152.

[113]王春晖,叶晓丽.关于我国国防科技工业创新文化建设的思考[J].文化创新比较研究,2022,6(10):195-198.

[114]王佃利,吕俊平.整体性政府与大部门体制:行政改革的理念辨析[J].中国行政管理,2010(,1):105-109.

[115]王飞.当前农村基层治理机制的实践反思——以浙江省为例[J].吉林省教育学院学报(上旬),2012,28(4):104-106.

[116]王慧斌.内生改革:社会需求视角下政府重塑研究[D].太原:山西大学,2015.

[117]王建军.正确认识我国企业创新文化建设[J].企业管理,2018(12):90-92.

[118]王景玉.基层治理有效性的多维阐释——以改革开放以来浙江省基层治理发展变迁为例[J].观察与思考,2018(12):95-103.

[119]王敏鸽.从上海和深圳看创新型城市建设[J].新西部(理论版),2014
(10):60-61.

[120]王名,蔡志鸿,王春婷.社会共治:多元主体共同治理的实践探索与制
度创新[J].中国行政管理,2014(12):16-19.

[121]王雨磊.数字下乡:农村精准扶贫中的技术治理[J].社会学研究,
2016,31(6):119-142,244.

[122]王宗水,赵红,刘霞,等.社会化媒体环境下的品牌传播及品牌形象差
异——基于华为与海尔的比较研究[J].中国管理科学,2022,30(6):
178-187.

[123]魏特夫.东方专制主义[M].北京:中国社会科学出版社,1989.

[124]吴锦良."枫桥经验"演进与基层治理创新[J].浙江社会科学,2010
(7):29,43-49,126.

[125]吴平纪.基层社会治理创新的理论意义与实践——评《基层社会治理
创新实证研究》[J].领导科学,2022(3):161.

[126]吴晓波,张好雨.从二次创新到超越追赶:中国高技术企业创新能力
的跃迁[J].社会科学战线,2018(10):2,85-90.

[127]吴月.从分离迈向整合:对政府机构治理形态的反思[J].中共福建省
委党校学报,2014(7):22-27.

[128]夏建中.治理理论的特点与社区治理研究[J].黑龙江社会科学,2010
(2):4,125-130.

[129]夏学娟,王思斌,徐选国,等.打造现代化的基层治理服务新格局
(上)——解读《中共中央 国务院关于加强基层治理体系和治理能力
现代化建设的意见》[J].中国社会工作,2021(22):13-15,22.

[130]向春玲,胡万玉,傅佳薇.推进新时代基层治理现代化——《关于加强
基层治理体系和治理能力现代化建设的意见》贯彻落实之要[J].党
课参考,2021(16):19-39.

[131]谢新松. 文化的社会治理功能研究[D]. 昆明:云南大学,2013.

[132]徐金发,刘翌. 论我国公司治理文化及其建设[J]. 中国软科学,2001 (12):46-50.

[133]徐鹏辉. 硅谷的创新文化及其对我国加快创新体系建设的启示[J]. 全球科技经济瞭望,2013,28(6):48-51.

[134]徐亚清,于水. 新时代国家治理的问题导向与话语创新[J]. 甘肃社会科学,2020(5):46-52.

[135]徐永平. 中国社会自组织功能构建与社会治理成本化解初探[J]. 云南行政学院学报,2013,15(5):83-85.

[136]徐勇."服务下乡":国家对乡村社会的服务性渗透——兼论乡镇体制改革的走向[J]. 东南学术,2009(1):64-70.

[137]徐勇. 现代化进程的节点与政治转型[J]. 探索与争鸣,2013(3):7-10.

[138]薛美琴,马超峰. 技术夹层:嵌入基层社会结构中的治理机制[J]. 学习与实践,2019(6):77-82.

[139]鄢一龙. 党的领导与中国式善治[J]. 行政管理改革,2020(1):16-25.

[140]闫凌州. 从培育创新文化看创新型城市的建设[C]. 第三届科技政策与管理学术研讨会暨第二届科教发展战略论坛论文汇编,2007:13-19.

[141]严仍昱. 从社会管理到社会治理:政府与社会关系变革的历史与逻辑[J]. 当代世界与社会主义,2015(1):165-170.

[142]颜克高,任彬彬. 共建共治共享社会治理格局:价值、结构与推进路径[J]. 湖北社会科学,2018(5):46-52.

[143]颜克高,任彬彬. 自主创新与行为趋同:地方政府社会组织政策工具的演变[J]. 中国非营利评论,2018,22(2):115-137.

[144]燕继荣. 走向协调治理:基层社会治理创新的宁波探索[M]. 北京:人

民出版社,2017.

[145]杨建华.传统基层社会治理文化的现代转型[J].中国特色社会主义研究,2015(5):90-94.

[146]杨锦.地方政府治理创新的扩散研究[D].杭州:中共浙江省委党校,2021.

[147]杨雪冬.压力型体制:一个概念的简明史[J].社会科学,2012(11):4-12.

[148]阴雅婷.中国当代品牌文化传播变迁研究[D].上海:华东师范大学,2017.

[149]尹士.多主体合作下制造业企业绿色技术创新过程及演化研究[D].哈尔滨:哈尔滨工程大学,2019.

[150]于江,魏崇辉.多元主体协同治理:国家治理现代化之逻辑理路[J].求实,2015(4):63-69.

[151]余洁洁.文化自信视域下新时代创新文化培育研究[D].武汉:武汉理工大学,2019.

[152]俞可平.治理和善治:一种新的政治分析框架[J].南京社会科学,2001(9):40-44.

[153]臧雷振,黄建军.大政府还是小政府:灵巧型政府建构进路[J].中国行政管理,2013(7):18-21.

[154]曾本伟.共建共享视域下中国城市基层治理现代化的内在逻辑与实践路径[D].长春:吉林大学,2017.

[155]曾春娥,张恒品,李欣.乡村振兴背景下的品牌传播路径——以恩施富硒茶品牌营销创意为例[J].新闻前哨,2022(10):76-78.

[156]曾凡军.论整体性治理的深层内核与碎片化问题的解决之道[J].学术论坛,2010,33(10):32-36,56.

[157]张国庆.现代公共政策导论[M].北京:北京大学出版社,1997.

[158]张佳慧.城市品牌传播的理论与实践[D].杭州:浙江大学,2008.

[159]张杰,刘东.我国地方产业集群的升级路径:基于组织分工架构的一个初步分析[J].中国工业经济,2006(5):48-55.

[160]张敏.美好生活的实现场域与基层治理的目标、功能设定——再议美好生活与良好治理的关系[J].行政论坛,2021,28(6):28-34.

[161]张敏,赵娟.美好生活与良好治理——社会主要矛盾转换及其治理蕴意[J].南京社会科学,2018(12):58-65.

[162]张陶.基层善治的内在因由[J].重庆社会科学,2015(2):20-24.

[163]张玉磊.整体性治理理论概述:一种新的公共治理范式[J].中共杭州市委党校学报,2015(5):54-60.

[164]赵霞霞,母睿.知识管理视角下公共部门开放式创新过程分析[J].行政与法,2022(3):19-29.

[165]赵志,陈邦设,孙林岩,等.产品创新过程管理模式的基本问题研究[J].管理科学学报,2000(2):15-20,81.

[166]赵中建.教育的使命[M].北京:教育科学出版社,1996.

[167]郑家昊.合作治理的反思性阐释:合作意涵、发生机理及政府引导[J].社会科学研究,2020(5):72-78.

[168]钟莉.数字治理视域下地方政府政务服务效能提升策略研究——以广州"一窗式"集成服务改革为例[J].地方治理研究,2020(2):2-11,78.

[169]钟其."县域善治":基层社会管理创新的理想模式[J].浙江学刊,2012(1):166-171.

[170]周全绍.社区管理科学化的新探索——以上海市嘉定区南陈社区为例[J].上海党史与党建,2012(2):50-52.

[171]周伟,谢斌.我国政府主导下的跨域公共问题多元主体合作治理理路探析[J].理论导刊,2015(3):4-8.

[172]周亚越,黄陈萍.迭代创新:基层社会治理创新的扩散逻辑——以"村情通"的扩散为例[J].中国行政管理,2020(10):91-96.

[173]朱士群,张杰华,包先康.从社会管理到社会治理:动力、逻辑和制度发展[J].学术界,2015(3):15-24.